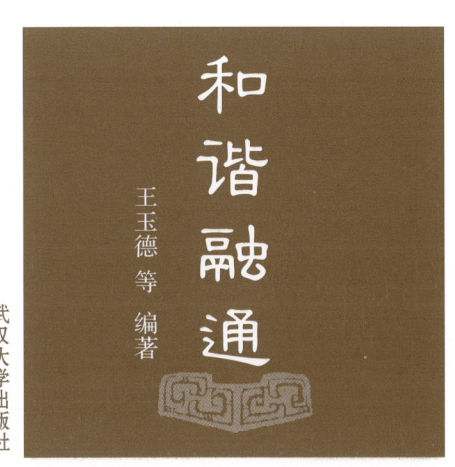

和谐融通

王玉德 等 编著

武汉大学出版社

【中华智慧集萃丛书】 总主编 冯天瑜 张艳国

官箴要语　学规菁华　家训辑览　人生箴言　文人雅会　谋略经纬　兵家韬略　知荣远辱　养生荟要

图书在版编目(CIP)数据

和谐融通/王玉德等编著．—武汉:武汉大学出版社,2007.10
中华智慧集萃丛书/冯天瑜　张艳国总主编
ISBN 978-7-307-05836-1

Ⅰ.和… Ⅱ.王…[等] Ⅲ.哲学思想—中国—古代 Ⅳ.B2

中国版本图书馆 CIP 数据核字(2007)第 147134 号

责任编辑:高　璐　责任校对:刘　欣　版式设计:詹锦玲

出版发行:武汉大学出版社　(430072　武昌　珞珈山)
　　　　　(电子邮件:wdp4@whu.edu.cn　网址:www.wdp.com.cn)
印刷:华中科技大学印刷厂
开本:950×1260　1/32　印张:12.25　字数:283 千字　插页:2
版次:2007 年 10 月第 1 版　　2007 年 10 月第 1 次印刷
ISBN 978-7-307-05836-1/B·187　　定价:20.00 元

版权所有,不得翻印;凡购买我社的图书,如有缺页、倒页、脱页等质量问题,请与当地图书销售部门联系调换。

总　序

时代的步履已跨越 21 世纪的门槛，现代文明不断创造出辉煌成就，上天入地，呼风唤雨，世界统一市场建立、全息式信息迅速传递等昔日的遐想，都渐次演为活生生的现实。然而，现代化带来的并非单向式的进步，而是善恶并举、苦乐同行、创生与毁灭双至的"俱分进化"过程，正所谓："省忧喜之共门兮，察吉凶之同域。"（扬雄《太玄赋》）在人与自然、人与人、人与社会诸层面，今人都患着不轻的"现代病"，面临着若干不易突破的困局。此间的人类尤需反思，神交古人，听取历史这位导师的谆谆教诲，借重昔时积淀的智慧。

作为人类智慧重要组成部分的中华智慧，不仅是中国人的财富，而且也为域外所借重：《易经》成为德人莱布尼茨创立二进位制数学的启示，而二进制正是电子计算机的运作原理；《老子》的"有生于无"哲言为西方建筑大师提供了灵感源泉；《三国演义》是日本企业家从事商战的教材；美军将帅在海湾战争中星夜披阅《孙子兵法》，"声东击西"是其赢得胜算的谋略……外人研习中华智慧并取得实绩，使国人闻之而怦然心动——难道我们不应当以双倍的热情、更高的灵性，继承、发扬先辈智慧，以推动现代化事业健康发展，并在激烈的国际竞争中创造新的业绩吗！

出于以上思考，本丛书试图介绍"中华智慧之集萃"，以为时贤提供参考。

何谓"智慧"？狭义的"智慧"约指认识世界、改造世界的聪明、才智，与"贤德"相对称，故有"智性之知"与"德性之知"的分野。有些思想史家把西方文化的源头希腊文化称之为"智性文化"，把中国文化称之为"德性文化"。这当然是从东西文化关注的侧重点之异而立论的，并非说希腊不讲德性，中国不讲智性。我以为，区分"智性之知"与"德性之知"确有必要，如果两相混淆，则知识论与道德论便混为一谈，然而，强作两分，把二者割裂开来，又有悖人类精神的整体性。本丛书所介绍的"智慧"，并不全然限于狭义智慧，而涉及广义智慧，或曰"大智慧"，包举才与德，兼容智与贤。如此议"智慧"，或许更切近中华文化的本真面貌：中华智慧不限于"智性之知"，还包含"德性之知"，追求二者的统一，偏执一面、陷入偏锋者则每遭诟病——多智而无德者（如曹操）被斥为"狡智"的"奸雄"；有德性追求却丧失智性者（如宋襄公）则被视为不足取的蠢才，这两类人都不是中华智慧的代表。中国人所推崇的文化英雄（如周公、姜子牙、诸葛亮）都是智者与贤人的整合，是仁、智、勇的统一体。从此种"大智慧"视角方可逼近中华智慧的真髓。

何谓"集萃"？本丛书并非论著的集成，而是编者从"中华智慧"涉及的各个侧面（如立身做人的德行准则、处世创业的韬略谋划、莘莘学子的学规、官吏奉守的箴言，乃至生态平衡、家训要义、养生之道，等等），分别纂集中华古典的相关精粹，并加以条贯、诠释。读者诸君手持一卷，春诵夏弦，即可获得中华智慧某一方面的概要；若通览诸册，则可观照中华智慧的大貌。当然，如欲升堂入室，摘取智慧之果，则不仅需要"读万卷书"，还得"行万里路"，因为大智慧的获得，是人生践履的结果，需要从知、行两方面潜心努力。编者愿与读者诸君共同循流探源，寻觅中华智慧的真谛，并虚心汲纳各种异域智慧，相互比较、彼此观摩，以求得在现代文明地基上的整合与涵化，达成中华智慧的创造性发挥。

冯天瑜

2007 年金秋

书于丹桂飘香的武昌珞珈山

目 录

前言　试析中国传统和谐思想的文化意义……………………………………［1］
第一章　人与人的和谐………［1］
惟和惟一………………………［2］
满盈亏损………………………［2］
其子和之………………………［2］
君子道长………………………［3］
一人行则得其友………………［4］
修此三者………………………［4］
和乐且孺………………………［4］
南山有台………………………［5］
农家乐…………………………［6］
六亲不和………………………［6］
和大怨…………………………［7］
和为贵…………………………［7］
周与不比………………………［8］
弘道……………………………［8］
共学……………………………［8］
君子无所争……………………［9］

君子之道	[9]	和之以乐	[26]
有德之人	[10]	和同而有礼义	[26]
成人之美	[10]	以人为本	[27]
远者来	[10]	上下和	[28]
和而不同	[11]	十人十义	[28]
勿施于人	[11]	闻善	[29]
立人达人	[11]	善和人者	[29]
不孝者五	[11]	由礼则和节	[29]
仁义而已	[12]	亲疏	[30]
与民偕乐	[13]	尊师	[30]
非其友不友	[14]	必怜人之困	[31]
百姓亲睦	[15]	庄公母子	[31]
教以人伦	[16]	夫和妻柔	[34]
惟尧则之	[16]	民众和睦	[34]
亲亲长长	[17]	民用和睦	[35]
事亲为大	[17]	爱亲敬亲	[35]
交友	[18]	非法不言	[36]
地利不如人和	[19]	人为贵	[36]
苟得其养	[20]	非礼不定	[37]
各有喜好	[21]	和气	[38]
使之和豫	[22]	尊亲	[39]
人不一事	[23]	父子亲兄弟和	[39]
和则能久	[23]	儒者	[40]
子孙和顺	[24]	长幼和	[40]
上下不和	[24]	三达德	[41]
离而不和	[25]	韩信报恩	[41]
大臣不和同	[25]		

糟糠之妻不下堂 ………		恭俭为美 ………	[59]
………	[42]	易其操履 ………	[60]
牧羊 ………	[43]	三为宰相 ………	[60]
取履 ………	[43]	杜讹言 ………	[61]
遵而勿失 ………	[45]	人君与谏者 ………	[61]
谦退不伐 ………	[46]	选用以公 ………	[62]
侏儒饱欲死 ………	[47]	汗透御服 ………	[63]
自誉 ………	[48]	去奢从俭 ………	[63]
夫和则义 ………	[49]	法急法宽 ………	[64]
为善 ………	[50]	时流所推重 ………	[65]
情随事迁 ………	[50]	相上则损 ………	[66]
共被同寝 ………	[51]	父之爱子 ………	[66]
桃花源 ………	[52]	凤求凰 ………	[67]
知人善察 ………	[53]	伯牙知音 ………	[67]
乞食 ………	[53]	交道 ………	[70]
感恩 ………	[54]	人有短长 ………	[70]
安辞定色 ………	[54]	忍耐 ………	[71]
兄弟 ………	[55]	君子之交 ………	[71]
戮力一心 ………	[56]	婚姻一事 ………	[72]
欲者与者 ………	[56]	讼则终凶 ………	[73]
承欢膝下 ………	[57]	宗族姻党 ………	[75]
得尽其愚 ………	[57]	家和 ………	[75]
吾死何恨 ………	[58]	能勤能敬 ………	[75]
将与士 ………	[58]	处乐 ………	[76]

第二章 人与社会的和谐 ……… [77]

协和万邦	[79]	民为贵	[93]
无偏无陂	[79]	诸侯之宝	[93]
式和民则	[80]	和天下	[93]
勿用小人	[80]	至德之世	[94]
以美利利天下	[81]	守其一以处其和	[94]
文明以健	[81]		
正家而天下定	[82]	同类相从	[96]
万寿无疆	[82]	和调乃能处安	[97]
使民不争	[83]	人之和同	[97]
观天下	[83]	以和亲于民	[98]
民之饥	[83]	和合故能谐	[98]
损有余而补不足	[84]	所和而利	[99]
		通则和	[99]
小国寡民	[84]	和平以静	[100]
吾从周	[85]	万民不和	[100]
社树	[85]	合和	[100]
明君制民	[86]	上下和	[101]
君之视臣	[86]	亲亲而爱私	[101]
王道之始	[87]	将听吾计	[103]
乘势待时	[88]	上下同欲	[103]
礼乐政德	[89]	交和而舍	[103]
市贾不贰	[90]	一人耳目	[104]
得天下以仁	[90]	合于利而动	[104]
天下国家	[91]	兼爱与兼恶	[105]
民之归仁	[91]	列德尚贤	[105]
善政不如善教	[92]	贤者治国	[106]
养老	[92]	尚同	[107]

兼爱	[108]	非乎攻伐	[123]
兴利除害	[109]	会稽之耻	[124]
强不执弱	[109]	用民有纪纲	[124]
审兼	[110]	以民为务	[125]
一天下之和	[110]	太上以义	[126]
万民和	[111]	以谐万民	[126]
兴天下之利	[111]	以和邦国	[127]
三表	[112]	佐王和邦国	[127]
兼爱天下	[113]	以乐礼教和	[128]
国之命在礼	[113]	教之和	[128]
和则一	[114]	调人	[129]
一天下	[114]	大宗伯	[130]
裕民以政	[115]	大司乐	[130]
臣道	[115]	以德和民	[131]
下之和上	[116]	昭德塞违	[131]
莫不和敬	[116]	唯则定国	[132]
法纪以知善败	[117]	弃信背邻	[132]
百姓利其泽	[117]	晋国和乎	[133]
民安而国治	[118]	协比其邻	[134]
权势	[118]	晋灵公不君	[134]
安术	[119]	和众	[136]
怨女旷夫	[119]	民是以息	[136]
举贤	[120]	无所不谐	[137]
民自治	[120]	百姓休和	[137]
世异则事异	[121]	不既和矣	[138]
公则天下平	[121]	子产从政	[138]
天下之天下	[122]	文王惠和	[139]

使之以和	[140]	胶西盖公	[158]
政是以和	[140]	人才取舍	[159]
和其民人	[141]	牧民导之以善	[160]
天下和平	[142]	百官之非	[161]
大同与小康	[142]	遍加赏赐	[161]
昏礼	[144]	进善之旌	[162]
养老	[144]	驯道不纯	[163]
圣人南面而治天下		举善而教	[165]
	[145]	先民后己	[166]
小成大成	[146]	和亲	[168]
道而弗牵则和	[147]	以德化民	[169]
修齐治平	[147]	厚待单于	[170]
絜矩之道	[148]	人臣的教化	[171]
生财有大道	[148]	政专则和谐	[172]
文武之政	[149]	宇内不扰	[173]
治国九经	[150]	出师表	[173]
曲高和寡	[150]	社稷之虑	[176]
议逐客	[151]	无君无臣	[177]
无以家为	[152]	施舍	[177]
劝民耕种	[153]	厚赐柔然	[178]
治身无疑嫌	[154]	人质	[179]
不夜禁	[154]	九国入贡	[179]
清廉	[155]	元嘉治世	[180]
盗贼尽	[155]	取象《河》《洛》	
知己之言	[155]		[180]
壁藏	[156]	表征盛衰	[181]
忠言逆耳	[157]	先存百姓	[181]

遇物则诲	[182]	勤俭帅众	[190]
固其根本	[183]	招抚流散	[191]
歌德盈路	[185]	闽人安定	[191]
拜洛受图	[185]	昼出耘田	[192]
宫廷宴乐	[185]	新筑场泥	[192]
两税外以枉法论		弘雅之美	[192]
	[186]	王政之本	[193]
解甲归农	[186]	爱民	[194]
革除弊政	[187]	农家	[194]
流亡复业	[188]	考选	[195]
政有宽急	[188]	湖上买卖	[195]
东南之民	[189]	教化	[196]
务利贫人	[189]	封锁与流通	[196]
养民	[190]	君相调剂之法	[197]

第三章　人的心灵的和谐 …………………… [198]

养正观颐	[198]	言不可不慎	[204]
圣人感人心	[199]	五美	[204]
吉凶以情迁	[199]	不忍人之心	[205]
和顺于道德	[200]	反求诸己	[206]
和乐且湛	[200]	诚者天之道	[206]
知美为美	[201]	观其眸子	[207]
以百姓心为心	[201]	心服	[207]
道德物势	[202]	声闻过情	[208]
唯尧则之	[202]	以仁存心	[208]
克己复礼	[202]	不孝者五	[209]
和无寡	[203]	圣之和者	[210]

交际之心	[211]	中和之纪	[227]
生于忧患	[212]	三无私	[227]
尽其心	[213]	富润屋	[228]
反身而诚	[213]	正其心	[228]
执中	[214]	致中和	[229]
寡欲	[214]	圣人法天顺情	[229]
以乐为和	[214]	安静淡漠	[230]
乐以道和	[215]	安然自若	[231]
游心乎德之和	[215]	委之自然	[232]
和理出其性	[216]	唱歌应和	[232]
和乃自成	[216]	适情不求余	[233]
执一	[217]	性合于道	[233]
浩然和平	[217]	怀无心之心	[234]
得和	[218]	悠悠我心	[236]
调和	[218]	养怡之福	[236]
和而不发	[218]	己之不安	[237]
柔之以调和	[219]	申罔极之志	[237]
喜则和而理	[220]	不尚华丽	[238]
荣辱之大分	[221]	均适寒暄	[239]
先顺民心	[221]	神理共契	[239]
和同以听	[222]	生前生后	[240]
如乐之和	[223]	心以理应	[240]
七情十义	[224]	兼解	[241]
乐以和其声	[225]	杂比	[241]
同异	[225]	不离辞情	[241]
和顺积中	[225]	恬澹寡欲	[242]
内和而外顺	[226]	心无所私	[242]

同心戮力	[243]	童心	[261]
沉厚宽恕	[244]	贵相知心	[263]
但用此心	[244]	利己之心	[263]
消遣世虑	[245]	善事与善心	[264]
超然	[245]	原心	[264]
为快也哉	[248]	存怜天下之心	[265]
知止而后定	[249]	真意	[265]
和气	[249]	圣人无我	[265]
道心	[250]	安其心故其事成	[266]
存心	[250]		
心外无理	[251]	以天下群生之乐为乐	[267]
心即性	[251]		
体用一源	[252]	平坦忠厚	[267]
大中至正	[252]	善者	[267]
中和	[253]	强毅与刚愎	[268]
成就自家心体	[253]	生命	[268]
去得人欲	[254]	常寻欢喜	[269]
吾心	[256]	胜其私心	[269]
良知	[256]	身安而泽长	[270]
人心和平	[257]	退一步法	[270]
过与不及	[258]	好仁	[271]
无思无怍	[258]	随心所欲事	[271]
人心与物同体	[259]	迁善改过	[272]
人灵于物	[260]	存心渐厚	[272]

第四章　人与自然的和谐 …………………………[273]

保合大和	[275]	天和人和	[292]
元亨利贞	[275]	阴阳调和	[292]
同声相应	[276]	应物而不穷	[293]
与天地合其德	[276]	天下一气	[294]
至哉坤元	[277]	好和而恶奸	[294]
承天而时行	[277]	同焉者和	[295]
与时消息	[278]	有可有不可	[295]
天下之理	[278]	吾以天地为棺椁	[295]
《易》与天地准	[279]		
类万物之情	[281]	知和	[296]
万物相生	[281]	平均和调	[297]
有万物然后有男女	[283]	了解规制	[298]
		治和气	[298]
八音克谐	[285]	五味和	[299]
既景乃冈	[286]	必有和之	[299]
降福孔皆	[286]	和于水	[299]
不如守中	[286]	和以反中	[300]
上善若水	[287]	星掌和	[300]
道法自然	[287]	动静顺然后和	[300]
得一	[288]	五行无常胜	[301]
冲气以为和	[288]	为宫室之法	[301]
知和曰常	[288]	芬香之和	[302]
善下	[289]	天德	[302]
乐山乐水	[289]	不失天时	[303]
天何言哉	[290]	明于天人之分	[303]
和之以天倪	[290]	万物各得其和以生	[304]
庖丁解牛	[291]		

同宇而异体	[305]	鸾和之音	[320]
循天顺人	[305]	万物并育	[321]
至安之世	[306]	和于术数	[322]
慎阴阳之和	[306]	顺天应时	[322]
天无私覆	[307]	贵本根	[323]
和五声	[307]	依存	[323]
和出于适	[308]	清静	[324]
天地之和	[308]	从道	[324]
祷于桑林	[309]	重农	[325]
和食	[309]	免租	[325]
山林之政令	[310]	郊祀五帝	[326]
民和而神降	[310]	躬耕为天下先	[327]
和鸣锵锵	[311]	感应	[327]
五声和	[312]	和氏之璧	[328]
温慈惠和	[312]	天下之大命	[328]
和与同异	[313]	调和大畅	[329]
物和则嘉成	[315]	从欲则得自然	[330]
用天之道	[315]	人体自然	[330]
因地制宜	[316]	观沧海	[331]
天地和同	[317]	服食绝谷	[331]
五声弗得不和	[317]	修禊	[332]
和故百物不失	[318]	田园	[333]
和故百物皆化	[318]	洛神	[334]
天地之和	[319]	声律	[336]
合生气之和	[319]	文德与天地并生	
倡和清浊	[320]		[337]
砍伐以时	[320]	道心惟微	[337]

天道不使物有兼 ……		赤壁 ……………	[352]
………………	[338]	兴修水利 ………	[353]
自然本色 ………	[338]	可楼 ……………	[354]
山川相映 ………	[339]	高山流水 ………	[355]
泰山封禅 ………	[339]	插秧 ……………	[356]
右溪 ……………	[341]	西湖 ……………	[357]
万物之逆旅 ……	[342]	草木之春 ………	[358]
春江花月夜 ……	[343]	物生有候 ………	[358]
西铭 ……………	[345]	落红不是无情物 ……	
竹楼 ……………	[346]	………………	[358]
岳阳楼 …………	[347]	长城 ……………	[359]
醉翁亭 …………	[347]	人道天道 ………	[359]
放鹤亭 …………	[348]	奉天 ……………	[360]
西湖 ……………	[348]	人与天 …………	[360]
太和 ……………	[349]	天灾 ……………	[360]
一与两 …………	[349]	民胞物与 ………	[361]
黄冈竹楼 ………	[350]	春至时和 ………	[361]
茅草屋 …………	[350]	一人知己 ………	[362]
丰乐亭 …………	[350]	小圃 ……………	[362]
醉翁亭 …………	[351]	善待草木 ………	[363]
岳阳楼 …………	[352]	天地一我 ………	[363]
醉翁亭 …………	[352]	师友 ……………	[363]

后记 ……………………………………………… [365]

前 言　试析中国传统和谐思想的文化意义

人类进入 21 世纪以来,为了保持现代社会的可持续性发展,我国领导人提出要构建和谐社会。要实现这个目标,必须从中国的文化土壤中寻求历史的根源,发掘古代的和谐思想,以期对现实提供有益的启示。

一、中国古代有丰富的和谐思想

我国是一个文化悠久的文明古国,有丰富的和谐思想。查阅古代文献,有关和谐的论述俯拾皆是。

和、谐,起初是两个词。和,本义是人的和睦。《左传·成公十六年》记载楚国大臣申叔时提出"上下和睦"。《说文》记载:"和,相应也。"和即应和。谐,本义是协调。《尚书·尧典》有"八音克谐"。《尚书·尧典》有"克谐以孝"。意为通过孝达到家族的和洽协调。

与和谐相关的词,有和睦、中和、和合、和敬、和平、和气等。

在同一个句子中出现"和"、"谐"二字的情况,在先秦文献中已经出现。《周礼·天官·冢宰》记载:"以和邦国,以统百官,以谐万民。"《左传·襄公十一年》记载:"如乐之和,无所不谐。"

到了汉代,"和谐"已经连成一个词条。《后汉书·仲长统传》记载:"夫任一人则政专,任数人则相倚。政专则和谐,相倚则违戾。"意为政务由一个人决断,就可以达到同一的效果。这个认识有当时的局限性,与后世对和谐的广义认识有差距。

所谓和谐,其内涵是相当丰富的,一言难尽。大抵说来是讲诸个要素之间的相互关系,凡能相互认同、默契共存、良性互动,即为和谐。余育德先生曾经撰文说:《周易》论"和"有13处、五种含义,一是会和、冲和,二是和谐、统一,三是和悦、平和,四是相应、应和,五是和顺、和畅。[1]

和谐主要体现在四个方面:人与人的和谐、人与社会的和谐、人的心灵的和谐、人与自然的和谐。在本书的四大部分之首,我们会分别作介绍。

和谐是目标。人类社会一直在追求由不和谐到和谐的目标。文化与自然的和谐、地区之间的和谐、供需的和谐,各种差距与矛盾构成了不和谐,人类在解决不和谐的过程中前进。

和谐是力量,是制胜的法宝。只有达到和谐,坚持和谐,才能达到预期的目标。《尚书·咸有一德》:"其难其慎,惟和惟一。"这说的是在选拔人才时,有难度,要谨慎,只能选用和谐专一的人才。

文献是文化传承的主要载体,中国古代的和谐思想主要奠定于先秦时期,几乎每一部先秦古籍中都可以找到有关和谐的思想。本书采用的先秦文献有《尚书》、《周易》、《诗经》、

---

[1] 详见湖北省炎黄文化研究会编:《传统文化与和谐社会》,天马出版有限公司2005年版,第49页。

《老子》、《庄子》、《论语》、《孟子》、《管子》、《商子》、《孙子》、《荀子》、《墨子》、《韩非子》、《吕氏春秋》、《周礼》、《礼记》。在这些先秦古籍中，有的和谐思想丰富一些，有的要少一些。如《韩非子》是一部法家经典，是讲法、术、势的书，其中很少论述和谐。《诗经》、《楚辞》是文学作品，其中只有间接的和谐资料。此外，《孙子兵法》等书讲和谐的也不多。

在儒家经典中，论述和谐的资料最多。这是由于儒家的政治主张所决定的。儒家重视伦理，伦理学说离不开仁义礼智信忠孝这些范畴，这些范畴都与和谐有关。所以，我们翻检《周易》、《论语》、《孟子》、《荀子》，能轻易发现有关和谐的资料，并且已经出现了各种含义。不过，儒家的和谐思想偏重于人与人、人与社会、人的心灵，对自然论述得要少一些。道家思想侧重于人与自然的和谐思想，并且有一定的深度和抽象性。如《老子》、《庄子》。

汉代以降的古代典籍，仍然有和谐思想，如《春秋繁露》、《贞观政要》、《朱子全书》，但由于精力有限、本书的篇幅有限，我们来不及细细地梳理。事实上，每个朝代的和谐资料都可以编成厚厚的一大本，而这个工作是不难完成的。但是，要把其中深邃的思想提升出来，就不那么容易了。这需要学者做专门、细致的工作。

中国古代和谐思想主要保存在文献之中，这是毋庸置疑的。但这并不等于说除了纸质的文本，就不可能见到中国古代的和谐思想。事实上，古代流传的有形物质文化遗产、非物质文化遗产，都可以直接或间接见到和谐思想。如成都平原的都江堰，就是人与自然的和谐杰作。都江堰的修筑，把治理洪水、灌溉一并完成，实为和谐思想的完美体现。

二、文化视野的分析

为什么中华民族会产生丰富的和谐思想？

和谐思想是中华民族习惯于系统思维方法的体现。中华民族的思维特征是系统方法，这在中国医学、建筑等领域都表现突出，得到学术界的共识。在先民看来，只有不是孤立地看问题，而是全面地、辩证地看问题，才可能注意到问题中的矛盾性、失衡性、危机性。正因为注意到这些不和谐的因素，先民才可能提出和谐的思想。两千多年前的《周易·系辞》就已提出："仰以观于天文，俯以察于地理，是故知幽明之故。"《尚书·尧典》记载四千年前的羲仲、羲叔、和叔、和仲从东南西北四个方向观察天象和环境，以防止片面性。

为什么中华民族习惯于系统思维方法？

这主要是因为中华民族是以农耕为主体的民族。从事农业的民族，为了确保农业丰收，一定要关注天文、地理、物候等诸多影响农业收成的因素，人们居安思危，防患于未然，不愿意因为对任何一种因素的疏忽而耽误了农业。久而久之，先民系统看问题的习惯就形成了。中国人认为世界由对立的、矛盾的内容构成，这种对立是统一的，矛盾是和谐的。五行学说认为五行相克相生，无序而有序。万物都是在平衡与不平衡中趋于和谐。内外、有无、上下、理气、道器、知行、体用，无不具有和谐性。《周易·系辞》说大自然在阴阳矛盾中达到最完美的和谐："天尊地卑，乾坤定矣。卑高以陈，贵贱位矣。动静有常，刚柔断矣。方以类聚，物以群分，吉凶生矣。在天成象，在地成形，变化见矣。"和谐性不仅意味着对立统一的思维方式，还包含了合二为一的思维方式。中国古代的魏晋玄学家、隋唐佛家、宋明理家都乐于大谈"体用不二"，意思在说明体与用、理与象、有与无都不过是一个问题的两个方面，不可分割。朱熹就说过："理为体，象为用，而象中有理，是无间也。"

如何实现和谐？

这是全方位的、长期的任务，最重要的是执政者为人表率。《周易·文言》从哲理角度强调圣贤明君与天地万物的完美统一，指出："夫大人者，与天地合其德，与日月合其明，与四时合其序。"所谓"合德"、"合明"、"合序"，就是和谐。执政者只有遵循天地之道，才能称得上是"大人"。孔子主张为政以和，《左传·昭公二十年》记载孔子语："善哉！政宽则民慢，慢则纠之以猛。猛则民残，残则施之以宽。宽以济猛，猛以济宽，政是以和。"达到和谐的方法，就是宽猛相济。司马迁在《史记·五帝本纪》中赞誉黄帝："顺天地之纪，幽明之占，死生之说，存亡之难。时播百谷草木，淳化鸟兽虫蛾。"明代王守仁写有《大学问》，所谓大学，即大人之学。所谓大人，即以天地万物为一体之人。大人之所以为大人，"亦惟去其私欲之蔽，以自明其明德，复其天地万物一体之本然而已耳"。大人无自私的贪欲，大人尊重万物的自然特性。大人明德，"君臣也，夫妇也，朋友也，以至于山川鬼神鸟兽草木也，莫不实有以亲之，以达吾一体之仁"。

如何对待古代留下来的有关和谐的文化遗产？

整理之，阐释之，实践之，创新之。每当我们阅读先贤的论述，总有一种亲切感、骄傲感，深深感到古代的和谐思想是一种文化的自觉，在那个年代是非常精彩的、适用的。但是，古代的和谐思想作为一种朴素的理念，有时代的局限性，有空想性。我们不可能照搬古代的和谐思想，而应对之进行新的阐释。须知，我们现在要构建的和谐社会，不是古代贤士倡导的那种和谐社会。尽管我们梳理出古代有关和谐的论述,并不等于认同古代贤士的论述都是完美的。当下的和谐社会理念,是新时代的崭新战略,与古代的和谐社会理念在内涵上有很大的不同。我们要取精用宏,古话今说,对古典加以创新性的阐释。否则,我们就会溺于"知古不知今"的迂腐之中。因此,坚持科学发展观,坚持创新思维,坚持以人为本,坚持节约思想,坚持可持续发展,坚持民主法制,这样一些具体的理论不断被推出来,都是为构建和谐社会服务的。

为什么我们今天要大力提倡和谐?

这是因为有不和谐的因素存在,它制约并影响着我们的进步与发展。通观世界,人与自然、人与社会、人与人、人的心灵、不同文明之间处处有不和谐的现象。不和谐是社会的常态,但如果不和谐的情况太突出了,就不是常态了。任何一个"文化自觉"的政府都会强调和谐,注意处理不和谐的现象。中国人民大学哲学系张立文教授写过一本《和合学概论——21世纪文化战略的构想》,书中提出的和合战略与我们当下提倡的和谐意思相近。什么是"和合"?"和合是指自然、社会、人际、心灵、文明中诸多元素、要素的相互冲突、融合,与在冲突、融合过程中各元素、要素和合为新结构方式、新生命、新事物的总和。"和合蕴含五义:差异与和生、存相与式能、冲突与融合、汰劣与择优、烦恼与和乐。张立文认为,21世纪人类最大的原理和最高价值是和(生、处、立、达、爱)。[1]"和合"是时代的呼声,从另一方面也反映了人类文化发展面临的问题。

---

[1] 参见张立文:《中华和合人文精神的现代价值》,《社会科学研究》1997年第5期。

每一个有识之士都应敏感地注意到：建设和谐社会是我们时代的主旋律，成为中华五千年以来的最强音，是中华民族复兴的宏伟战略。与以往任何一个时代相比，我们实现这一战略更加具有可行性、必要性、紧迫性，我们的目的一定能达到！

第一章　人与人的和谐

人类是由无数个个人组成的，只有个人与个人之间和谐，才可能谈得上人类的整体和谐。只有人与人之间和谐了，人与社会才能和谐。

所谓人与人的和谐，就是要相互理解，和悦相处；要相互爱护，尊重对方。这种和谐体现在下对上、上对下、老对少、少对老上，诸如邻里关系、同事关系、学友关系，都需要和谐。

本节所选资料，主要是个人与个人的和谐、家庭内部的和谐、个人与群体的和谐，还包括和谐的一般原则，以及抽象的道理。如"礼之用，和为贵"，"君子和而不同，小人同而不和"。其中，有些论述是有教益的，如《管子·霸言》记载："以人为本。本理则国固，本乱则国危。"这样的思想在两千多年前就已由先贤提出来了，说明重视人本是中华文化的一个传统。

惟和惟一

其难其慎,惟和惟一。

《尚书·咸有一德》

译:选择有难度,听察要谨慎,惟有和谐,惟有专一。

满盈亏损

《彖》曰:谦①,亨。天道下济而光明,地道卑而上行。天道亏盈而益谦,地道变盈而流谦,鬼神害盈而福谦,人道恶盈而好谦。谦,尊而光,卑而不可逾②,君子之终也。《象》曰:地中有山,谦。君子以裒③多益寡,称④物平施。

《周易·谦》

注:①谦:恭敬退让。②逾:超越。③裒:减少,或释为取。④称:铨。

译:《彖传》说:谦逊,亨通顺利。天的规律是阳气下降救济万物,地的规律是阴气从低处源源上升。天的规律是使满盈亏损,使谦虚得到增益;地的规律是改变满盈,充实谦虚;鬼神的规律是加害满盈,降福谦虚;人的规律是憎恶满盈而喜好谦虚。谦逊者居尊位而光大,下处卑贱时,常人亦难超越,只有君子能够自始至终保持谦逊的美德。《象传》说:高山低藏在地下,象征谦逊;君子效法此德,减损多余的而增益缺欠,权衡事物,公平施予。

其子和之

"鸣鹤在阴,其子和之。我有好爵①,吾与尔靡②之。"子曰:"君子居其室,出其言善,则千里之外应之,况其迩③者乎?居其室,出其言不善,则千里之外违之,况其迩者乎?言出乎身,加乎民;行发乎迩,见乎远。言行,君子之枢机。

枢机之发,荣辱之主也。言行,君子之所以动天地也,可不慎乎!"

《周易·系辞上》

注:①爵:爵位。②靡:治理。③迩:近。

译:中孚九二的爻辞说:"鹤鸣于阴暗之处,其子即能和声响应。我有好的爵位,我与你共同治理。"孔子说:"君子住在家里,发出善美的言论,则千里之外的人都会闻风响应,何况是接近他的人?如果发出不善的言论,则千里之外的人也会违背他,何况是接近他的人?言语是从本身出发,而影响百姓;行为是从近处着手,而显现于远处。言行是君子的关键要枢。关键的发起,是光荣或受辱主宰。言行正是君子感动天地之由,可以不谨慎吗!"

君子道长

泰,小往大来。吉,亨。天地交而万物通也,上下交而其志同也。内阳而外阴,内健而外顺,内君子而外小人,君子道长,小人道消也。①

《周易·泰》

注:①本句出自《泰卦》的《象传》。小人,相对于君子而言的下层群体。

译:泰卦,小往而大来,吉祥、亨通。表明天地的阴阳交合,万物的生养畅通,君臣上下交相沟通,心志合同。本卦卦象内阳刚而外阴柔,内刚健而外柔顺,内为君子而外是小人;这表明了君子之道渐长,小人之道渐消。

一人行则得其友

天地绌温,万物化醇。男女构精,万物化生。《易》①曰:
'三人行则损一人,一人行则得其友。'言致一也。

《周易·系辞下》

注:①《易》:此指损卦六三爻辞。

译:天地二气缠绵交密,万物感应会和。男女相互交结感应,万物生生不息。《易经》说:"三人同行,减损一人,一人独行,则得到朋友。"是说天下的事理都归于一致。

修此三者

子曰:"君子安其身而后动,易其心而后语,定其交而后求。君子修此三者①,故全也。危以动,则民不与也;惧以语,则民不应也;无交而求,则民不与也;莫之与,则伤之者至矣。

《周易·系辞下》

注:①三者:指安身、易心、定交。

译:孔子说:"君子必先安定其身,然后才可以有所作为;心平气和,然后说话;先有信誉,然后才有所求。君子有了这三项,就能和睦无失。危险的举动,则民众不会参与;用恐惧的语言,则民众不响应;没有好的交往而有所求,则民众不参与;没有谁参与,则随时有人伤害你。

和乐且孺

傧①尔笾豆,饮酒之饫②。兄弟既具,和乐且孺③。妻子好合,如鼓瑟琴。兄弟既翕④,和乐且湛⑤。宜尔室家,乐尔妻帑⑥。是究⑦是图⑧,亶⑨其然乎?

《诗经·常棣》

注:①傧:陈设,陈列。②饫:酒足饭饱。③孺:亲近。④翕:聚和。⑤湛:长久。⑥帑:同"孥",儿女。⑦究:思虑。⑧图:谋划。⑨亶:诚然,确实。

译:摆好碗盏和杯盘,宴饮酒足饭吃饱。兄弟亲人全团聚,融洽和乐相亲近。妻子儿女和睦相处,就像琴瑟声和谐。兄弟亲人相团聚,欢快和睦长相守。你的家庭安排好,妻子儿女乐陶陶。仔细考虑认真想,道理还真是这样。

南山有台

南山有台①,北山有莱。乐只君子,邦家之基。乐只君子,万寿无期。

南山有桑,北山有杨。乐只君子,邦家之光。乐只君子,万寿无疆。

南山有杞,北山有李。乐只君子,民之父母。乐只君子,德音不已。

南山有栲②,北山有杻③。乐只君子,遐不眉寿。乐只君子,德音是茂。

南山有枸,北山有楰④。乐只君子,遐不黄耇⑤。乐只君子,保艾尔后。

《诗经·南山有台》

注:①台:莎草名。②栲:类似于漆树的植物。③杻:古

书上说的一种树。④椅：树名。⑤黄耇：老人。

译：南山生长有莎草，北山有莱草。快乐的君子，国家的根基。快乐的君子，祝你万寿不老。南山生长有桑，北山有杨。快乐的君子，为国家增光。快乐的君子，万寿无疆。南山生长有杞，北山有李树。快乐的君子，民众的父母。快乐的君子，声名远扬。南山生长有栲，北山有杻。快乐的君子，寿长眉毛粗。快乐的君子，盛名传各处。南山生长有枸，北山有椅。快乐的君子，长寿的老人。快乐的君子，保佑你的后人。

农家乐

曾孙来止，以其妇子。馌彼南亩，田畯至喜。来方禋祀，以其骍黑①，与其黍稷。以享以祀，以介景福。

《诗经·大田》

注：①骍黑：黄牛、黑豕、羊之类的牲畜。

译：曾孙来到田间，农夫要他妻和子，送酒饭到南亩。田官老爷来享受。曾孙到来祭四方，用牲畜，还有黍与稷，用来祭祀，用来祈神赐福。

六亲不和

大道废，有人义。智惠出，有大伪。六亲①不和，有孝慈。国家昏乱，有忠臣。

《老子》

注：①六亲：即父、子、兄、弟、夫、妇。

译：大道废弃，有人提倡仁义。智惠出现了，有人严重作伪。六亲不和睦，有人提倡孝慈。国家昏乱，于是产生忠臣。

和大怨

和大怨，必有余怨，安可以为善？是以圣人执左契①，不责于人。故有德司契，无德司彻。天道无亲，常与善人。

《老子》

注：①执左契：依据规则办事。契，契约之类，古代有左契、右契。

译：调和重大的仇怨，必有残留的怨恨，这怎么可以当做善？因此，圣人推崇善，并不向人们索取。所以有德的人依据规则办事，没有德的人管事就剥削。天道没有偏爱，但经常赞助有德的善人。

和为贵

有子曰："礼①之用，和②为贵。先王之道③，斯④为美，小大由之。有所不行，知和而和，不以礼节之，亦不可行也。"

《论语·学而》

注 ①礼：在春秋时代，"礼"泛指奴隶社会的典章制度和道德规范。孔子的"礼"，既指"周礼"、礼节、仪式，也指人们的道德规范。②和：调和、和谐、协调。③先王之道：指尧、舜、禹、汤、文、武、周公等古代帝王的治世之道。④斯：这、此等意。这里指礼，也指和。

译：有子说："礼的应用，以和谐为贵。古代君主的治国方法，可宝贵的地方就在这里。但不论大事小事只顾按和谐的办法去做，有的时候就行不通。（这是因为）为和谐而和谐，不以礼来节制和谐，也是不可行的。"

周与不比

子曰:"君子周①而不比②,小人③比而不周。"

《论语·为政》

注:①周:合群。②比:勾结。③小人:没有道德修养的凡人。

译:孔子说:"君子合群而不与人勾结,小人与人勾结而不合群。"

弘道

子曰:"人能弘道,非道弘人。"

《论语·卫灵公》

译:孔子说:"人能够使道发扬光大,不是道使人的才能扩大。"

共学

子曰:"可与共学,未可与适道①;可与适道,未可与立;可与立②,未可与权③。"

《论语·子罕》

注:①适道:适,往。这里是志于道、追求道的意思。②立:坚持道而不变。③权:秤锤。这里引申为权衡轻重。

译:孔子说:"可以和他一道学习的人,不一定能够和他一道达到道;可以一道和他达到道的人,不一定能够和他做到坚定不变;可以和他一道做到坚定不变的人,不一定能够和他一道做到通达权变。"

君子无所争

子曰:"君子无所争,必也射①乎!揖②让而升,下而饮。其争也君子。"子夏问曰:"'巧笑倩兮③,美目盼兮,素以为绚兮'何谓也?"子曰:"绘事后素④。"曰:"礼后乎?"子曰:"起予者商也⑤,始可与言《诗》已矣。"

《论语·八佾》

注: ①射:原意为射箭。此处指古代的射礼。②揖:拱手行礼,表示尊敬。③巧笑倩兮,美目盼兮,素以为绚兮:前两句见《诗经·卫风·硕人》篇。倩,笑得好看。盼,眼睛黑白分明。绚,有文采。④绘事后素:绘,画。素,白底。⑤起予者商也:起,启发。予,我,孔子自指。商,子夏名商。

译: 孔子说:"君子没有什么可与别人争的事情。如果有的话,那就是射箭比赛了。比赛时,先相互作揖谦让,然后上场。射完后,又相互作揖再退下来,然后登堂喝酒。这就是君子之争。"子夏问孔子:"'笑得真好看啊,美丽的眼睛真明亮啊,用素粉来打扮啊。'这几句话是什么意思呢?"孔子说:"这是说先有白底然后画画。"子夏又问:"那么,是不是说礼也是后起的事呢?"孔子说:"商,你真是能启发我的人,现在可以同你讨论《诗经》了。"

君子之道

子谓子产①:"有君子之道四焉:其行己也恭,其事上也敬,其养民也惠,其使民也义。"

《论语·公冶长》

注: ①子产:姓公孙名侨,字子产,郑国大夫,做过正

卿,是郑穆公的孙子,为春秋时郑国的贤相。

译:孔子评论子产说:他有君子的四种道德:"他自己行为庄重,他事奉君主恭敬,他养护百姓有恩惠,他役使百姓有法度。"

有德之人

子曰:"德不孤,必有邻。"

《论语·里仁》

译:孔子说:"有道德的人是不会孤立的,一定会有思想一致的人与他相处。"

成人之美

子曰:"君子成人之美,不成人之恶。小人反是。"

《论语·颜渊》

译:孔子说:"君子成全别人的好事,而不助长别人的恶处。小人则与此相反。"

远者来

叶公问政。子曰:"近者说,远者来。"

《论语·子路》

译:叶公问孔子怎样管理政事。孔子说:"使近处的人高兴,使远处的人来归附。"

和而不同

君子和而不同,小人同而不和。

《论语·子路》

译:君子相处和谐而不苟同,小人苟同而不和谐。

勿施于人

子贡问曰:"有一言而可以终身行之者乎?"子曰:"其恕乎!己所不欲,勿施于人。"

《论语·卫灵公》

译:子贡向孔子问道:"有没有一个字可以终身奉行的呢?"孔子回答说:"那就是恕吧!自己不愿意的,不要强加给别人。"

立人达人

仁者,己欲立而立①人,己欲达而达人。

《论语·雍也》

注:①立:使动用法,使立。②达:使动用法,使达。
译:自己要站立得住,也要使别人站得住;自己行得通,也要使别人行得通。

不孝者五

世俗所谓不孝者五:惰其四支①,不顾父母之养,一不孝也;博弈好饮酒,不顾父母之养,二不孝也;好货财,私妻子,不顾父母之养,三不孝也;从耳目之欲,以为父母戮,四不孝也;好勇斗很②,以危父母,五不孝也。

《孟子·离娄下》

注: ①支:同"肢"。②很:同"狠"。

译: 一般的人认为不孝的事情有五件:四肢懒惰,不管父母的养育,这是一不孝。好下棋喝酒,不管父母的生活,这是二不孝。好钱财,偏爱妻室儿女,不管父母的生活,这是三不孝。放纵耳目的欲望,使父母受到耻辱,这是四不孝。逞勇敢,好争斗,危及父母,这是五不孝。

仁义而已

孟子见梁惠王①。王曰:"叟!不远千里而来,亦将有以利吾国乎?"孟子对曰:"王!何必曰利?亦有仁义②而已矣。王曰:'何以利吾国?'大夫③曰:'何以利吾家?'士庶人曰:'何以利吾身?'上下交征利而国危矣。万乘之国,弑其君者,必千乘之家;千乘④之国,弑其君者,必百乘之家。万取千焉,千取百焉,不为不多矣。苟为后义而先利,不夺不餍⑤。未有仁而遗其亲者也,未有义而后其君者也。王亦曰:仁义而已矣,何必曰利?"

《孟子·梁惠王上》

注: ①梁惠王:即战国时魏惠王,前369~前319年在位。魏原来的都城在安邑(今山西夏县西北),因秦国的压力,前361年魏惠王迁都大梁(今河南开封),故魏也被称为梁,魏惠王也被称为梁惠王。②仁义:儒家品德的概括,其核

心指人与人相互亲爱，思想行为有一定的准则。③大夫：先秦时代职官等级名，国君之下有卿、大夫、士三级。④乘：量词，一车四马为一乘。当时战争的形式主要是车战，一辆兵车由四匹马拉，车上有三名武装战士，后有若干步兵。古代常以兵车的多少衡量诸侯国或卿大夫封邑的大小。⑤餍：满足。

译：孟子谒见梁惠王。惠王说："老先生，您不远千里而来，将有什么有利于我的国家吗？"孟子回答道："大王，您为什么定要说到那利呢？只有仁义就够了。大王说'怎样有利于我的国家？'大夫说'怎样有利于我的封邑？'士人平民说'怎样有利于我自身？'上上下下互相争夺利益，那国家就危险了。在拥有万辆兵车的国家，杀掉国君的，必定是国内拥有千辆兵车的大夫；在拥有千辆兵车的国家，杀掉国君的，必定是国内拥有百辆兵车的大夫。在拥有万辆兵车的国家里，这些大夫拥有千辆兵车；在拥有千辆兵车的国家里，这些大夫拥有百辆兵车，不算是不多了，如果轻义而重利，他们不夺取（国君的地位和利益）是绝对不会满足的。没有讲仁的人会遗弃自己父母的，没有行义的人会不顾自己君主的。大王只要讲仁义就行了，何必谈利呢？"

与民偕乐

孟子见梁惠王。王立於沼上，顾鸿雁麋鹿，曰："贤者亦乐此乎？"孟子对曰："贤者而后乐此，不贤者，虽有此不乐也。《诗》①云：'经始灵台，经之营之，庶民攻之，不日成之。经始勿亟，庶民子来。王②在灵囿，麀鹿攸伏，麀鹿濯濯，白鸟鹤鹤。王在灵沼，於牣鱼跃。'文王以民力为台为沼，而民欢乐之，谓其台曰灵台，谓其沼曰灵沼，乐其有麋鹿鱼鳖。古之人与民偕乐，故能乐也。《汤誓》③曰：'时日害丧④，予及女⑤皆亡。'民欲与之皆亡，虽有台池鸟兽，岂能独乐哉？"

《孟子·梁惠王上》

注：①《诗》：即《诗经》，我国最早的诗歌总集。此章所引为《大雅·灵台》。②王：此指周文王姬昌，殷王纣时的诸侯，子武王伐纣，灭殷。③《汤誓》：《尚书》中的一篇。《汤誓》记载商汤讨伐暴君夏王桀的誓词。传说夏桀曾自比太阳，说太阳灭亡他才灭亡。此章所引是百姓诅咒夏桀的话。④时：这。害：同"曷"，何时的意思。⑤女：同"汝"，你。

译：孟子谒见梁惠王。惠王站在池塘边上，一边观赏着鸿雁麋鹿，一边问道："贤人对此也感受到快乐吗？"孟子答道："只有贤人才能感受到这种快乐，不贤的人纵然拥有珍禽异兽，也不会（真正感受到）快乐的。《诗经》上说：'文王规划筑灵台，基址方位细安排，百姓踊跃来建造，灵台很快就造好。文王劝说不要急，百姓干活更积极。文王巡游到灵囿，母鹿自在乐悠悠，母鹿肥美光泽好，白鸟熠熠振羽毛。文王游观到灵沼，鱼儿满池喜跳跃。'文王依靠民力造起了高台深池，但人民却高高兴兴，把他的台叫做灵台，把他的池沼叫做灵沼，为他能享有麋鹿鱼鳖而高兴。古代的贤君与民同乐，所以能享受到（真正的）快乐。《汤誓》中说：'这个太阳什么时候灭亡？我们要跟你同归于尽！'人民要跟他同归于尽，（他）纵然拥有台池鸟兽，难道能独自享受到快乐吗？"

非其友不友

孟子曰："伯夷，非其君不事，非其友不友。不立於恶人之朝，不与恶人言。立於恶人之朝，与恶人言，如以朝衣朝冠坐於涂炭。推恶恶之心，思与乡人立，其冠不正，望望然去之，若将浼焉。是故诸侯虽有善其辞命而至者，不受也。不受也者，是亦不屑就已。柳下惠①不羞汙君，不卑小官；进不隐贤，必以其道；遗佚而不怨，阨穷而不悯。故曰：'尔为尔，我为我，虽袒裼裸裎②於我侧，尔焉能浼我哉？'故由由然与之偕而不自失焉，援而止之而止。援而止之而止者，是亦不屑去已。"孟子曰:"伯夷隘,柳下惠不恭。隘与不恭,君子不由也。"

《孟子·公孙丑上》

注:①柳下惠:春秋时鲁国大夫,姓展,名获,字禽;因封邑在柳下(地名),谥号"惠",故称为柳下惠。②袒裼裸裎:袒裼,袒露肉体;裸裎,露身。

译: 孟子说:"伯夷,不是他理想的君主就不去侍奉,不是他中意的朋友就不去结交。不在恶人的朝廷里做官,不同恶人交谈。在恶人的朝廷里做官,同恶人交谈,就觉得像是穿戴着上朝的衣帽坐在泥土炭灰上一样。把这种厌恶恶人的心情推广开去,他就会想,如果同一个乡下人站在一起,那人帽子戴得不正,就该生气地离开他,就像会被他玷污似的。因此,诸侯即使有用动听的言辞来请他的,他也不接受。不接受,就是不屑于接近他们。柳下惠不认为侍奉坏君主是羞耻的事,也不因为官职小而瞧不上;到朝廷做官,不掩藏自己的贤能,必定按自己的原则行事;被国君遗弃而不怨恨,处境穷困而不忧伤。所以他说:'你是你,我是我,即使你赤身裸体地在我身旁,你又哪能玷污我呢?'所以他能高高兴兴地同这样的人处在一起而不失去自己的风度,拉他留下,他就留下。拉他留下他就留下,这也就是不屑于离开罢了。"孟子又说:"伯夷狭隘,柳下惠不严肃。狭隘与不严肃,君子是不效仿的。"

百姓亲睦

夫仁政,必自经界始……死徙无出乡,乡田同井,出入相友,守望相助,疾病相扶持,则百姓亲睦。

《孟子·滕文公上》

译: 行仁政,一定要从划分、确定田界开始……(百姓)丧葬迁居都不离乡。乡里土地在同一井田的各家,出入相互结伴,守卫防盗相互帮助,有病相互照顾,那么百姓之间就亲近和睦。

教以人伦

后稷①教民稼穑,树艺五谷。五谷熟而民人育。人之有道也,饱食、暖衣。逸居而无教,则近于禽兽。圣人有忧之,使契②为司徒,教以人伦:父子有亲,君臣有义,夫妇有别,长幼有叙,朋友有信。

《孟子·滕文公上》

注:①后稷:古代周族的始祖,名弃。善于种植各种粮食作物,曾在尧、舜时代做农官,教民耕种。②契:传说中商的始祖,曾任舜的司徒,掌管教化。

译:后稷教人民各种农事,种植五谷;五谷成熟了,人民才能养育。人类的生活,吃饱、穿暖。安居而没有教育,便同禽兽差不多。圣人又忧虑这件事,任命契担任司徒,把伦理道理教给人民——父子讲亲爱,君臣讲礼义,夫妇讲内外之别,长幼讲尊卑次序,朋友讲真诚守信。

惟尧则之

孔子曰:"大哉尧之为君!惟天为大,惟尧则之,荡荡乎民无能名焉!君哉舜也!巍巍乎有天下而不与焉!"尧、舜之治天下,岂无所用其心哉?亦不用於耕耳。吾闻用夏变夷者①,未闻变於夷者也。

《孟子·滕文公上》

注:①夏:指当时居住中原地区的民族。夷:古代对东部各族的统称,这里泛指居住于中原地区以外的部族。

译：孔子说:"尧作为君主真是伟大啊!只有天是伟大的,只有尧能效法天。(尧的功德)浩荡无边啊,人民简直无法用言语来形容!真是个好君主啊,帝舜!多么崇高啊!拥有天下却不一一参与政事!"尧舜治理天下,难道是无所用心的吗?只是不用在耕作上罢了。我只听说过用中原的文明去改变蛮夷的,没听说过被蛮夷改变的。

亲亲长长

孟子曰:"道在迩而求诸远,事在易而求诸难。人人亲其亲,长其长,而天下平。"

《孟子·离娄上》

译：孟子说:"道路就在眼前,却向远处去寻找;事情本来容易,却找难的去做:只要人人爱父母、敬长辈,天下就会太平。"

事亲为大

孟子曰:"事,孰为大?事亲为大。守,孰为大?守身为大。不失其身而能事其亲者,吾闻之矣。失其身而能事其亲者,吾未之闻也。孰不为事?事亲,事之本也。孰不为守?守身,守之本也。曾子①养曾晳,必有酒肉。将彻,必请所与。问有余,必曰:'有。'曾晳死,曾元养曾子,必有酒肉。将彻,不请所与。问有馀,曰:'亡矣。'将以复进也。此所谓养口体者也。若曾子,则可谓养志也。事亲若曾子者,可也。"

《孟子·离娄上》

注：①曾子:即曾参,春秋时鲁国人,与他的父亲曾晳同

为孔子的弟子。

译：孟子说："哪一种侍奉最重要？侍奉父母最重要；哪一种守护最重要？守护自身（的善性）最重要。不丧失自身（善性）而能侍奉好父母的，我听说过；丧失了自身（善性）而能侍奉好父母的，我从来没听说过。哪个长者不该侍奉？但侍奉父母才是侍奉的根本；哪种好品德不该守护？但守护自身（的善性）是守护的根本。曾子奉养他的父亲曾皙，每餐必定有酒肉。撤除食物时，必定要请示（剩下的酒肉）给谁；父亲问有没有剩余，必定说'有'。曾皙死后，曾元奉养他的父亲曾子，每餐也必定有酒肉。撤除时，不请示剩余的给谁；父亲问有没有剩余，就回答说'没有了'，准备拿吃剩的下顿再进奉给父亲。这叫做对父母的口体奉养。像曾子那样，就可以称为对父母心意的奉养了。侍奉父母能像曾子那样就可以了。"

交友

万章问曰："敢问友。"孟子曰："不挟长，不挟贵，不挟兄弟而友。友也者，友其德也，不可以有挟也。孟献子①，百乘之家也，有友五人焉：乐正裘，牧仲，其三人则予忘之矣。献子之与此五人者友也，无献子之家者也。此五人者，亦有献子之家，则不与之友矣。非惟百乘之家为然也，虽小国之君亦有之。费惠公②曰：'吾于子思则师之矣，吾于颜般则友之矣。王顺、长息，则事我者也。'非惟小国之君为然也，虽大国之君亦有之。晋平公③之于亥唐也，入云则入，坐云则坐，食云则食。虽蔬食菜羹，未尝不饱，盖不敢不饱也。然终于此而已矣。弗与共天位也，弗与治天职也，弗与食天禄也。士之尊贤者也，非王公之尊贤也。舜尚见帝，帝馆甥于贰室，亦飨舜，迭为宾主，是天子而友匹夫也。用下敬上，谓之贵贵；用上敬下，谓之尊贤。贵贵尊贤，其义一也。"

《孟子·万章下》

注：①孟献子：鲁国大夫。②费（bì 比）惠公：战国时小国费的国君。③晋平公：春秋时晋国国君，姓姬名彪。亥唐：晋国人。

译：万章问道："请问怎样交友。"孟子说："不倚仗年龄大，不倚仗地位高，不倚仗兄弟（的富贵）去交友。所谓交友，是同他的品德交朋友，是不可以有所倚仗的。孟献子是有百辆车马的大夫，他有五个朋友，乐正裘、牧仲，其他三人我忘了。献子同这五个人交友，没有自己是大夫的想法；这五个人，要是心里有献子是大夫的想法，也就不同他交友了。不仅是拥有百辆车马的大夫是这样，就是小国的君主也有这样的。费惠公说：'我对于子思，把他当做老师；对于颜般，就把他当做朋友了；王顺、长息不过是侍奉我的人罢了。'不仅小国的君主是这样，就是大国的君主也有这样的。晋平公对于亥唐（非常尊敬），（亥唐）叫他进去就进去，叫他坐就坐，叫他吃就吃，即使粗饭菜汤，也没有不吃饱的，因为不敢不吃饱。然而最终也就到这一步罢了。没有给他官位，没有给他职务，没有给他俸禄，这就如同士人的尊贤，而不是王公的尊贤。舜去见尧帝，尧帝把这位女婿安排在别墅住，并且款待他，（舜有时也请尧来，）两人轮流充当宾主，这是天子同平民百姓交朋友。地位低的尊敬地位高的，叫做尊敬有地位的人；地位高的尊敬地位低的人，叫做尊敬贤人。尊敬有地位的人和尊敬贤人，其中的道理是一样的。"

地利不如人和

孟子曰："天时不如地利，地利不如人和。三里之城，七里之郭，环而攻之而不胜。夫环而攻之，必有得天时者矣；然而不胜者，是天时不如地利也。城非不高也，池非不深也，兵革非不坚利也，米粟非不多也；委①而去之，是地利不如人和也。故曰：域民不以封疆之界，固国不以山谿之险，威天下不以兵革之利。得道者多助，失道者寡助。寡助之至，亲戚畔②

之；多助之至，天下顺之。以天下之所顺，攻亲戚之所畔；故君子有不战，战必胜矣。"

《孟子·公孙丑下》

注：①委：委弃。②畔：叛。

译：孟子说："有利的天时不如有利的地势，有利的地势不如人心的团结。三里的内城，七里的外城，包围起来攻打它，却不能取胜。包围起来攻打它，必定有得天时的战机，然而却不能取胜，这是有利的天时不如有利的地势。城墙不是不高，护城河不是不深，兵器铠甲不是不坚利，粮食不是不多，（可是敌人一来却）弃城逃离，这便是有利的地势不如人心的团结。所以说，控制人民不迁逃，不靠国家的疆界，巩固国家不靠山川的险阻，威服天下不靠兵器铠甲的坚利。得到仁义的人，帮助他的就多；失掉仁义的人，帮助他的就少。帮助他的人少到极点，连家里人都背叛他；帮助他的人多到极点，天下的人都归顺他。让天下人都归顺他的人去攻打连家里人都背叛他的人，（必然所向无敌；）所以君子不战则罢，战则必胜。"

苟得其养

孟子曰："牛山①之木尝美矣，以其郊於大国也，斧斤伐之，可以为美乎？是其日夜之所息，雨露之所润，非无萌蘖之生焉，牛羊又从而牧之，是以若彼濯濯②也。人见其濯濯也，以为未尝有材焉，此岂山之性也哉？虽存乎人者，岂无仁义之心哉？其所以放其良心者，亦犹斧斤之於木也，旦旦而伐之，可以为美乎？其日夜之所息，平旦之气，其好恶与人相近也者几希，则其旦昼之所为，有梏亡之矣。梏之反复，则其夜气不足以存。夜气不足以存，则其违禽兽不远矣。人见其禽兽也，而以为未尝有才焉者，是岂人之情也哉？故苟得其养，无物不长；苟失其养，无物不消。孔子曰：'操则存，舍则亡；出入无时，莫知其乡。'惟心之谓与？"

《孟子·告子上》

注：①牛山：在今山东临淄附近。②濯濯：无草木的样子。

译：孟子说："牛山的树木曾经是很茂盛的，因为它长在大都市的外面，人们用斧子砍伐，还可以茂盛吗？它日夜在生长，有雨露滋润，不是没有嫩枝生长的，又有人们放牛羊，所以变得光秃秃的。人们见那光秃秃的山，便以为这山上没有长过树木，这难道是山的本性？在一些人身上，难道说没有仁义之心？他之所以放弃良心，犹如斧头之于树木，每天都砍伐，能够茂盛吗？他日夜散发出善心，在清晨接触新鲜之气，他的好恶与人们相近，可是一到第二天，所行所为又被消灭了。反复地消灭，那么，他夜里所发出的善念就不足以存了。夜里生发出的善念不足以存，则其距离禽兽就不远了。别人见到他如同禽兽，而以为他从未有善良的思想，这难道也是人的情性？所以，如果得到滋养，没有东西不生长；如果失掉其滋养，没有什么不消亡。孔子说：'操持就存在，舍弃就灭亡；出出进进没有一定的时候，也不知道他何去何从。'这是指人心而言？"

各有喜好

刻意尚行，离世异俗，高论怨诽，为亢①而已矣；此山谷之士，非世之人，枯槁赴渊者②之所好也。语仁义忠信，恭俭推让，为修而已矣；此平世之士，教诲之人，游居学者之所好也。语大功，立大名，礼君臣，正上下，为治而已矣；此朝廷之士，尊主强国之人，致功并兼者之所好也。就薮泽，处闲旷，钓鱼闲处，无为而已矣；此江海之士，避世之人，闲暇者之所好也。吹呴③呼吸，吐故纳新，熊经鸟申，为寿而已矣；

此道引之士，养形之人，彭祖寿考者之所好也。若夫不刻意而高，无仁义而修，无功名而治，无江海而闲，不道引而寿，无不忘也，无不有也，淡然无极而众美从之。此天地之道，圣人之德也。

《庄子·刻意》

注：①亢：高亢自傲。②枯槁赴渊者：指刻苦自砺的人。③呴：同"嘘"。

译：磨砺心志，刻意修行，超世脱俗，言论偏激，清高自傲。这是隐居山谷的人，非毁时世的人，枯槁赴渊的人所喜好的。谈论仁义忠信，恭俭推让，是修身而已。这是平时治世的人，对人实行教诲的人，游说而后退居的人所喜好的。谈论大功，树立大名，用礼维系君臣，端正上下，这是讲求治理而已。这是朝廷的人，致力于尊主强国的人，致力于功业、开拓疆土的人所喜好的。闲游江湖，躲避世事，钓鱼闲处，无为而已。这是江湖的人，逃避世事的人，闲暇无事的人所喜好的。吹嘘呼吸，吐故纳新，模仿熊经鸟申，为长寿命而已。这是导引之士，养形的人，像彭祖那样高寿的人所喜好的。如果有不刻意追求而高洁，不讲仁义而自然修身，不讲功名而得到治理，不处江湖而闲暇，不导引而长寿，没有什么不忘于身外，没有什么不据于自身，淡然无极而各种美好的东西都聚集。这才是天地的大道，圣人的成德。

使之和豫

哀公曰："何谓才全？"仲尼曰："死生、存亡，穷达、贫富，贤与不肖、毁誉，饥渴、寒暑，是事之变，命之行也；日夜相代乎前，而知不能规①乎其始者也。故不足以滑②和，不可入于灵府③。使之和豫④，通而不失于兑；使日夜无郤而与物为春，是接而生时于心者也。是之谓才全。"

《庄子·德充符》

注：①规：窥。②滑：通"汩"，乱。③灵府：心。④豫：乐。

译：鲁哀公问："什么是才全？"孔子说："死生、存亡、穷达、贫富，贤与不肖、毁誉、饥渴、寒暑，都是事物的变化，是规律的运行；如同昼夜交替，而人的智慧却不能窥见它们的起始。所以不足以扰乱本性的和谐，不可以侵入人们的心灵。要使心灵和谐快乐，通畅而不失愉快；使日夜保持不间断地春天般的生机，这样就会与外界产生和谐的感应。这就是才全。"

人不一事

可浅可深，可浮可沉，可曲可直，可言可默。天不一时，地不一利，人不一事。

《管子·宙合》

译：可以浅也可以深，可以浮也可以沉，可以曲也可以直，可以说也可以沉默。天不是只有一季，地不是只有一种实利，人不是只能做一种事。

和则能久

以时为宝，以政为仪，和则能久……人不倡①不和，天不始不随。

《管子·白心》

注：①倡：提倡。

译：以时间为宝，以政治为仪，和谐才能持久……人不倡导的事就不应和，天不开创的事就不跟随。

子孙和顺

和子孙，属亲戚，父母之常也……子妇不失其常，则长幼理而亲疏和。

《管子·形势解》

译：和睦子孙，团结亲戚，这是父母的常规……子妇不失其常规，就会长幼有序而亲疏和睦。

上下不和

邪气入内，正色乃衰。君不君则臣不臣，父不父则子不子。上失其位则下逾其节。上下不和，令乃不行……道之所言者一①也，而用之者异。有闻道而好为家者，一家之人也；有闻道而好为乡者，一乡之人也；有闻道而好为国者，一国之人也；有闻道而好为天下者，天下之人也；有闻道而好定万物者，天下之配也。道往者其人莫来，道来者其人莫往。道之所设，身之化也。持满者与②天，安危者与人。失大之度，虽满必涸；上下不和，虽安必危。欲王天下而失天之道，天下不可得而王也。得天之道，其事若自然；失天之道，虽立不安。

《管子·形势》

注：①一：一样、一致。②与：顺。

译：邪气进入体内，正色就要衰退。君不像君，臣不像臣，父不像父，子不像子。在上的失去自己的位子，在下的越过了自己的礼节。上下不和，政令就不能推行……关于道，它的理论是一致的，而运用起来则有所不同。有的人懂得道而能治家，他便是治家的人才；有的人懂得道而能治乡，他便是一乡的人才；有的人懂得道而能治国，他便是一国的人才；有的人懂得道而能治天下，他便是天下的人才。有的人懂得道而能使万物各得其所，那便和天地一样伟大了。失道者，人民不肯来投；得道者，人民不肯离去。道之所在，自身就应当与之同化。凡是始终能保持强大的，就应顺天从道。凡是能安危存亡的，就因为顺从人心。违背天的法则，虽然暂时丰满，最终也必然枯竭；上下不和，虽然暂时安定，最终也必然危亡。想要统一天下而违背天道，天下就不可能被他统一起来。掌握了天道，成事就很自然；违背了天道，虽然成功也不能保持。

离而不和

臣不亲其主，百姓不信其吏，上下离而不和，故虽自安，必且危之。故曰："上下不和，虽安必危。"

《管子·形势解》

译：臣下不亲近他们的君主，百姓不信任他们的官吏，上下离而不和，虽然表面安定，必将走向危亡。所以说："上下不和，虽安必危。"

大臣不和同

君之所慎者四：一曰大①德不至仁，不可以授国柄；二曰见贤不能让，不可与尊位；三曰罚避亲贵，不可使主兵；四曰不好本事，不务地利，而轻赋敛，不可与都邑②。此四务者，安危之本也。故曰卿相不得众，国之危也；大臣不和同，国之危也；兵主不足畏，国之危也；民不怀其产，国之危也。故大德至仁，则操国得众；见贤能让，则大臣和同；罚不避亲贵，则威行于邻敌；好本事，务地利，重赋敛，则民怀其产。

《管子·立政》

注：①大：崇尚。②都邑：地方的行政中心。

译：君主要慎重地对待的问题有四个：一是对尊崇道德而不真正行仁的人，不可以授予国家大权；二是对见到贤能不推让的人，不可以授予尊高的爵位；三是对掌握刑罚躲避亲贵的人，不可以让他统帅军队；四是对那种不重视农业，不注重地利，而轻易课税的人，不可以让他做都邑的官。这四条巩固国家的原则是国家安危的根本。应当说，卿相得不到民众的拥抱，是国家的危险；大臣不同心协力，是国家的危险；军中统帅不足以令人畏惧，是国家的危险；人民不怀念自己的产业，是国家的危险。因此，只有崇尚道德而能真正行仁，才可以胜任国家的事情而取得民众的拥抱。只有见到贤能的人就进行推让，才能使大臣同心协力。只有掌握刑罚而不避亲贵，才能威震邻敌；只有重视农业，注重地利，不轻易课税的人，才能使民众怀念自己的产业。

和之以乐

通之以道，畜之以惠，亲之以仁，养之以义，报之以德，结之以信，接之以礼，和之以乐，期之以事。

《管子·幼官》

译：以道沟通，以惠蓄存，以仁相亲，以义养育，以德为报，以信结合，以礼相接，以乐调和，按时办事。

和同而有礼义

然则得人之道，莫如利之；利之之道，莫如教之以政①。故善为政者，田畴垦而国邑实，朝廷闲而官府治，公法行而私曲止，仓廪实而囹圄②空，贤人进而奸民退。其君子，上中正而下谄谀；其士民，贵勇武而贱得利；其庶人，好耕农而恶饮食，于是财用足而饮食薪菜饶。是故上必宽裕而有解舍③，下必听从而不疾怨，上下和同而有礼义，故处安而动威，战胜而守固，是以一战而正诸侯。

《管子·五辅》

注：①政：从政的措施，以效果教人。②囹圄：监狱。③解舍：免除。

译：得人心的方法，莫如给人以利益；而给人以利益的方法，莫如用实际政绩来证明。所以，善于为政的，总是田地开垦而城邑充实，朝廷安闲而官府清治，公法通行而邪道废止，仓库充实而监狱空虚，贤人得用而奸臣罢退。上层人士总是崇尚公正而鄙视阿谀之风；士民总是重视勇武而鄙视财利；平民总是爱耕而厌恶大吃大喝，从而财用充足而日常生活富裕。所以，君主要宽厚而有所减免，人民要服从而无所怨恨，上下协调而有礼义，这才会生活安定而办事有威信，战争胜利而防务巩固，从而一战便可以征服诸侯。

以人为本

夫无土而欲富者忧，无德而欲王者危，施薄而求厚者孤……夫霸王之所始也，以人为本。本理①则国固，本乱则国危。故上明则下敬，政平则人安，士教和则兵胜敌，使能则百事理，亲仁则上不危，任贤则诸侯服。

《管子·霸言》

注：①理：治理。

译：无地而求富有者忧伤，无德而想称王者危险，施舍少而求回报厚者孤立……霸王之业的开始，是以人民为本。所以，本治则国家巩固，本乱则国家危亡。所以上面英明则下面敬服，政事平易则人心安定，战士训练好则战争取胜，使用能臣则百事皆治，亲近仁人则君主不危，任用贤相诸侯就信服。

上下和

凡立朝廷,问有本纪。爵授有德,则大臣兴义;禄予有功,则士轻死节①。上帅士以人之所戴,则上下和。

《管子·问》

注:①轻:把死看得很轻。

译:凡主持朝廷政事,进行调查就要有一些原则。爵位授给有德的人,大臣就提倡行义;禄赏赐予有功的人,战士就不怕牺牲。君主任用人所爱戴的将领治兵,上下就和睦。

十人十义

古者民始生、未有形政之时,盖其语,人异义。是以一人则一义,二人则二义,十人则十义。其人兹①众,其所谓义者亦兹众。是以人是其义,以非人之义,故交相非也。是以内者父子、兄弟作怨恶,离散不能相和合。天下之百姓,皆以水火、毒药相亏害。至有余力,不能以相劳。腐余财,不以相分。隐匿良道,不以相教。天下之乱,若禽兽然。

《墨子·尚同上》

注:①兹:通"滋"。

译:古代有民众之初,还没有行政的时候,他们用语言表达思想,人各有不同。一个人有一个意思,两个人有两个意思,十个人有十个意思。其人越多,所表达的意思就越多。各人都以为自己的意思是正确的,说别人的意思是不对的,互相指责。一家之内有父子、兄弟相互怨恨,离散而不能和谐。天下的百姓,像水火、毒药相损害。以至于有余力,也不能相助。有剩余的财物,不相互分给。良好的道德被隐匿了,不互相教化。天下混乱，如同禽兽一样。

闻善

凡闻见善者，必以告其上。闻见不善者，亦必以告其上。上之所是，必亦是之。上之所非，必亦非之。民有善，傍荐之。上有过，规谏之。尚①同乎其上，而毋有下比之心。

《墨子·尚同中》

注：①尚：崇尚与追求。
译：凡听到有美好的事情，必须向上报告。听见不好的事情，也必须上报。上面的人认为是对的，下面的人必须认同。上面的人认为是不对的，下面的人也必须认为不对。百姓有美好的，就要推荐。上面的人有过错，就要规谏。要与上面保持一致，而不要附合下面人的思想。

善和人者

以善先人者谓之教，以善和人者谓之顺①；以不善先人者谓之谄，以不善和人者谓之谀。

《荀子·修身》

注：①顺：和顺。
译：用善良领导人的就叫做教诲，用善良同人共事的叫做顺理。用不善良领导人的就叫做谄媚，用不善良同人共事的叫做阿谀。

由礼则和节

食饮、衣服、居处、动静，由礼则和节，不由礼则触陷生疾；容貌、态度、进退、趋行①，由礼则雅，不由礼则夷固僻违、庸众而野。

《荀子·修身》

注：①趋行：行为趋向。

译：在饮食、衣服、居处、动静上，顺从礼，就表现得中和适节；不顺从礼，就会触犯而生出危险。在容貌、态度、进退、趋行上，顺从礼，就表现得儒雅，不顺从礼，就表现得傲慢、固陋。

亲疏

爱臣太亲，必危其身；人臣太贵，必易①主位；主妾无等，必危嫡子②；兄弟不服，必危社稷。

《韩非子·爱臣》

注：①易：改变。②嫡子：正妻所生之子。

译：宠爱臣下过分亲近，必然危及君主本人；大臣太有权威，必然改变君主的地位。王后和妃子不分等级，必然危害王后所生的儿子。国君兄弟不服从国君，必然危害国家。

尊师

生则谨养，谨养之道，养心为贵；死则敬祭，敬祭之术，时节为务；此所以尊师也。治唐圃①，疾灌寖，务种树；织葩屦②，结罝网，捆蒲苇；之田野，力耕耘事五谷；如山林，入川泽，取鱼鳖，求鸟兽；此所以尊师也。视舆马，慎驾御；适衣服，务轻暖；临饮食，必蠲洁③；善调和，务甘肥；必恭敬；和颜色，审辞令；疾趋翔，必严肃；此所以尊师也。

《吕氏春秋·尊师》

注：①唐圃：场圃。②苴屦：麻鞋。③蠲洁：清洁。

译：活着时，就要小心奉养。奉养的方式，以养心为最重要；死后，要恭敬地祭祀，敬祭要以遵守时节为务；这就是尊师的做法。治理池塘场圃，辛勤灌溉，致力于种树；编织麻鞋，连结罗网，捆扎蒲苇；到田野，尽力耕耘，种植五谷；到山林，下河湖，取鱼鳖，捉鸟兽；这就是尊师的做法。仔细察看车子，谨慎驾驶；穿好衣服，务必轻便暖和；置办饮食，必定清洁；善于调和五味，务必香甜肥美；务必恭敬；和颜悦色，言辞谨慎；行走缓和，必定严肃；这就是尊师的做法。

必怜人之困

衣，人以其寒也；食，人以其饥也。饥寒，人之大害也。救之，义也。人之困穷，甚如饥寒，故贤主必怜人之困也，必哀①人之穷也。如此则名号显矣，国士得矣。

《吕氏春秋·爱士》

注：①哀：为……而哀。

译：给人衣服，是因为他寒冷；给人食物，是因为他饥饿。饥寒是人的大害。救济人，就是仁义。人的困穷，超过了饥寒，所以贤明的君主必须怜悯人的窘困，必须同情人的贫穷。像这样，名声才显耀，国中的优秀人士才可以得到。

庄公母子

初，郑武公①娶于申，曰武姜，生庄公及共叔段②。庄公寤生③，惊姜氏，故名曰"寤生"，遂恶之。爱共叔段，欲立之。亟请于武公，公弗许。及庄公即位，为之请制。公曰："制④，岩邑也，虢叔⑤死焉。佗邑唯命。"请京，使居之，谓之京城大叔。祭仲⑥曰："都，城过百雉，国之害也。先王之制:大都,不过参国之一;中,五之一;小,九之一。今京不度,非制也,君将不堪。"公曰:"姜氏欲之,焉辟害?"对曰:"姜氏何厌之有?不如早为之所,无使滋蔓!蔓,难图也。蔓草犹不可除,况君之宠弟乎?"公曰:"多行不义,必自毙,子姑待之。"既而大叔命西鄙⑦、北鄙贰于己……大叔完聚,缮甲兵,具卒乘,将袭郑,夫人将启之。公闻其期,曰:"可矣!"命子封帅车二百乘以伐京。京叛大叔段,段入于鄢,公伐诸鄢。五月辛丑,大叔出奔共……遂寘姜氏于城颍,而誓之曰:"不及黄泉,无相见也。"既而悔之。颍考叔⑧为颍谷封人,闻之,有献于公,公赐之食,食舍肉⑨。公问之,对曰:"小人有母,皆尝小人之食矣,未尝君之羹,请以遗之。"公曰:"尔有母遗,繄⑩我独无!"颍考叔曰:"敢问何谓也?"公语之故,且告之悔。对曰:"君何患焉?若阙地及泉,隧而相见,其谁曰不然?"公从之。公入而赋:"大隧之中,其乐也融融!"姜出而赋:"大隧之外,其乐也泄泄!"遂为母子如初。

《左传·隐公元年》

注:①郑武公:春秋时诸侯国郑国(在今河南新郑)国君,姓姬,名掘突,武为谥号。申:诸侯国名,在今河南南阳,姜姓。②庄公:即郑庄公。共叔段:共是国名,叔为兄弟排行居后,段是名。③寤生:逆生,倒生,即难产。④制:郑国邑名,在今河南荥阳县虎牢关,险要地城邑。⑤虢叔:东虢国国君。⑥祭仲:郑国大夫,字足。⑦鄙:边境上得邑。贰于己:同时属于庄公和自己。⑧颍考叔:郑国大夫。颍谷:郑国邑名,在今河南登封西南。封人:管理边界的官。⑨舍肉:把肉放在旁边不吃。⑩繄:语气助词。没有实义。

译：当初，郑武公娶了申国国君的女儿为妻，叫做武姜，生下了庄公和共叔段。庄公脚在前倒生下来，使姜氏受了惊吓所以取名叫"寤生"，武姜因此讨厌庄公。武姜玉爱共叔段，想立他为太子，多次向武公请求，武公都没有答应。等到庄公当上了郑国国君，武姜为共叔段请求把制作为他的封邑。庄公说："制是个险要的城邑，从前虢叔就死在那里，如果要别的地方，我都答应。"武姜又为共叔段请求京邑，庄公就让共叔段住在那里，称他为"京城太叔"。祭仲说："都城超过了三百丈，就会成为国家的祸害。按先王的规定，大的都城面积不能超过国都的三分之一；中等的不超过五分之一；小的不超过九分之一。现在京邑的大小不合法度，违反了先王的制度，这会使您受不了。"庄公回答说："姜氏要这么做我怎能避开这祸害呢？"祭仲说道："姜氏有什么可满足呢？不如早些处置共叔段，不让他的势力蔓延。如果蔓延开来，就难对付了。蔓延开的野草都除不掉，更何况是您受宠的兄弟呢？"庄公说："干多了不仁义的事情，必定会自取灭亡，您暂且等着看吧。"不久之后，太叔命令西边和北边的边邑也同时归他管辖……太叔修造城池，聚集百姓，修整铠甲和武器，准备好了步兵和战车，将要偷袭郑国国都，武姜打算为他打开城门作内应。庄公得知了太叔偷袭的日期，说："可以动手了！"于是，他命令公子吕率领二百辆战车去攻打京邑。京邑百姓背叛了共叔段，共叔段逃到了鄢地，庄公又攻打鄢。五月二十三日，共叔段逃奔去了共国……于是庄公把武姜安置到城颍，并向她发誓说："不到地下黄泉，永远不再见面。"事后，他又后悔这么说。颍考叔当时是颍谷管理疆界的官员，他听说了这件事，就送了些礼物给庄公。庄公请他吃饭，他却把肉放在一旁不吃。庄公问他为什么，颍考叔回答说："我家中有母亲，我的饭食她都吃过，就是从未尝过君王的肉羹，请允许我拿去送给她。"庄公说"你有母亲可以送东西给她，惟独我没有！"颍考叔说："我冒昧问一下，这话是什么意思？"庄公把事情的缘由告诉了他，并说自己很后悔。颍考叔说："君王何必担忧呢？如果掘地见水，打成地道去见面，谁能说这不是黄泉相见？"庄公听从了颍考叔的话，照着做了。庄公进入地道，赋诗说："隧道当中，心中快乐融和！"武姜走出隧道，赋诗说："隧道之外，心中快乐舒畅！"于是，母子关系又与从前一样了。

夫和妻柔

礼之可以为国也久矣①。与天地并。君令臣共,父慈子孝,兄爱弟敬,夫和妻柔,姑慈妇听,礼也。君令而不违,臣共而不贰,父慈而教,子孝而箴;兄爱而友,弟敬而顺;夫和而义,妻柔而正;姑慈而从,妇听而婉:礼之善物也。

《左传·昭公二十六年》

注:①这是晏子对齐侯说的一段话。

译:礼可以用来治理国家已经很久了。与天地相等。国君发令,臣下恭敬,父亲慈爱,子女孝敬,哥哥仁爱,弟弟恭敬,丈夫和蔼,妻子温柔,婆婆慈爱,媳妇顺从,这是合于礼的。国君发令而没有过失,臣下恭敬而没有二心,父亲慈爱而教育子女,子女孝顺而规劝父亲;哥哥友爱,弟弟敬顺;丈夫和蔼而有情义,妻子柔顺而端正;婆婆慈爱而听从,媳妇从听而委婉,这是礼中最好的现象。

民众和睦

夫孝,天之经也,地之义也,民之行也。天地之经,而民是则之。则天之明,因地之利,以顺天下。是以其教不肃而成,其政不严而治。先王见教之可以化民也,是故先之以博爱,而民莫遗其亲;陈①之于德义,而民兴行;先之以敬让,而民不争;导之以礼乐,而民和睦;示之以好恶,而民知禁。

《孝经·三才章》

注:①陈:展示、施行。

译:孝道是天经地义、民众的行动准则。既然是天地之间永恒的法则,民众就作为行动的规范。效法天的示意,因循地利,以此顺服天下。

由此，不必严厉的教化而能成功，不必严厉的行政而能治理。先王看到教育可以感化民众，所以，首先施行博爱，民众都不会遗弃双亲；陈述道德礼义，使民众风行；首先倡导敬让，使民众不争；以礼乐引导，使民众和睦；显示喜好和厌恶，使民众知道禁止。

民用和睦

仲尼居①，曾子侍。子曰："先王有至德要道，以顺天下，民用和睦②，上下无怨。汝知之乎？"曾子避席，曰："参不敏，何足以知之？"子曰："夫孝，德之本也，教之所由生也！复坐，吾语汝：身、体、发、肤，受之父母，不敢毁伤，孝之始也；立身行道，扬名于后世，以显父母，孝之终也。夫孝，始于事亲，中于事君，终于立身。"

《孝经·开宗明义章》

注：①居：闲居。②和睦：意为相顺相亲，相悦而和。
译：孔子闲住在家，曾子侍奉在身旁。孔子说："先前的圣贤有至高的德行和重要的道理，用以感顺天下的人民，民众和睦相处，上下没有怨恨。你知道其中的缘故吗？"曾子上前回答说："我不聪明，怎么会知道呢？"孔子说："孝道是德行的根本，教化是从中产生的。你回到座位上去，我讲给你听。人的身躯、四肢、毛发、肌肤，都是从父母那里得来，不敢毁伤，这是基本的孝道。立身、依道行事，传美名于后世，使父母显扬，就是孝道的终极目标。孝道，起初是侍奉双亲，进一步是忠君，归结于立身。"

爱亲敬亲

爱亲者，不敢恶于人；敬亲者，不敢慢于人。爱敬尽于事亲，而德教加于百姓，刑于四海。

《孝经·天子章》

译：爱双亲的人，不敢厌恶别人；尊敬父母的人，不敢轻慢别人。尽力亲爱和尊敬父母，以这种德行对待百姓，在全国形成风范。

非法不言

非法不言，非道不行，口无择言，身无择行，言满天下无口过，行满天下无怨恶。

《孝经·卿大夫章》

译：不合法规的话不说，不合道德的事不做，嘴不乱说，身不乱行，到处说话就不会有错误言论，到处行走就不会有怨恨。

人为贵

天地之性，人为贵；人之行，莫大于孝，孝莫大于严父，严父莫大于配天，则周公其人也。昔者周公郊祀后稷①以配天，宗祀文王于明堂以配上帝，是以四海之内，各以其职来祭。夫圣人之德，又何以加于孝乎？故亲生之膝下，以养父母日严。圣人因严以教敬，因亲以教爱。圣人之教不肃而成，其政不严而治，其所因者本也。父子之道，天性也，君臣之义也。父母生之，续莫大焉！君亲临之，厚莫重焉！故不爱其亲而爱他人者，谓之悖②德；不敬其亲而敬他人者，谓之悖礼。以顺则逆，民无则焉。不在于善，而皆在于凶德，虽得之，君子不贵也。君子则不然，言思可道，行思可乐，德义可尊，作事可法，容止可观，进退可度，以临其民，是以其民畏而爱之，则而象之，故能成其德教，而行其政令。

《孝经·圣治章》

注：①后稷：周的始祖。②悖：违背。

译：天地之间的品性，人最为贵；人的行为最重要的是孝道，孝道最重要的是尊重父亲，尊重父亲莫过于在祭天时享受祭礼，周公就是楷模。从前，周公举行郊外祭祀，以后稷配享天帝；在明堂举行宗祖祭祀时以文王配享上帝，所以，普天之下都各尽职责，进行配享。圣人的德行又有什么能够高于孝道？子女在父母身边长大，日益重视敬养父母。圣人以敬重的态度强调孝道，以尊亲的义理教导敬爱。圣人的教化不严厉而成功，圣人的施政不严厉而治理，圣人所依赖的是孝道根本。父母与子女之间的慈孝是天生的本性，也是君主与臣民的大义。人系父母所生，传宗接代是最大的事。对待父母，优厚侍奉是很重要的事。所以说，不爱他的父母而去爱其他的人，这是不合乎道德的；不尊敬他的亲人而去尊敬其他的人，这是不合乎礼仪的。如果不遵循道德而逆行，民众就没有规则。不行善事，全做凶残的事情，纵使是获得很多名利，君子也不赞赏。君子不会做违背德行的事，所想所说被人称道，所想所行使人快乐，道德礼仪值得尊敬，处事可以效仿，容仪举止令人景仰，一举一动被人引为楷模，这样去教化民众，必然使民众敬畏而爱戴，当做榜样去效法，所以能够成就道德教化，而执行君主的政策法令。

非礼不定

《曲礼》①曰："毋②不敬，俨③若思，安定辞，安民哉！"敖不可长，欲不可从，志不可满，乐不可极。贤者狎④而敬之，畏而爱之。爱而知其恶，憎而知其善。积而能散，安安而能迁。临财毋苟得，临难毋苟免。很毋求胜，分毋求多。疑事毋质，直而勿有。若夫坐如尸⑤，立如齐。礼从宜，使从俗。夫礼者所以定亲疏，决嫌疑，别同异，明是非也。礼，不妄说⑥人，不辞费。礼，不逾节，不侵侮，不好狎。修身践言，谓之善行。行修言道，礼之质也。礼闻取于人，不闻取人。礼闻来学，不闻往教。道德仁义，非礼不成，教训正俗，非礼不备。分争辨讼，非礼不决。君臣上下父子兄弟，非礼不定。宦学事师，非礼不亲。班朝治军，莅官行法，非礼威严不行。祷祠祭祀，供给鬼神，非礼不诚不庄。是以君子恭敬撙⑦节退让以明礼。

《礼记·曲礼上》

注：①《曲礼》：《礼记》的一篇。所谓曲，就是克制。②毋：莫。③俨：矜持庄重的样子。④狎：亲近。⑤坐于尸：坐得很端庄的样子。⑥说：悦。⑦撙：趋，自抑。

译：《曲礼》记载："不要不敬礼，思考要俨然，说话要审慎，就可以安民！"傲慢则不可长久，情欲不可放纵，志向不可满溢，娱乐不可到极点。对贤者要亲近和尊重，诚服并爱戴。对敬爱的人应知道他的恶习，对憎恨的人应知道他的善行。积蓄财物而能分散，安于安定而能迁徙。面对财产而不苟且获得，面对危难不苟且逃避。争讼而不求过分的要求，分配不求得到太多。对有疑的事情不要随意下结论，对正确的见解而不据为己有。坐有端庄的仪式，站有严肃的站式。礼节要因地制宜，要依据风俗。礼用来确定亲疏，决断嫌疑，区别同异，明辨是非。礼不用于妄媚，不多费言辞。礼不越节度，不卑侮，不过于亲近。修身践言，称为善行。行使修身，合乎正道，是礼的本质。礼是从贤人身上取得的，不是用于制服贤人。只听说前来学礼，没听说前去教礼。道德仁义，须以礼实行。教化端正风俗，须礼才能具备。争论与辨讼，须礼才能决断。君臣上下父子兄弟，须礼才能确定。从政和学习，须礼才能完成。朝政、治军、任官、执法，须礼才有威严。祷祠、祭祀，敬奉鬼神，须礼才诚恳端庄。所以君子恭敬自抑退让以明礼节。

和气

孝子之有深爱①者，必有和气；有和气者，必有愉色；有愉色者，必有婉容。

《礼记·祭义》

注：①深爱：深厚的爱意。

译：懂得深爱的孝子，必定有和顺的气质；有和顺的气质，必定是有愉快的面貌；有愉快的面貌，必定有委婉的颜容。

尊亲

大孝尊亲，其次弗①辱，其下能养。

《礼记·祭义》

注：①弗：不。

译：大孝是尊敬双亲，其次是不使双亲受侮辱，再其次是能够养双亲。

父子亲兄弟和

隆①礼由礼，谓之有方②之士；不隆礼不由礼，谓之无方之民。敬让之道也。故以奉宗庙则敬，以入朝廷则贵贱有位，以处室家则父子亲兄弟和，以处乡里则长幼有序。

《礼记·经解》

注：①隆：推崇。②有方：古人说"游必有方"。选择正确的方向，才是君子所应注意的。

译：据礼行礼的人是有道之士，不据礼行礼的人是无道之士。行礼，就是敬与让的道理。能敬能让，在宗庙就虔诚恭敬。在朝廷就安于职位，在家庭就父子相亲，兄弟和谐，在乡里就尊老爱幼。

儒者

儒有居处齐难。其坐起恭敬，言必先信，行必中正；道涂不争险易之利，冬夏不争阴阳之和；爱其死以有待也，养其身以有为也。其备豫有如此者……儒有博学而不穷。笃行而不倦；幽居而不淫，上通而不困。礼之以和为贵，忠信之美，优游之法，慕贤而容众，毁方而瓦合。其宽裕有如此者。

《礼记·儒行》

译：儒者平时的起居，庄重严肃，坐立都很恭敬，说话讲信用，行为端正；在道途面临危险的或容易走的路时，不与人争路以利己；在冬夏，不与人争夺冬暖夏凉的机会；爱惜生命，等待时机，保养身体是准备有所作为。儒者事先做的准备就是这样……儒者博学而不休止；行为踏实而不疲倦；独处时不放荡，通达而上而不迷失。礼以和谐为贵，以忠信为美，以宽厚为法，以仰慕贤才而容纳众，像陶器一样可方可圆。儒者的宽容就是这样。

长幼和

正①君臣、亲父子、和长幼。君臣正，父子亲，长幼和，而后礼义立。

《礼记·冠义》

注：①正：使正，使动用法。

译：使君臣端正，使父子亲切，使长幼和睦。君臣端正，父子亲切，长幼和睦，礼仪就确立了。

三达德

天下之达道五，所以行之者三。曰：君臣也，父子也，夫妇也，昆弟也，朋友之交也，五者天下之达道也。知，仁，勇，三者天下之达德也，所以行之者一①也。或生而知之，或学而知之，或困而知之，及其知之，一也。或安而行之，或利而行之，或勉强而行之，及其成功，一也。

《中庸》

注： ①一：专一、诚实。

译： 天下普遍存在的大道有五项，实践大道的美德有三条。君臣、父子、夫妇、兄弟、朋友的交往。这五项是天下的大道。智慧、仁爱、勇敢这三条是天下的美德。实践这些大道和美德的关键是诚实。有的人生来就知道道理，有的人学习之后才知道道理，有的人困惑之后才知道道理，等到他们知道了道理，都是一样的。有的人心安理得地去实行道理，有的人贪图利益而实行道理，有的人勉强去实行大道，他们的成功，都是一样的。

韩信报恩

信钓于城下，诸母漂。有一母见信饥，饭信，竟漂数十日。信喜，谓漂母曰："吾必有以重报母。"母怒曰："大丈夫不能自食，吾哀王孙①而进食，岂望报乎！"……信至国，召所从食漂母，赐千金。

《史记·淮阴侯列传》

注： ①王孙：对青年男子的尊称，相当于"公子"。

译： 韩信在城下钓鱼，一群老妇在漂洗衣物，其中有一位老妇看到韩信饥饿的样子，便给他饭吃，在她漂洗的几十天里都如此。韩信很高兴，对老妇说:"我一定加倍报答你。"老妇发怒说:"堂堂男子汉不能养活自己,我可怜你才给你饭吃,难道是希求什么报答吗!"……韩信到了封国,召来曾给过自己饭吃的漂洗衣物的老妇,赏赐千金。

糟糠之妻不下堂

弘当宴见,御坐新屏风,图画列女,帝数顾视之。弘正容言曰:"未见好德如好色者。"帝即为彻①之。笑谓弘曰:"闻义则服,可乎?"对曰:"陛下进德,臣不胜其喜。"时帝姊湖阳公主新寡,帝与共论朝臣,微观其意。主曰:"宋公威容德器,群臣莫及。"帝曰:"方且图之。"后弘被引见,帝令主坐屏风后,因谓弘曰:"谚言贵易交,富易妻,人情乎?"弘曰:"臣闻贫贱之知不可忘,糟糠之妻不下堂。"帝顾谓主曰:"事不谐矣。"

《汉书·宋弘传》

注:①彻:通"撤"。

译:宋弘宴见,光武帝坐在新屏风旁,屏风上画着许多女人像,光武帝多次扭头去看。宋弘正色说:"没见到好色的人有好德行。"光武帝即令撤去屏风,笑着对宋弘说:"听到人家的话有道理就服从,可以了吗?"宋弘答道:"陛下能听进德言,臣感到很欣喜。"当时光武帝的姐姐湖阳公主新寡,光武帝与她一起评论朝廷大臣,悄悄地观察她的心意。公主说:"宋弘容貌出众、品行突出,群臣没有谁比得上的。"光武帝说:"我将找他试试看。"后宋弘被引见,光武帝令公主坐在屏风后面,对宋弘说:"俗话说贵了就会更换朋友,富了就会更换妻子,这是人之常情吗?"宋弘说:"我听说贫贱之友不可忘,糟糠之妻不下堂。"光武帝回头对公主说:"事情不成了。"

牧羊

初,式不愿为郎。上曰:"吾有羊上林中,欲令子牧之。"式乃拜为郎,布衣屩①而牧羊。岁余,羊肥息。上过见其羊,善之。式曰:"非独羊也,治民亦犹是也。以时起居;恶者辄斥去,毋令败群。"上以式为奇,拜为缑氏令试之,缑氏便之。迁为成皋令,将漕最②。上以为式朴忠,拜为齐王太傅。

《史记·平准书》

注:①屩:《集解》说:"屩,草屝"。屝,草鞋、麻鞋都称屝。草屩单指草鞋。②将漕最:古时对官吏的考核方式,每隔一定时间,由主管官做出评语,好的为最,不好的为殿,一般的为中。将漕最,将为动词,本是带领的意思,可引申为办理。

译:起初,卜式不愿做郎官。天子说:"我有羊在上林苑中,想请你替我放牧。"卜式才做了郎官,却是穿着布衣草鞋的放羊郎。一年多后,羊群肥壮且繁殖了很多。天子路过这里看到羊群,夸奖了他一番。卜式道:"不但是羊,治理百姓与这是同一道理:让他们按时起居,不断把凶恶的除掉,不要让他败坏了群。"天子听了很是惊奇,封他为缑氏令试一试他的本领,果然缑氏百姓反映很好。升任为成皋令,办理漕运的政绩又被评为最好。天子认为卜式为人朴实忠厚,封他做了齐王太傅。

取履

良尝闲从容步游下邳圯①上,有一老父,衣褐,至良所,直②堕其履圯下,顾谓良曰:"孺子③,下取履!"良鄂④然,欲殴之。为其老,强忍,下取履。父曰:"履我!"良业为取履,因长跪履之。父以足受,笑而去。良殊大惊,随目之。父去里所,复还,曰:"孺子可教矣。后五日平明⑤,与我会此。"良因怪之,跪曰:"诺。"五日平明,良往。父已先在,怒曰:"与老人期,后,何也?"去,曰:"后五日早会。"五日鸡鸣,良往。父又先在,复怒曰:"后,何也?"去,曰:"后五日复早来。"五日,良夜未半往。有顷,父亦来,喜曰:"当如是。"出一编书⑥,曰:"读此则为王者师矣。后十年兴。十三年孺子见我济北⑦,谷城山⑧下黄石即我矣。"遂去,无他言,不复见。旦日视其书,乃《太公兵法》⑨也。

《史记·留侯世家》

注:①圯:桥。②直:旧注有二解:《史记索隐》、《汉书》颜师古注谓作"正"解,犹言恰值。王念孙《读书杂志》谓作"特"解,犹言特意、故意。两说皆可通,王说近是。③孺子:犹今天称"年轻人"、"小伙子"等,是一种不客气、不礼貌的称呼。④愕:通"愕",惊讶。⑤平明:与以下的"鸡鸣"、"夜未半",为秦汉时使用的时辰名称。"平明"即平旦。"鸡鸣"早于"平明","夜未半"早于"鸡鸣"。⑥一编书:古代的书籍多写在竹简上,用皮条或绳子编系,故以编称。"一编书"犹今言一册书。⑦济北:即济水之北,这里指谷城山一带。⑧城山:亦称黄山,在今山东省平阴县西南。⑨《太公兵法》:相传为姜太公吕尚所写的兵书。梁阮孝绪《七录》曾有著录,云"《太公兵法》一帙三卷",今亡。

译:张良曾经在桥下悠闲的散步,有一个老人,穿着破旧,走到张良的面前,故意把鞋子丢到桥下去了,老人回过头来对张良说:"小子,下去把我的鞋子捡上来!"张良感到很诧异,想要揍这个人。因为是老人,张良强忍住不快,下去把老人的鞋子捡上来了。老人说:"给我穿上鞋!"张良因为已经去捡了鞋,于是跪下来帮老人穿上了鞋。老人因为脚舒服了,笑着离去。张良非常吃惊,眼看着他离去。老人去而复返,说:"你是可教的材料啊。过五天平明时来这里与我相会。"张良感到很不可思议,跪下去说:"好的。"等五天平明时张良去了。老人已经等在那里了,他怒气冲冲地说:"与老人有约,却后到,为什么?"说完老人就走了,临走时说:"再过五天早点来。"五天以后鸡鸣时张良就去了。老人又早到了,他同样发火说:"晚到,为什么?"说完又走了,走时说:"再过五天来。"五天后,张良半夜就去了。过了一会儿,老人也来了,他高兴地说:"就是应该这样的啊。"说完拿出一本书说:"读这本书可以率领王者的军队了。将来十年后你必然发达。十三年后你到济北来见我,谷城山下的黄石就是我啊。"没说其他的话就走了。老人走后,两人再也没见过面。张良日夜研究的这本书,就是《太公兵法》。

遵而勿失

参子窋为中大夫①。惠帝怪相国不治事,以为:"岂少朕②与?"乃谓窋曰:"若③归,试私从容④问而父曰:'高帝新弃群臣⑤,帝富于春秋,君为相,日饮,无所请事,何以忧天下乎?'然无言吾告若也。"窋既洗沐⑥归,闲侍,自从其所谏参。参怒,而笞⑦窋二百,曰:"趣入侍,天下事非若所当言也。"至朝时,惠帝让参曰:"与窋胡治⑧乎?乃者⑨我使谏君也。"参免冠谢曰:"陛下自察圣武孰与高帝?"上曰:"朕乃安敢望先帝乎!"曰:"陛下观臣能孰与萧何贤?"上曰:"君似不及也。"参曰:"陛下言之是也。且高帝与萧何定天下,法令既明,今陛下垂拱⑩,参等守职,遵而勿失,不亦可乎?"惠帝曰:"善。君休矣!"

《史记·曹相国世家》

注:①中大夫:官名,秩二千石,备皇帝顾问论议,为郎

中令属官。②少朕：少，轻，轻视。朕，第一人称代词，秦以前人人可用，从秦始皇时起，只有皇帝才能自称朕。③若：你。④从容：此谓不慌不忙地闲谈。而，通"尔"，你，你的。⑤弃群臣：皇帝死去的委婉说法。⑥洗沐：沐浴。汉制，官吏五日一洗沐，洗沐之日不上官署办公。后因以"洗沐"作为官吏例假的代称。⑦笞：用鞭子或竹板抽打。⑧治：用刑惩处。"与窋胡治"是"胡与窋治"的倒装。⑨乃者：用以表示追叙前事，略等于"往昔"。⑩垂拱：垂衣拱手，不做什么事情。语出《书·武成》"垂拱而天下治"，后多用以指帝王无为而治。

译：曹参的儿子曹窋任中大夫。惠帝对相国不管事情感到很奇怪，私下认为："是不是轻视我啊？"于是对窋说："你回去，试着在私下闲谈时问你父亲：'高帝刚刚去世，皇上年轻，您身为相国，每天只是喝酒，什么事情也不做，拿什么来为天下的百姓考虑啊？'然而你不要说是我要你问的啊。"窋在放假时回家，在空闲的时候陪在父亲身边，把皇上的疑虑从自己的角度拿来问父亲。曹参很生气，打了窋二百棍，说："你服侍好皇上就行了，治理天下的事情不是你应该过问的。"等到上朝的时候，惠帝责备曹参说："你怎么胡乱地打窋呢？那件事是我要他去问你的啊。"曹参脱下帽子谢罪说："陛下自己认为和高帝比谁要英明神武一些？"皇帝说："我怎么敢跟高帝比啊！"曹参又说："陛下认为我跟萧何比谁更贤能一些？"皇上说："你似乎不如他。"曹参于是说："陛下说的对啊。既然高帝和萧何已经平定了天下，法律也已经很严明了，现在陛下什么也不做，参等人忠于职守，遵守已有的秩序使其不更改，这样不好吗？"惠帝说："说的好。您可以休息了！"

谦退不伐

异为人谦退不伐①，行与诸将相逢，辄引车避道。进止皆有表识②，军中号为整齐。每所止舍，诸将并坐论功，异常独屏树下，军中号曰："大树将军"。及破邯郸③，乃更部分诸将，各有配隶④。军士皆言愿属大树将军，光武以此多⑤之。

《后汉书·冯异传》

注：①伐：夸耀。②表识：标志。③邯郸：王郎称帝后的首都。今河北省邯郸市。④隶：属。⑤多：看重。

译：冯异为人谦虚退让不自夸己功，在路上与诸将相逢，常常引车避道。进退都有标志，军中号为整齐。每次驻扎休息，诸将坐在一起论功，冯异一个人隐藏在树下，军中称他为"大树将军"。攻破邯郸以后，众将分营，各有所属，军士们都说愿意分属于大树将军，光武帝因此看重冯异。

侏儒饱欲死

久之，朔绐驺①侏儒，曰："上以若曹②无益于县官，耕田力作固不及人，临众处官不能治民，从军击虏不任兵事，无益于国用，徒索③衣食，今欲尽杀若曹。"侏儒大恐，啼泣。朔教曰："上即过，叩头请罪。"居有顷，闻上过，侏儒皆号泣顿首。上问："何为？"对曰："东方朔言上欲尽诛臣等。"上知朔多端④，召问朔："何恐侏儒为？"对曰："臣朔生亦言，死亦言。侏儒长三尺余，奉一囊粟，钱二百四十⑤。臣朔长九尺余，亦奉一囊粟，钱二百四十。侏儒饱欲死，臣朔饥欲死。臣言可用，幸异其礼；不可用，罢之，无令但索长安米。"上大笑，因使待诏金马门⑥，稍得亲近。

《汉书·东方朔传》

注：①绐：欺骗。驺：主驾车马之吏。②若曹：你们。县

官：指天子。③索：求也。④多端：点子多。⑤钱二百四十：为待诏一日之俸，每月俸钱为七千二百（陈直说）。⑥金马门：指未央宫门。门旁有铜马，古名"金马门"。

译：过了很久，东方朔哄骗宫中看马圈的侏儒，说："皇上认为你们这些人对朝廷毫无用处，耕田劳作固然赶不上别人，居于百姓之上做官又不能治理民众，参军杀敌也不能胜任战事，对国家没有益处，白白的穿衣吃饭，如今皇上想要把你们全部杀掉。"侏儒听说后十分害怕，哭哭啼啼。东方朔便教唆他们说："皇上就要经过这里，你们去叩头请罪。"过了不久，听说武帝经过，侏儒都哭着跪下叩头请罪。武帝问："你们为什么这样？"侏儒回答说："东方朔说皇上想把我们全都杀了。"武帝知道东方朔诡计多端，于是召见并责问他："为什么要恐吓那些侏儒？"东方朔回答说："我活也要说，死了也要说。侏儒高才3尺多，俸禄是一袋粟，钱240。我东方朔高9尺多，俸禄也是一袋粟，钱240。侏儒饱得要死，我东方朔饿得要死。我的话如果可以采用，就请用不同的礼节待我；不能采用，就让我回家，不要让我白吃长安米。"武帝听后大笑起来，因此让东方朔在金门待诏，得到武帝稍多的亲近。

自誉

久之，伏日①，诏赐从官肉。大官丞②日晏下来，朔独拔剑割肉，谓其同官曰："伏日当蚤③归，请受赐。"即怀肉去。大官奏之。朔入，上曰："昨赐肉，不待诏，以剑割肉而去之，何也？"朔免冠谢。上曰："先生起，自责也！"朔再拜曰："朔来！朔来！受赐不待诏，何无礼也！拔剑割肉，一何壮也！割之不多，又何廉也！归遗细君④，又何仁也！"上笑曰："使先生自责，乃反自誉！"复赐酒一石，肉百斤，归遗细君。

《汉书·东方朔传》

注：①伏日：三伏之日。即盛暑之时。②大官丞：少府属官，掌管宫廷膳食的官员。③蚤：通"早"。④细君：古代诸侯的妻子称小君，也称细君。后为妻子的通称。

译：过了很久，在一个三伏天，武帝命令把肉赏给侍从人员。天晚了大官丞还不来分肉，东方朔便独自拔剑割了块肉，对他的同僚们说："三伏天应当早点儿回家，请允许我接受皇上的赏赐。"随即把肉包好带走了。大官丞把这件事报告给皇帝。东方朔上朝时，武帝说："昨天赐肉，你不等诏令下来，就用剑割了肉走了，为什么？"东方朔脱下帽子谢罪。武帝说："先生站起来责备自己吧。"东方朔拜了两次说："东方朔呀！东方朔呀！你接受皇上的赏赐却不等诏令下，是多么无礼！拔剑割肉，举动是多么豪壮！割的肉不多，是多么廉洁！回家把肉送给妻子吃，又是多么仁爱啊！"武帝笑了起来，说："让先生责备自己，谁知反而称赞起自己来了！"又赏给他一石酒、一百斤肉，让他回家送给妻子。

夫和则义

君仁臣忠，父慈子孝，兄爱弟敬，夫和妻柔，姑慈、妇听，礼之至也。君仁则不厉，臣忠则不贰，父慈则教，子孝则协，兄爱则友，弟敬则顺，夫和则义，妻柔则正，姑慈则从，妇听则婉，礼之质也。

（汉）贾谊《新书·礼》

译：国君仁德，臣下就忠诚，父亲慈爱，儿子就孝顺，兄长爱护弟弟，弟弟也就尊敬兄长，丈夫和蔼，妻子就温柔，婆母慈爱，媳妇就顺从。这些是礼的根本。国君仁爱不凶暴，大臣就忠心不二，父亲慈爱教导儿子，儿子就孝顺，关系也融洽，兄长爱护弟弟对弟弟友善，弟弟敬重兄长且顺从，丈夫温和而仁义，妻子则温柔而正直，婆母慈爱而听从规劝，媳妇顺从而温和地进言，这些便是礼的重要内容。

为善

为善不敢失绳缠,不敢自欺。为善亦神自知之,恶亦神自知之,非为他神,乃身中神也。夫言语自从心腹中出,傍人反得知之,是身中神告也。故端神靖身,乃治之本也,寿之征也。无为之事,从是兴也,先学其身,以知吉凶,是故贤圣明者,但学其身,不学他人,深思道意,故能太平也。君子得之以兴,小人行之以倾。

《太平经》

译: 向善不敢失去外在的约束,不敢自欺欺人。向善也是神自己知道的,向恶也是神自己知道的,这个神不是别人,他是身体里的神。言语是从一个人心腹之中自然出来的,旁边的人反而知道了,就是身体里的神告诉的。因此正神安身,是处事的根本,长寿的征兆。无为,随之而来的是兴盛,先研究自己的精神,以知道凶吉,因此贤达圣明的人,只研究自身的潜质,不研究其他的人,对道的含义考虑得很清楚,所以能够太平。君子得到这个办法是为了天下的兴旺,小人实施这个办法是为了自身的利益。

情随事迁

夫人之相与,俯仰①一世。或取诸怀抱,晤言②一室之内;或因寄所托③,放浪形骸之外④。虽趣舍万殊,静躁⑤不同,当其欣于所遇,暂得于己,快然自足,曾不知老之将至。及其所之⑥既倦,情随事迁,感慨系⑦之矣。向之所欣,俯仰之间,已为陈迹,犹不能不以之兴怀。况修短随化⑧,终期于尽。古人云:"死生亦大矣!"岂不痛哉!

(晋)王羲之《兰亭集序》

注：①俯仰：低头和抬头，比喻短暂的时间。②晤言：对面谈话。③因：依，凭借。寄，寄托。所托：所寄托者。④放浪：放纵不羁。形骸：形体，身体。⑤静：安静，指晤言一室之内者。躁：躁动，指放浪形骸之外者。⑥所之：所向往。之，往。⑦系：附着，随着。⑧修短：指人的寿命长短。化，造化，自然。

译：人们相处在一块儿，很愉快地就度过一生。或者抒发自己的怀抱，相聚畅谈在室内；或者寄情于山水，放纵无羁地生活。虽然取舍有差别，性情有安静和好动的不同，当他高兴地接触所遇到的事物，自己暂时得到了满足，就感到高兴和知足，竟不知道老年将要到来。等到他对所向往的事物已经厌倦，感情随着事物的变化而转移，感慨就随之而生了。过去所喜爱的事物，顷刻之间已经成为陈迹，还不能不因此发生感慨；何况人的寿命长短听凭自然的变化，终要归于消灭。古人说："生死是件大事哩。"岂不令人悲痛吗！

共被同寝

祖逖①年二十四，与司空刘琨俱为司州②主簿，情好绸缪，共被同寝，中夜闻荒鸡③鸣，蹴琨觉曰："此非恶声也。"因起舞。逖、琨并有英气，每语世事，或中宵坐起，相谓曰："若四海鼎沸，豪杰并起，吾与足下当相避于中原耳。"

《晋书·祖逖传》

注：①祖逖：东晋名将，字士稚。②司州：州名，在今河南省洛阳东。③荒鸡：指打鸣不准时，于夜三鼓以前就叫的鸡。古以荒鸡为不祥之兆。

译：二十四五岁的祖逖与司空刘琨一起任司州主簿，两人英雄相惜，谈诗饮酒，同室共寝。祖逖半夜听到有野鸡不按时叫，就踢刘琨说："这并非不吉利的声音。"因而起床练武。由于二人皆是不羁骑士,经常纵论世事,夜中坐起,相互说:"如果天下大乱,群雄并起,我与你应当避于中原。"

桃花源

见渔人,乃大惊,问所从来,具答之,便要还家,设酒杀鸡作食,村中闻有此人,咸来问讯。自云先世避秦时乱,率妻子邑人,来此绝境,不复出焉;遂与外人间隔。问今是何世,乃不知有汉,无论魏、晋。此人一一为具言所闻,皆叹惋。余人各复延至其家,皆出酒食。停数日辞去,此中人语云:"不足为外人道也!"既出,得其船,便于向路,处处志之。及郡下,诣太守说如此。太守即遣人随其往,寻向所志,遂迷不复得路。

(晋)陶渊明《桃花源记》

译:桃源中人看见渔人,竟然很惊奇,问渔人从哪里来。(渔人)详尽地回答了他。他就邀请渔人到自己家里去,摆酒杀鸡做饭菜。村子里的人听说有这样一个人,都来打听消息。他们自己说前代祖先为了躲避秦朝时候的祸乱,带领妻子儿女和同乡人来到这个与世隔绝的地方,没有再从这里出去过,于是和桃花源以外的世人隔绝了。他们问现在是什么朝代,竟不知道有过汉朝,更不必说魏晋了。这渔人一件件为他们详细说出自己知道的情况,那些人听罢都感叹惊讶。其他的人各自又邀请渔人到自己的家中,都拿出酒和饭菜来招待。渔人住了几天,告辞离去。这里的人告诉他说:"这里的情况不值得对桃花源以外的世人说啊。"渔人出来后,找到了他的船,就沿着旧路回去,一路上处处作了标记。回到郡里,去拜见太守,报告了这些情况。太守立即派人跟着他前去,寻找先前做的标记,竟迷失了方向,没有再找到原来的路。

知人善察

王知人善察①,难眩以伪。识拔奇才,不拘微贱,随能任使,皆获其用。与敌对陈,意思安闲,如不欲战然;及至决机乘胜,气势盈溢。勋劳宜赏,不吝千金;无功望施,分豪不与。用法峻急,有犯必戮,或对之流涕,然终无所赦。雅性节俭,不好华丽。故能芟刈群雄②,几乎海内。

《资治通鉴》

注:①王:魏武王曹操。②芟刈:消灭。

译:魏武王知人善任,善于洞察别人,很难被假象所迷惑;能够发掘和提拔有特殊才能的人,不论地位多么低下,都按照才能加以任用,使他们充分发挥自己的才智。和敌人对阵时,他仪态安详,似乎不愿意打仗;可是一旦制定好策略,向敌人发动攻击,便气势充沛,斗志昂扬。对有功的将士和官吏,赏赐时不吝千金;而对没有功却希望受到赏赐的人,则分文不给。执法时严峻急切,违法的一定加以惩罚,有时对犯罪的人伤心落泪,也不加赦免。生活俭朴,不崇尚富丽奢华。因此能够消灭各个强大的割据势力,几乎统一全国。

乞食

饥来驱我去,不知竟何之?行行至斯里,叩门拙言辞。主人解余意,遗赠副虚期。谈谐终日夕,觞至辄倾杯。情欣新知欢,言咏遂赋诗;感子漂母惠①,愧我非韩才。衔戢知何谢,冥报以相贻。

(晋)陶渊明《乞食》

注:①漂母惠:指韩信年轻时不得志,曾经得到洗衣老妪

译： 饥肠辘辘驱我外出，茫然不知要去往何处。走着走着来到了这个村庄，叫开门才觉得难以启齿。幸好主人善解人意，慷慨送我想要的各种东西。谈得投缘不觉已夕阳欲下，筛酒举觞频劝道干了它。相互为了能结识分外开心，话长情浓写就了这篇诗吟。感激先生如漂母急难施惠，可我不是韩信而惟有抱愧。白吃白拿这叫我用啥报答，诚祷神灵长佑护锦上添花。

感恩

尝坠①刀于水，路人有为取者，因与之。路人不取，固辞，翻曰："尔向不取，我岂能得！"路人曰："我若取此，将为天地鬼神所责矣。"翻知其终不受，复沈刀于水。路人怅焉，乃复沈没取之。翻于是不逆其意，乃以十倍刀价与之。其廉不受惠，皆此类也。

《晋书·郭翻传》

注： ①坠：脱落。

译： 郭翻有次把刀掉入水中了，路人帮他捞起来了，于是他就把刀赠与这个人。可是路人不拿，郭翻坚持要把刀给他，并说："你下水捞起来的，我怎么能拿呢？"路人说："我如果拿了，会被天地鬼神所唾弃谴责的。"郭翻知道路人是不会拿刀的，于是又把刀丢入水中。路人很郁闷，又入水将刀捞起来。郭翻知道路人是不会拿到的，于是给了路人 10 倍于刀价的钱。

安辞定色

每从两兄①，晓夕温清②，规行矩步③，安辞定色，锵锵翼翼④，若朝严君焉⑤，赐以优言⑥，问所好尚⑦，励短引长⑧,莫不恳笃。

《颜氏家训·序致》

注:①两兄:指颜之仪、颜之善两兄弟。②温清:指孝子侍奉父母。温:温被使暖,清:扇席使凉。③规行矩步:指行动规矩,举止端正,规本义是圆规,矩本义为直尺,引申为规矩礼仪法则。④锵锵:通"跄跄",步有节的样子,翼翼:恭敬的样子。⑤严君:通常指严父,此指尊严的君王。⑥优言:优容勉励的话。⑦好尚:指爱好崇尚。⑧励:通"砺"。引:发扬。

译:跟随两位兄弟,早晚孝顺侍奉双亲,言谈谨慎举止端正,言语安详神色平和,恭敬有礼待人大方,好似觐见尊严的君王。说一些鼓励的话,问一些爱好崇尚的事情,磨砺瑕疵,发扬特长,都恳切确当。

兄弟

兄弟者,分形连气之人也①。方其幼也,父母左提右挈②,前襟后裾③,食则同案④,衣则传服⑤,学则连业⑥,游则共方⑦。虽有悖乱之人⑧,不能不相爱也。

《颜氏家训·兄弟》

注:①分形连气:指兄弟形体分开而气质相连的意思。②挈:提携。③襟:古人所穿长衣服的前幅叫襟。④案:类似桌子的木制品。⑤传服:衣服老大穿新,老二穿旧,老三接着穿,故称。⑥连业:兄弟共用一个课本。业,先秦时代指书写经典的课本,相当于现在的课本。⑦共方:去同一个地方。⑧悖乱:荒谬乱来。

译：兄弟是形体虽分而气质相连的人。当他们年幼的时候，父母左手牵右手携，拉前襟扯后裙，吃饭同桌，衣服传穿，学习用同一册课本，游玩去同一处地方。即使有荒谬胡乱来的，也不可能不相友爱。

戮力一心

阿柴又命诸子各献一箭，取一箭授其弟慕利延使折之。慕利延折之。又取十九箭使折之，慕利延不能折。阿柴乃谕之曰："汝曹知之乎？孤则易折，众则难摧。汝曹当戮力一心，然后可以保国宁家。"言终而卒。

《资治通鉴》

译：慕容阿柴又命令所有的儿子，每人各拿出一箭，在其中抽出一支，叫他的弟弟慕容慕利延折断，慕容慕利延就把它折断。阿柴又把剩下的十九支箭合在一起，叫慕容慕利延折断，慕利延无法折断。慕容阿柴于是告诫大家说："你们知道吗？一支箭容易折断，一把箭则难以摧折。你们应该同心合力，然后才可以保国保家。"说完就去世了。

欲者与者

晋武帝每饷山涛恒少①，谢太傅以问子弟②，车骑③答曰："当由欲者不多，而使与者忘少。"

《世说新语·言语》

注：①"晋武帝：司马炎，字安世，温县（今河南省温县西南）人，公元265年逼魏帝禅位，建立了晋朝。饷：赠送、赏给。山涛：字巨源，晋武帝时任吏部尚书，选用官吏，能得人才。恒：经常，往往。②子弟：子侄。③车骑：谢娄的

侄儿谢玄，字幼度，曾任兖州刺史等职，在淝水之战中立了大功，死后谥献武。

译： 晋武帝每次赠送东西给山涛，数量总是很少，谢太傅拿这件事问侄子们（有什么看法），车骑将军（谢玄）回答说："这应该是由于接受东西的人要求不多，因而使得送东西的人也不觉得东西太少。"

承欢膝下

癸未，上谓长孙无忌等曰："今日吾生日，世欲皆为乐，在朕翻成伤感。今君临天下，富有四海，而承欢膝下，永不可得，此子路所以有负米之恨也。《诗》云：'哀哀父母，生我劬劳。'奈何以劬劳之日更为宴乐①乎！"因泣数行下，左右皆悲。

《资治通鉴》

注： ①宴乐：饮宴作乐。

译： 癸未（二十五日），太宗对长孙无忌等人说："今日是朕的生日，在一般人来说这是个欢宴作乐的日子，在朕这里反成了伤感的事。如今治理天下，四海之内皆为我大唐所有，然而承欢在父母膝下，却永远不可得到了，所以子路有在双亲死后无法再为他们背米的遗憾之情。《诗经》说：'可怜父母，生我辛劳。'为什么还要在父母辛劳的日子里饮宴作乐呢？"说完珠泪双流，身边的人都很悲哀。

得尽其愚

上曰："且应而复谏，庸何伤！"对曰："昔舜戒①群臣：'尔无面从，退有后言。'臣心知其非而口应陛下，乃面从也，岂稷、契事舜之意邪！"上大笑曰："人言魏徵举止疏慢，我视之更觉妩媚，正为此耳！"徵起，拜谢曰："陛下开②臣使言，故臣得尽其愚；若陛下拒而不受，臣何敢数③犯颜色乎！"

《资治通鉴》

注：①戒：告诫。②开：引导。③数：屡次。

译：太宗说："暂且应答而后再谏阻，又有什么伤害呢？"答道："过去舜帝告诫群臣：'你们不要当面顺从，而背后却说另一套。'如果我心里知道不对嘴上却答应陛下的意见，这正是当面顺从。难道这是稷、契侍奉舜帝的本意吗！"太宗大笑着说："人们都说魏徵行为举止粗鲁傲慢，我看他更觉得妩媚可爱，正是因为如此呀！"魏徵离席起身，拜谢道："陛下引导让我畅所欲言，所以我得以尽愚诚；如果陛下拒不接受忠言，我又怎么敢屡次犯颜强谏呢！"

吾死何恨

上苦利增剧，太子昼夜不离侧①，或累日不食，发有变白者。上泣曰："汝能孝爱如此，吾死何恨②！"

《资治通鉴》

注：①侧：身边。②恨：遗憾。

译：太宗病情加重，上吐下泄，太子昼夜不离身边，有时一连几日不进食，头发有的已变白。太宗流着泪说："你这么孝敬疼爱我，我死了还有什么遗憾！"

将与士

为将，有谋善断①；与人议事，从善如流。战胜则归功于下，所得金帛，悉散之将士，故人思致死，所向克捷②。

《资治通鉴》

注：①善断：善于决断。②所向克捷：战无不胜。

译：作为将领，有谋略，善于决断；与人讨论事情，能从善如流。打胜仗，则把功劳归于下属，所获得的金帛等财物，全部分给将士。所以人人愿出死力，战无不胜。

恭俭为美

女东光县主楚媛，幼以孝谨①称，适司议郎裴仲将，相敬如宾；姑有疾，亲尝药膳；接遇娣姒，皆得欢心。时宗室诸女皆以骄奢相尚，诮楚媛独俭素，曰："所贵于富贵者，得适志也；今独守勤苦，将以何求？"楚媛曰："幼而好礼，今而行之，非适志欤！观自古女子，皆以恭俭为美，纵侈为恶。辱亲是惧②，何所求乎；富贵傥来之物，何足骄人！"众皆惭服。及慎凶问至，楚媛号恸③，呕血数升；免丧，不御膏沐者垂二十年。

《资治通鉴》

注：①孝谨：孝顺恭谨。②辱亲是惧：使父母感到耻辱是我所畏惧的。③号恸：哀号悲痛。

译：李慎的女儿东光县主李楚媛，年幼时就以孝顺恭谨闻名，嫁司议郎裴仲将，夫妻相敬如宾；婆婆有病，所用药物食品她都亲口先尝；接待妯娌，都得到她们的欢心。当时皇族女子都以骄横奢侈相互争胜为时尚，他们讥笑只有李楚媛节俭朴素，说："人所以看重富贵，是因为能满足欲望；现在你一人独自保持勤劳艰苦，追求的是什么呢？"李楚媛说："小时候喜欢礼，现在付诸行动，不是满足欲望吗！综观自古以来的女子，都以恭顺节俭为美德，以放纵奢侈为丑恶。使父母感到耻辱是我所畏惧的，别的还有什么追求啊；富贵是无意得来的东西，有什么值得向别人炫耀的！"大家听后既惭愧又佩服。等到李慎的死讯传来，李楚媛哀号悲痛，呕血数升,守丧期满后,不使用润发的油脂近二十年。

易其操履

太后思徐有功用法①平,擢拜左台殿中侍御史,闻者无不相贺。鹿城主簿宗城潘好礼著论,称有功蹈道依仁,固守诚节,不以贵贱死生易其操履②。设客问曰:"徐公于今谁与为比?"主人曰:"四海至广,人物至多,或匿迹韬光③,仆不敢诬,若所闻见,则一个而已,当于古人中求之。"

《资治通鉴》

注:①用法:执法。②操履:操行。③匿迹韬光:隐匿行迹,藏匿光采。

译:太后思念徐有功执法公平,重新提拔他为左台殿中侍御史,知道的人无不互相庆贺。鹿城主簿宗城人潘好礼撰写文章,称赞徐有功遵循正道、依从仁义,坚守真诚的气节,不因贵贱死生改变自己的操行。文章中假设客人提问:"当今谁可以和徐公相比?"主人说:"四海极广,人物极多,有的隐匿行迹,藏匿光采,我不敢乱下结论,但就我所闻所见,就他一人而已,能与他相比的只有从古人中寻求。"

三为宰相

元之吏事明敏,三为宰相,皆兼兵部尚书,缘边屯戍斥候,士马储械,无不默记。上初即位,励精为治,每事访于元之,元之应答如响①,同僚唯诺而已,故上专委任之。元之请抑权幸,爱爵赏,纳谏诤,却贡献②,不与群臣亵狎③;上皆纳之。

《资治通鉴》

注：①应答如响：对答如流。②贡献：进献的贡品。③亵狎：开一些轻慢无礼的玩笑。

译：姚元之处理政务精明干练，曾三次担任宰相，每次都兼任兵部尚书，他对于边境地区的戍兵驻屯营地和侦察哨所，以及士卒马匹仓储器械的数量，无不默默地记在心里。唐玄宗刚刚即位，励精图治，遇事都要先听听姚元之的意见，元之也是每次都能对答如流，他的同僚则只能唯唯诺诺而已，所以玄宗也就一心信任他。姚元之请求唐玄宗削夺受宠的权贵之家的权势，珍惜手中的爵禄赏赐，采纳敢于犯颜直谏的臣子的建议，不接受臣下进献的贡品，不与群臣开一些轻慢无礼的玩笑。唐玄宗对他的上述建议都一一采纳。

杜讹言

民间讹言，上采择①女子以充掖庭。上闻之，八月，乙丑，令有司具车牛于崇明门，自选后宫无用者载还其家；敕曰："燕寝之内，尚令罢遣；闾阎之间②，足可知悉。"

《资治通鉴》

注：①采择：挑选。②闾阎之间：对于民间女子会怎么样。

译：民间纷纷谣传唐玄宗将挑选美女以充实后宫，玄宗听到了这种传闻后，八月，乙丑（初十），下令有关部门在崇明门准备好车辆和牛马，然后亲自从后宫中选出多余的宫女，让他们坐车回家，并且发布敕令说："朕对于后宫中的宫女，尚且要遣返回家，对于民间女子会怎么样，应当是可想而知的事情。"

人君与谏者

又曰："谏者多，表我之能好①；谏者直，示我之能容；谏者之狂诬，明我之能恕；谏者之漏泄，彰②我之能从；是则人君与谏者交相益之道也。谏者有爵赏之利,君亦有理安之利;谏者得献替之名,君亦得采纳之名。然犹谏者有失中③而君无不美,唯恐说言之不切,天下之不闻,如此则纳谏之德光④矣。"上颇采用其言。

《资治通鉴》

注:①好:和睦相处。②彰:彰显。③失中:失去中肯。④光:光大。

译:陆贽又说:"进谏的人为数很多,表明我能够与臣下和睦相处;进谏的人进言直切,显示我能够包容群言;进谏的人狂言诋骂,说明我能够宽恕别人;进谏的人泄露真情,彰示我能够从谏如流。这便是君主与进谏人相互补益的途径。进谏的人会有得到封爵赏赐的好处,君主也会有达到政治修明、国家安定的好处;进谏的人会博得诤言劝谏的名声,君主也会赢得采纳众议的名声。即使这样,进谏之人仍然会有失于中肯的地方,而君主却是无不尽善尽美。君主惟恐正直的言论还不够殷切,天下事还没有全部听到,能够如此,君主采纳规谏的德行便光大了。"德宗对陆贽的建言颇有采纳。

选用以公

然上下有分,纪纲有叙;苟慎选天下贤材而委任之,有功则赏,有罪则刑,选用以公,赏刑以信,则谁不尽力,何求不获哉!明主劳①于求人而逸②于任人,此虞舜所以能无为而治者也。

《资治通鉴》

注:①劳:辛劳。②逸:安逸。

译:然而,君主与臣下是各有职分的,国家的法度是有一定的程序的。如果能够慎重地选拔天下的贤才，并且将重任托付给他们，立功便予以奖赏，犯罪便处以刑罚，选拔与任用出以公心，奖赏与惩罚不失信用，那还会有什么人不肯竭尽全力为朝廷办事呢？朝廷还会有什么目标不能实现呢？贤明的君主在寻求人才时是辛劳的，而在任用人才后却是安逸的，这便是虞舜能够清静无为而使政治修明的原因啊。

汗透御服

上尝与宰相论治道于延英殿，日旰，暑甚，汗透御服，宰相恐上体倦①，求退。上留之曰："朕入禁中，所与处者独②宫人、宦官耳，故乐与卿等且共谈为理之要，殊不知倦也。"

《资治通鉴》

注：①倦：困倦。②独：只有。

译：宪宗与宰相们在延英殿谈论治国之道，当时天色向晚，暑气甚重，汗水湿透了宪宗的衣服，宰相们担心宪宗身体困倦，便请求退下。宪宗挽留他们说："朕进入宫廷后，接触到的只有宫女和宦官罢了，所以朕喜欢与你们谈论治国的要领，绝不感到困倦。"

去奢从俭

上自为诸王，深知两朝之弊，及即位，励精求治，去奢从俭①。诏宫女非有职掌者皆出之，出三千余人。五坊鹰犬，准元和故事②，量留校猎外，悉放之。有司供宫禁年支物，并准贞元故事。省教坊、翰林、总监冗食千二百余员，停诸司新加衣粮。御马坊场及近岁别③贮钱谷所占陂田，悉归之有司。先宣索组绣、雕镂之物，悉罢之。

《资治通鉴》

注： ①去奢从俭：除去奢侈，厉行节俭。②准元和故事：按照元和年间唐宪宗的规定。③别：另外。

译： 唐文宗自从被封为亲王后，深知穆宗、敬宗两朝的弊政，因此，即位以后，励精求治，除去奢侈，厉行节俭。于是下诏：凡宫女未担任后宫职务者全部放出，共放三千多人。五坊使所养的鹰和猎狗，按照元和年间唐宪宗的规定，除保留少数用于游猎外，其余一律放出。度支、盐铁、户部和州府每年供应宫中的日常用品，一律按照贞元年间唐德宗规定的数额供给，不得增加。裁减教坊、翰林院和宫苑总监所辖多余人员一千二百多人。停止唐敬宗对内诸司所辖宦官增加的衣粮待遇。皇家养马坊场和近年来为皇上另外积存的钱谷所占用的水田，一律归还当地州县收管。此前，敬宗在各地按规定所贡奉朝廷的数额之外所下诏勒索的绣品、雕镂等物，一律停掉。

法急法宽

高宗尝问临①在狱系囚之数，临对诏称旨，帝喜曰："朕昔在东宫，卿已事朕，朕成大位，卿又居近职，以畴昔相委，故受卿此任。然为国之要，在于刑法，法急则人残，法宽则失罪，务令折中，称朕意焉。"高宗又尝亲录死囚，前卿所断者号叫称冤，临所入者独无言。帝怪问状，囚曰："罪实自犯，唐卿所断，既非冤滥，所以绝意耳。"帝叹息良久曰："为狱者②不当如此耶！"

《旧唐书·唐临传》

注： ①临：唐临，时任检校吏部侍郎侍奉。②为狱者：审理案件的官员。

译： 唐高宗曾向唐临询问在监狱关押的犯人数，唐临回答皇帝的问话符合皇帝的意思。皇帝高兴地说："我以前做太子时，你就侍奉我，我现在做皇帝,你又担任侍奉的职位,凭你昔日的忠诚,所以我授予你如此重任。治国重要的事在于刑法,执法很紧过严就伤害人,执法过宽就使惩罚犯罪失误,务必让执法公正不偏,符合我的心意啊。"高宗又曾亲自审查死刑囚犯罪状,以前大理卿所判处的犯人叫冤说屈,惟独唐临判处的犯人不说话。皇帝奇怪地问这个情况,囚犯说:"罪行确实是自己犯的,唐大理卿判处的刑罚,已经不感冤屈,不是滥用刑罚,这是我没有想法的原因。"皇帝感叹很久说:"审理案件的官员不应当如此吗?"

时流所推重

廓①年位并轻,而为时流所推重,每至岁时②,皆束带③到门。奉兄轨如父,家事大小,皆咨④而后行,公禄赏赐,一皆入轨,有所资须,悉就典者⑤请焉。从高祖⑥在彭城⑦,妻郗氏书求夏服,廓答书曰:"知须夏服,计给事自应相供,无容别寄。"时轨为给事中⑧。

《宋书·蔡廓传》

注:①廓:蔡廓,字子度,济阳考城(今河南兰考)人,东晋末追随刘裕。②岁时:年节。③束带:衣冠楚楚。④咨:询问,请示。⑤典者:此指管家。⑥高祖:此指宋武帝刘裕。⑦彭城:今江苏徐州。⑧给事中:官名,简称"给事"。

译:蔡廓年纪轻,官位不高,但却为当时名流所推重,时逢年节,家中有很多衣冠严整的人来访。他尊奉兄长蔡轨,就像对待父亲一样,家中事无论大小,都要先向哥哥请示,再做决定,所得的俸禄赏赐,全部交给哥哥,如需要用钱时,就先向管家请取。他跟随高祖在彭城时,妻子郗氏写信来要夏天穿的衣服,他回信说:"需要夏服一事已知。料想给事会给你的,不必另寄。"当时蔡轨当着给事中的官,所以他信中这么写。

相上则损

处朋友,务相下,则得益。相上则损。

(明)王阳明《传习录》

译:结交朋友,务必互相谦让,就能得益;互相攀比,就受损害。

父之爱子

澄在鸿胪寺①仓居。忽家信至,言儿病危。澄心甚忧闷不能堪。先生曰:"此时正宜用助。若此时放过,闲时讲学何用?人正要在此时磨练?父之爱子,自是至情。然天理亦自有个中和处。过即是私意。人于此处多认做天理当忧,则一向忧苦,不知己,是'有所忧患,不得其正'②。大抵七情③所感,多只是过,少不及者。才过便非心之本体。必须调停适中始得。就如父母之丧。人子岂不欲一哭便死,方快于心?然却曰'毁不灭性'。非圣人强制之也。天理本体,自有分限。不可过也。人但要识得心体,自然增减分毫不得。"

(明)王阳明《传习录》

注:①鸿胪寺:政府机构之一,掌管朝贺庆吊之事,王守仁正德九年(1514年)四月升南京鸿胪寺卿,陆澄随学于此。②有所忧患,不得其正:见《大学》。③七情:《礼记·礼运》认为,喜、怒、哀、惧、爱、恶、欲是七情,常以"乐"代"惧"。

译:陆澄在鸿胪寺暂住,突然收到家信,说儿子病危,他心里很忧愁,不堪忍受。先生说:"这时正是用功的时候,如果这个时候放过了,平时讲学又有什么用？人，正要在这种时候磨炼。父亲爱儿子，当然是最深的感情。然而，天理也自有中和处，过分了就是私意。在这里，人们往往认为，按天理就该忧，就去一味忧苦，不知停止，这是'有所忧患，不得其正'。七情的表露，一般是过分的多，不及的少，有点过分，便不是心的本体，必须把它调停适中了才行。比如父母去世，做儿女的哪有不想一下子哭死才心里痛快的呢？而《孝经》却说'毁不灭性'。这并非圣人要压制人的情感，天理本体，自有一个限度，不能超过。人只要认识了内心世界，自然不能增减分毫。"

凤求凰

话中且说相如久闻得文君小姐貌美聪慧，甚知音律，也有心去挑逗他。今夜月明如水，闻花阴下有行动之声，教琴童私觑，知是小姐。乃焚香一炷，将瑶琴抚弄。文君正行数步，只听得琴声清亮，移步将近瑞仙亭，转过花阴下，听得所弹音曰：凤兮凤兮思故乡，邀游四海兮求其凰。时未遇兮无所将，何如今夕兮升斯堂。有艳淑女在闺房，室迩人遐在我傍。何缘交颈为鸳鸯，期颉颃兮共翱翔。凤兮凤兮从我栖，得托享尾永为妃①。交情通体心和谐，中夜相从知者谁。双翼俱起翻高飞，无感我思使余悲。

（明）冯梦龙《警世通言》

注：①妃：通"匹"。匹者，配也，妃也。

译：（略）

伯牙知音

伯牙见他不告而坐，微有嗔怪之意，因此不问姓名，亦不呼手下人看茶。默坐多时，怪而问之："适才崖上听琴的，就是你么？"樵夫答言："不敢。"伯牙道："我且问你，既来听琴，必知琴之出处。此琴何人所造？抚他有甚好处？"正问之时，船头来禀话："风色顺了，月明如昼，可以开船。"伯牙分付："且慢些！"樵夫道："承大人下问，小子若讲话絮烦，恐担误顺风行舟。"伯牙笑道："惟恐你不知琴理。若讲得有理，就不做官，亦非大事，何况行路之迟速乎！"樵夫道："既如此，小子方敢僭谈。此琴乃伏羲氏所琢，见五星之精，飞坠梧桐，凤皇来仪。凤乃百鸟之王，非竹实不食，非梧桐不栖，非醴泉不饮。伏羲以知梧桐乃树中之良材，夺造化之精气，堪为雅乐，令人伐之。其树高三丈三尺，按三十三天之数，截为三段，分天、地、人三才。取上一段叩之，其声太清，以其过轻而废之；取下一段叩之，其声太浊，以其过重而废之；取中一段叩之，其声清浊相济，轻重相兼。送长流水中，浸七十二日，按七十二候之数。取起阴干，选良时吉日，用高手匠人刘子奇制成乐器。此乃瑶池之乐，故名瑶琴。长三尺六寸一分，按周天三百六十一度；前阔八寸，按八节；后阔四寸，按四时；厚二寸，按两仪。有金童头，玉女腰，仙人背，龙池，凤沼，玉轸，金徽。那徽有十二，按十二月；又有一中徽，按闰月。先是五条弦在上，外按五行：金、木、水、火、土；内按五音：宫、商、角、徵、羽。尧舜时操五弦琴，歌'南风'诗，天下大治。后因周文王被囚于羑里，吊子伯邑考，添弦一根，清幽哀怨，谓之文弦。后武王伐纣，前歌后舞，添弦一根，激烈发扬，谓之武弦。先是宫、商、角、徵、羽五弦，后加二弦，称为文武七弦琴。此琴有六忌，七不弹，八绝。何为六忌？一忌大寒，二忌大暑，三忌大风，四忌大雨，五忌迅雷，六忌大雪。何为七不弹？闻丧者不弹，奏乐不弹，事冗不弹，不净身不弹，衣冠不整不弹，不焚香不弹，不遇知音者不为八绝？总之，清奇幽雅，悲壮悠长。此琴抚到尽美尽善之处，啸虎闻而不吼，哀猿听而不啼。乃雅乐之好处也。"

(明）冯梦龙《警世通言》

译：伯牙见他没有请示就坐下了，稍微有点不快，所以没有问他姓名，也没有让下人上茶。静默着坐了一会儿以后，伯牙觉得奇怪就问他："刚刚在悬崖上听琴的就是你吗？"那樵夫回答："不敢。"伯牙就说："那我问你，既然是来听琴的，必然知道琴的出处。这个琴是谁造的？又有什么优点？"正在问这个话的时候，船头来话了，"风顺了，月亮也明如白天，可以开船了。"伯牙吩咐道："等等。"樵夫说："承蒙大人提问，我若讲话絮叨，怕是会耽误您顺风行舟。"伯牙笑着说："只是怕你不懂琴理。你若是讲得有理，不做官都没有关系，更何况行路呢！"樵夫说，"既然这样，那我就说了。这个琴是伏羲氏所琢，凝结了五星之精气，引得凤凰来仪，飞坠梧桐。凤是百鸟之王，除非竹实不食，除非梧桐不栖，除非醴泉不饮。伏羲知道梧桐是树中的良材，夺造化精气，可谓是雅乐，于是叫人砍伐。这棵树树高三丈三尺，按三十三天之数，截为三段，分为天、地、人三才。选取了上一段敲击它，声音太清，因为太轻而废掉了；取下一段敲击，声音太浊，因为太重而废掉了；取中间一段敲击，声音清浊相济，轻重相兼。于是送到长期流动的水中，浸泡了七十二日，表示七十二候之数，取起阴干，又选了良时吉日，请高手匠人刘子奇制成乐器。这是瑶池之乐，所以取名瑶琴。长三尺六寸一分，周天三百六十一度；前面长八寸，象征八节；后宽四寸，表示四时；厚二寸，象征两仪。有金童般的头，玉女般的腰，似仙人背，有龙池，凤沼，玉轸，金徽。那个徽有十二个，代表十二个月；还有一中徽，表示闰月。先有五条弦在上面，外代表五行：金、木、水、火、土；内代表五音：宫、商、角、徵、羽。尧舜时以五弦琴，歌'南风'诗，天下大治。后来因为周文王被囚于羑里，吊子伯邑考，增加了一根弦，清幽哀怨，称为文弦。后来武王伐纣，前歌后舞，增加了一根弦，声音激昂,称为武弦。先是宫、商、角、徵、羽五弦,后来加了两根弦,称为文武七弦琴。这个琴有六忌,七不弹,八绝。什么是六忌呢?一忌大寒,二忌大暑,三忌大风,四忌大雨,五忌迅雷,六忌大雪。什么是七不弹呢?闻丧不弹,奏乐不弹,事冗不弹,不净身不弹,衣冠不整不弹,不焚香不弹,不遇知音不弹。什么是八绝呢?总之,清奇幽雅,悲壮悠长。这个琴抚到尽美尽善之处,啸虎听到也不吼,哀猿听到也不叫。这就是雅乐的好处。"

交道

子曰:"吾非斯人之徒与,而谁与?"人生斯世,自少而壮,自壮而老,孰能一日不与斯世斯人相周旋耶?顾应之得其道,我与世相安;应之不得其道,则我与世相违。庄子曰:"人能虚已以游世,其孰能害之?"此言善矣!

(清)爱新觉罗·玄烨《庭训格言》

译:孔子说:"我不同人群打交道,又去同谁打交道呢?"人活在这个世上,从少年到壮年,从壮年到老年,谁能够一天不和这世间的人群相互来往呢?只是按照客观规律去适应它,就能与世道相安无事;不按照客观规律去适应它,就会与世道相违背。庄子说:"人能够虚心接受别人的意见而在世上来往,又有谁能害他呢?"这句话说得好极了。

人有短长

盖以人各有短长,弃其所短而取其所长,始能尽人之材。若必求全责备,稍有欠缺即行指摘,非忠恕之道也。

(清)爱新觉罗·玄烨《庭训格言》

译：大凡因为人各有短处和长处，抛弃他的短处而用他的长处，才能使人尽量施展才能。假如一定要责备求全，稍微有一点不足和缺陷就马上进行指责，这不合忠厚宽恕的道理。

忍耐

天下未有过不去之事，忍耐一时，便觉无事。

（清）爱新觉罗·玄烨《庭训格言》

译：天下的事没有过不去的，能耐住性忍耐一时，就会感到其实本来无事。

君子之交

君子上交不谄①，下交不渎②，是故天子有不召之臣，王侯有不屈之士，将军得揖客而身益重③。

（清）刘开《知己说》

注：①谄：巴结奉承。②渎：轻慢。③揖客：揖是，古代的拱手礼，揖客指只行揖而不下拜的客人。意思是与主人平等。《史记·汲黯传》载，有人对汲黯说，天子希望大家都尊重大将军卫青，劝汲黯见到卫青要下拜。汲黯说："难道因为有只揖不拜的客人，卫将军的地位就不尊贵了吗？"卫青听说此事，更加佩服汲黯。

译：君子与地位高的人交往而不巴结奉承，与地位低的人交往而不轻慢，这样所以有不应天子召唤的臣子，有不向王侯屈膝的士人，卫青将军有长揖不拜的宾客就会身份更贵重。

婚姻一事

婚姻一事，关系男女终身，理宜慎重，岂可草草。既要联姻，如果品行纯正，年貌相当，门第相对，即属绝好良姻，何必再去推算？左氏云："卜以决疑，不疑何卜。"若谓必须推算，方可联姻，当日河上公①、陶宏景②未立命格之先，又将如何？命书岂可做得定准？那推算之人，又安能保其一无错误？尤可笑的，俗传女命北以属羊为劣，南以属虎为凶。其说不知何意？至今相沿，殊不可解。人值未年而生，何至比之于羊？寅年而生又何至竟变为虎？——且世间惧内之人，未必皆系属虎之妇，况鼠好偷窃，蛇最阴毒，那属鼠、属蛇的，岂皆偷窃、阴毒之辈？龙为四灵之一，自然莫贵于此，岂辰年所生，都是贵命？此皆愚民无知，造此谬论，往往读书人亦染此风，殊为可笑。总之，婚姻一事，若不论门第相对，不管年貌相当，惟以合婚为准，势必将就勉强从事，虽有极美良姻，亦必当面错过，以致日后儿女抱恨终身，追悔无及。为人父母的，倘能洞察合婚之谬，惟以品行、年貌、门第为重，至于富贵寿考，亦惟听之天命，即日后别有不虞，此心亦可对住儿女，儿女似亦无怨了。"

（清）李汝珍《镜花缘》

注：①河上公：人名，西汉命数大师。②陶宏景：人名，两晋南北朝时南齐人，被人称为"山中宰相"，对命数之学极有研究。

译： 婚姻这件事，是关系到男女终身的大事，情理上应该慎重，怎么能够草草从事？既然要缔结婚姻，如果对方的品行单纯正派，年龄和相貌相配，门当户对，就属于绝好良姻，何必再去推命算卦？左丘明说："卜卦用来解决疑惑，没有疑惑为什么要卜卦？"假如说必须推命算卦才可以缔结婚姻，当年河上公、陶宏景没有定立命格之前，又该怎么办呢？算命的书难道可以作为标准？那些推命算卦的人，又怎么能确保他们没有一点错误呢？尤其可笑的是，民俗中传说女人的命在北方认为属羊的最差，在南方认为属虎的为凶命。这种说法不知道是什么意思，到现在都沿袭着，尤其不可理解。人在未年出生，哪里至于比做羊呢？在寅年出生又哪里至于变成了虎呢？——况且世界上怕老婆的人，未必他们的妻子都是属虎的；况且老鼠喜好偷窃，蛇最阴毒，那些属鼠、属蛇的人，难道都是偷窃、阴毒之辈？龙为四灵之一，自然中没有比龙更珍贵的了，难道辰年所生的人，都是贵命？这都是一般老百姓无知，编造出这样荒谬的言论，读书人常常也沾染了这种风气，尤其可笑。总而言之，婚姻这件事，如果不论门当户对，不管年龄和相貌相配，只以订婚合八字为准，势必勉强结为婚姻，即使有极好的婚姻，也必定当面错过，以致后来儿女们抱恨终身，追悔莫及。作为父母的，如果能明白订婚合八字的荒谬，只看重品行、年貌、门第，甚至连富贵和寿命长短，也只有听天由命，即使日后另外有意外发生，这种用心也对得起儿女，儿女们似乎也应该没有什么可埋怨的。

讼则终凶

细访贵乡兴讼之由，始知其端不一：或因口角不睦，不能容忍；或因财产较量，以致相争。偶因一时尚气，鸣之于官。讼端既起，彼此控告无休。其初莫不苦思恶想，掉弄笔头，不独妄造虚言，并以毫无影响之事，硬行牵入，惟期耸听，不管丧尽天良。自讼之后，即使百般浪费，并不爱惜钱财；终日屈膝公堂，亦不顾及颜面。幸而官司了结，花却无穷浪费，焦头烂额，已属不堪；设或命运坎坷，从中别生枝节，拖延日久，虽要将就了事，欲罢不能。家道由此而衰，事业因此而废。此皆不能容忍，以致身不由己，即使醒悟，亦复何及。尤可怪的，又有一等唆讼之人，哄骗愚民，勾引兴讼，捕风捉影，设计铺谋，或诬控良善，或妄扳无辜。引人上路，却于暗中分肥；设有败露，他即远走高飞。小民无知，往往为其所愚，莫不被害。此固唆讼之人造孽无穷，亦由本人贪心自取。据小子看，争讼一事，任你百般强横，万种机巧，久而久之，究竟不利于己。所以《易经》说："讼则终凶。"世人若明此义，共臻美俗，又何争讼之有！

（清）李汝珍《镜花缘》

译：仔细考察你们家乡产生官司的原因，才知道它们的起因是不同的：有的官司是因为口头言语不和睦，不能容忍；有的官司是因为互相比财富，才产生争论。偶尔因为一时气不顺，告到官府里去，打官司的事就产生了，打官司的双方无休止地控告双方。他们当初没有人不是苦思恶想，舞文弄墨，不光虚妄地编造谎言，而且把毫无依据的事，生硬地牵进案中，只希望耸人听闻，不顾及丧尽天良。自从开始打官司，就百般浪费，不爱惜钱财；每天在公堂下跪，也不顾及体面。幸运的是官司打完了，人力、武力、钱财也浪费了许多，自己也焦头烂额，也属于难以忍受的事。假如运气不好，打官司中又产生别的纠葛，长时间拖延，即使想要将就了结官司，想不打也不行。家庭环境从此开始衰落，个人事业因为官司也荒废了。这些都是不能容忍的，因此身不由己。即使醒悟过来，哪里还来得及呢？尤其可怪的是，还有一种专门挑唆别人打官司的人，哄骗不觉悟的老百姓，引诱别人打官司，捕风捉影，设下圈套，安排计谋，有的诬告善良的百姓，有的无根据地牵扯无辜的人。引诱人走上打官司的路，他们却在暗中分赃；假如有所暴露，他们马上远走高飞。普通的老百姓知识不够，往往被他们所愚弄，没有人不被他们伤害的。这固然是挑唆别人打官司的人造下了无穷的罪孽，也是由打官司的人因贪心而自取其辱。据我看来，打官司这件事，任由你百般强横，有万种机巧，久而久之，终究不利于自己。所以《易经》上说："打官司最终是凶险的。"世上的人如果懂得这个道理，共同造就美好的风俗，哪里又有打官司的事发生呢？

宗族姻党

至于宗族姻党,无论他与我家有隙无隙,在弟辈只宜一概爱之敬之。孔子曰"泛爱众而亲仁",孟子曰"爱人不亲反其仁","礼人不答反其敬"。此刻未理家事,若便多生嫌怨,将来当家立业,岂不个个都是仇人?古来无与宗族乡党为仇之圣贤,弟辈万不可专责他人也。

(清)曾国藩《家书》

译:至于对待宗族和姻党的事情,不管他们和我家有无隔阂,对弟兄们来说只应该一起爱他们、敬他们。孔子说,"博爱众人就与仁接近了。"孟子说,"喜爱人而不亲近他违反了仁的要求","以礼待人而不回答别人违背了他对别人的尊敬"。现在你们还没有管理家事,如果就多生一些嫌隙和埋怨,将来你们当家立业的时候,岂不是人人都是你们的仇人?自古以来,没有与宗族乡党结仇的人能成为圣贤的。兄弟们千万不可以专门责备别人。

家和

夫家和则福自生。若一家之中,兄有言弟无不从,弟有请兄无不适,和气蒸蒸而家不兴者,未之有也;反是而不败者,亦未之有也。

(清)曾国藩《家书》

译:家庭和睦,幸福就会自然产生。如果一家之中,哥哥说的话弟弟没有不听从的,弟弟有要求哥哥没有不满足的,和和气气却家道不兴旺的,没有这样的事;反过来却不败家的,也没有这样的事。

能勤能敬

一家能勤能敬,虽乱世亦有兴旺气象;一身能勤能敬,虽愚人亦有贤智风味。

（清）曾国藩《家书》

译： 一个家庭能做到勤劳、敬畏，即使在乱世也有兴旺发达的气象；一个人能够做到勤劳、敬畏，即使是蠢人也会有贤人和智者的风范。

处乐

勤俭自持，习劳习苦，可以处乐，可以处约。

（清）曾国藩《家书》

译： 用勤俭要求自己，习惯于劳累、习惯于吃苦，可以处在欢快的环境之中，也可以到简朴的环境中去。

第二章　人与社会的和谐

中国古代是一个农耕宗法社会，维系人与社会之间的和谐是至关重要的。换言之，要使社会内部的各种要素处于协调发展的良性状态，这就是先贤追求的人与社会的和谐。广义而言，社会和谐的内容极其广泛，包括社会结构的和谐；统治者、管理者与被统治者、被管理者之间的和谐；群体与群体之间的和谐；个人与集体之间的和谐。其中最关键的，就是执政的官员要处理好政务，达到管理层与民众之间的和谐。《尚书·五子之歌》提出："民惟邦本，本固邦宁。"《孟子·尽心》提出："民为贵，社稷次之，君为轻。"这些都是有关人与社会和谐的内容。

早在原始社会晚期，联盟部落就设置了管理林业的官员——虞。《周礼》载录了周代掌管社会的职官，如"王者"掌建立都城，辨别方向，规划城区与郊野。"大司徒"掌天下土地舆图。"封人"掌推土掘沟和植树。"草人"掌改良土壤。"稻人"掌田间蓄水和放水。"土训"掌土地宜忌及教化。"土虞"掌山林政令。"林衡"掌巡视林麓。"川衡"掌巡视川泽。"掌固"掌修筑城郭沟池。"土方氏"掌测日影、定方位、量土地。"合方氏"掌道路交通。"柞氏"掌伐取树木。"蔄氏"掌去除毒物。如大司徒以"土宜之法，辨十有二土之名物，以相民宅，而知其利害，以阜人民，以蕃鸟兽，以毓草木，以任土事"。职方氏"掌天下之图，以掌天下之地，辨其邦国都鄙、四夷、八蛮、七闽、九貉、五戎、六狄之人民与其财用、九谷、六畜之数要，周知其利害"。我们现在不知道周代是否确实有这些官员，但周代学者能够提出如此细致的职官制度是很了不起的，值得我们借鉴。

《管子》把和谐作为衡量各个官员政绩的标准，其《立政》把每个官员的责任说得很清楚："修火宪，敬山泽林薮积草；天财之所出，以时禁发焉，使民足于宫室之用，薪蒸之所积，虞师之事也。决水潦，通沟渎，修障防，安水藏，使时水虽过度，无害于五谷，岁虽凶旱，有所获，司空之事也。相高下，视肥硗，观地宜，明诏期，前后农夫，以时钧修焉，使五谷桑麻皆安其处，司田之事也。"这就是说，要明确官吏的职守，担任虞师的应当制定防火的法令，按时开发自然资源。担任司空的要疏通沟渠，排泄积水。担任司田的要观测地势高下，分析土质肥瘦，使土地各得其所。

执政者要求地方官员关心民生，推行善政。《管子》一书多次记载赈灾思想，其《小问》载录管子对齐桓公说的话："飘风暴雨为民害，涸旱为民患，年谷不熟，岁饥籴贷贵，民疾疫。当此时也，民贫且罢。牧民者发仓廪、山林、薮泽以共其财。后之以事，先之以恕，以振其罢。此谓先之以德。"《管子·入国》提出九种惠民政策，其中之一就是"振困"，"所谓振困者，岁凶，庸人訾厉，多死丧，弛刑罚，赦有罪，散仓粟以食之"。

孔子主张调剂财物，使社会得以安定。《孔子家语》记载孔子对齐景公之语："凶年则乘驽马，驰道不修，祈以币玉，祭祀不悬祀以下牲，此贤君自贬以救民之礼。夫人君遇灾，尚务抑损，况庶民乎！"孟子也有类似的思想，《孟子·梁惠王下》记载孟子曾对诸侯国国君说：凶年时，百姓辗转沟壑，而国君的仓廪堆满粮食，如果不救济灾民，百姓就会背弃国家，不会为君主效力。孟子还主张："河内凶则移其民于河东，移其粟于河内。河东凶亦然。"这就是说，当国内某一地区发生灾荒时，就把灾民迁到另一地方，把各地的救济物资送到受灾地区。

协和万邦

曰若稽古，帝尧曰放勋，钦明文思安安，允恭克让，光被四表，格于上下。克明俊德，以亲九族。九族既睦，平章百姓。百姓昭明，协和万邦。黎民于变时雍。……克①谐②以孝。

《尚书·尧典》

注：①克：能。②谐：和谐。

译：考察古代传说，帝尧名叫放勋。他处事明达敏锐，文雅安稳，恭敬谦让，光辉照临四方，天神地灵都知道。能选贤明和有德之人。各个族群都和睦，官员的职责分明。百姓安定，万国和谐相处，民众变得祥和友好。……能够和谐，才是孝。

无偏无陂

无偏无陂，遵王之义①；无有作好，遵王之道；无有作恶，尊王之路。无偏无党，王道荡荡；无党②无偏，王道平平；无反无侧，王道正直。会其有极，归其有极……天子作民父母，以为天下王。

《尚书·洪范》

注：①义：法。②党：朋党。

译：不要偏颇不正，要遵从君王的法则；不要有私心偏好，要遵从王道；不要有偏心作恶，要尊君王之路。不偏斜，不结党，王道宽广；不结党，不偏斜，王道才平坦；不反复，不倾斜，王道才正直。聚会有法则，臣民归附有依据……天子要当民众的好父母，以此准则作为天下的君王。

式和民则

弘敷①五典，式②和民则。尔身克正，罔敢弗正，民心罔中，惟尔之中。

《尚书·君牙》

注：①敷：布。②式：用。

译：弘扬传播五常之教，用做和谐民众之法则。你自身能端正，没有谁敢不端正。民众心中没有公正的标准尺度，就以你为标准尺度。

  勿用小人

大君有命，开国承家，小人勿用。

《周易·师》

译：君王颁布诏令，册封诸侯，赏赐大夫，小人不可以重用。

以美利利天下

乾始能以美利利天下,不言所利,大矣哉!大哉乾乎!刚健中正,纯粹精也。六爻发挥,旁通情也。六爻发挥①,旁通情也。"时乘六龙",以"御天"也。"云行雨施",天下平也。

《周易·乾》

注:①发挥:发动。

译:天创始万物且广施利益于天下,但它却不说所施予的利惠,这种精神真是伟大啊!天多么伟大啊!刚强劲健、居中守正,这一切都纯粹无瑕、精致不杂;六爻的无穷变化,曲尽了万物的发展情理;时节驾驭六条龙运行于天,是在安排天地的法则;云彩飘行运动,雨水施洒降落,使天下万物均衡和谐地发展。

文明以健

同人于野①,亨。利涉大川,乾行也。文明以健,中正而应,君子正也。唯君子为能通天下之志。

《周易·同人》

注:①同人于野:本句出自《同人卦》的《象传》。同人:聚集在一起的群众。野:《说文·门》:"邑外谓之郊,郊外谓之野。"

译:在原野中与人和同,亨通顺利,利于涉越江河巨流,这是因为上卦乾的刚健前进。禀性文明而又强健,行为持中正直而又互相应和,这是君子的正道。只有君子才能沟通天下人的意志。

正家而天下定

家人①，女正位乎内，男正位乎外。男女正，天地之大义也。家人有严君焉，父母之谓也。父父，子子，兄兄，弟弟，夫夫，妇妇，而家道正。正家而天下定矣。

《周易·家人》

注：①家人：有关家内之人的事情。

译：有关家内之人的事情，女子在家中居正当之位，男子在外面居正当之位。男女在家庭内外各有正当的位置，这是天地间的大道理。家庭之中有严正的君长，这就是父母。父子各尽其责，兄弟各尽其责，夫妇各尽其责，那么家庭都走入正规了。家道端正了，天下也就安定了。

万寿无疆

二之日凿冰冲冲①，三之日纳于凌阴②。四之日其蚤③，献羔祭韭。九月肃霜④，十月涤场⑤。朋酒⑥斯飨，曰杀羔羊，跻⑦彼公堂。称⑧彼兕觥：万寿无疆！

《诗经·七月》

注：①冲冲：用力敲冰的声音。②凌阴：冰室。③蚤：早，一种祭祖仪式。④肃霜：降霜。⑤涤场：打扫场院。⑥朋酒：两壶酒。飨：用酒食招待客人。⑦跻：登上。公堂：庙堂。⑧称：举起。兕觥：古时的酒器。

译：十二月凿冰冲冲，正月搬进冰窖中。二月开初祭祖先，献上韭菜和羊羔。九月寒来始降霜，十月清扫打谷场。两槽美酒敬宾客，宰杀羔羊大家尝，登上主人的庙堂。举杯共同敬主人，齐声高呼寿无疆。

使民不争

不上贤，使民不争；不贵难得之货，使民不盗；不见①可欲，使心不乱。圣人治：虚其心，实其腹，弱其志，强其骨。常使民无知无欲，使知者不敢为，则无不治。

《老子》

注：①见：显现。

译：不推崇贤人，使民众不相争；不珍贵难得之货，使民众不偷盗；不显耀引起贪欲的事物，使民众心不迷乱。圣人治理之道：排空百姓的心机，填饱百姓的肚腹，增强百姓的筋骨。使百姓没有智、没有欲，使有智的人不妄为，天下就大治了。

观天下

以身观身，以家观家，以乡观乡，以国观国，以天下观天下。

《老子》

译：以修身的方法观察己身，以齐家的方法观察自家，以管理乡村的方法观察乡村，以治理国家的方法观察国家，以安定天下的方法观察天下。

民之饥

民之饥，以其上①食税之多，是以饥。民之难治，以其上有为，是以难治。人之轻死，以其生生之厚，是以轻死。夫唯无以生为者，是贤于贵生。

《老子》

注：①上：执政的人。

译：民众所以受饥，是因为上面的人征收税赋太重，所以饥。民众所以难治，是因为上面的人强作妄为，所以得不到治理。人所以看轻死，是因为统治者享受太过分，因此才不畏死。只有在生活上不过于享受的人，才是知道贤明的人。

损有余而补不足

天之道，其犹张弓！高者抑之，下者举之，有余者损之，不足者与之。天之道，损有余而补不足；人道①则不然，损不足，奉有余。孰能有余以奉天下？其惟有道者。是以圣人为而不恃，功成不处，斯不见贤。

《老子》

注：①人道：社会。

译：自然的规则，如同上弓弦。高了就压低，低了就抬高，多余时就减少，不足时就补足。自然的规则，减少多余的以补充不足的，人世的规则却不是这样，削减不足的以供给多余的。谁能够把多余的以奉献给天下？只有遵循自然规则。所以圣人有作为而不恃功，功成而自居，这样从不显现自己有多么贤能。

小国寡民

小国寡民，使有什佰之器而不用，使人重死而不远徙。虽有舟舆，无所乘之；虽有甲兵，无所陈之。使民复结绳而用之。甘①其食，美其服，安其居，乐其俗，邻国相望，鸡狗之声相闻，民至老死，不相往来。

《老子》

注：①甘：意动用法，认为甘甜。下文的"美"、"安"、"乐"均为意动用法。

译：使国家的区域小些，人民少些。让大的器具没有用处，使人民爱惜生命而不愿向远方迁移。虽然有车船却不需要去乘坐；虽然有铠甲兵器却没有地方去布阵。让人民恢复用上古结绳纪事的方法。民众各自以自己的食物为甘甜，以自己的衣服为最美，以自己的民俗为最安逸，邻国之间相互可以望见，鸡狗的叫声可以听见，直到老死都不相往来。

吾从周

子曰："周监①于二代②，郁郁③乎文哉！吾从周。"

《论语·八佾》

注：①监：同"鉴"，借鉴的意思。②二代：这里指夏代和周代。③郁郁：文采盛貌。丰富、浓郁之意。

译：孔子说："周朝的礼仪制度借鉴于夏、商二代，是多么丰富多彩啊。我遵从周朝的制度。"

社树

哀公问社①于宰我②。宰我对曰："夏后氏以松，殷人以柏，周人以栗。"曰："使民战栗③。"子闻之曰："成事不说，遂事不谏，既往不咎。"

《论语·八佾》

注：①社：土地神，祭祀土神的庙也称社。②宰我：名予，字子我，孔子的学生。③战栗：恐惧，发抖。

译：鲁哀公问宰我，土地神的神主应该用什么树木。宰我回答："夏朝用松树,商朝用柏树,周朝用栗子树。用栗子树的意思是说:使老百姓战栗。"孔子听到后说:"已经做过的事不用提了,已经完成的事不用再去劝阻了,已经过去的事也不必再追究了。"

明君制民

明君制民之产,必使仰足以事父母,俯足以畜①妻子;乐岁终身饱,凶年免于死亡;然后驱②而之善,故民之从之也轻。

《孟子·梁惠王上》

注:①畜:通"蓄",蓄养。②驱:引导。
译:贤明的君主为人民规划产业,必定使他们对上足以养父母,对下足以养妻儿;丰年有足够的粮食,灾年不饿死;然后要他们做善事,这样人民就容易听从了。

君之视臣

孟子告齐宣王曰:"君之视臣如手足,则臣视君如腹心;君之视臣如犬马,则臣视君如国人;君之视臣如土芥,则臣视君如寇雠。"

《孟子·离娄下》

译:孟子告诉齐宣王说:"君主看待臣下如同自己的手足,臣下看待君主就会如同自己的腹心;君主看待臣下如同狗马,臣下看待君主就会如同不相识的人;君主看待臣下如同泥土草芥,臣下看待君主就会如同仇人。"

王道之始

梁惠王曰:"寡人之于国也,尽心焉耳矣。河内①凶,则移其民于河东②,移其粟于河内。河东凶亦然。察邻国之政,无如寡人之用心者。邻国之民不加少,寡人之民不加多,何也?"孟子对曰:"王好战,请以战喻。填然鼓之,兵③刃既接,弃甲曳兵而走。或百步而后止,或五十步而后止。以五十步笑百步,则何如?"曰:"不可,直不百步耳,是亦走也。"曰:"王如知此,则无望民之多于邻国也。不违农时,谷不可胜食也;数罟④不入洿⑤池,鱼鳖不可胜食也;斧斤以时入山林,材木不可胜用也。谷与鱼鳖不可胜食,材木不可胜用,是使民养生丧死无憾也。养生丧死无憾,王道之始也。五亩之宅,树之以桑,五十者可以衣帛矣。鸡豚狗彘之畜,无失其时,七十者可以食肉矣。百亩之田,勿夺其时,数口之家可以无饥矣。谨庠序⑥之教,申之以孝悌之义,颁白者不负戴于道路矣。七十者衣帛食肉,黎民不饥不寒,然而不王者,未之有也。狗彘食人食而不知检,途有饿莩⑦而不知发;人死则曰:'非我也,岁也。'是何异于刺人而杀之,曰:'非我也,兵也。'王无罪岁,斯天下之民至焉。"

《孟子·梁惠王上》

注:①河内:指黄河以北的今河南省沁阳、济源、博爱一带,当时是魏国的领土。②河东:指黄河以东的今山西省西南部,当时是魏国的领土。③兵:兵器。④数罟:密网。⑤洿池:大池。⑥庠序:古代地方所设的学校。⑦莩:饿死的人。

译:梁惠王说:"我对于国家,真是够尽心的了。河内发生灾荒,就把那里的(一部分)百姓迁移到河东去,把粮食运到河内去赈济。河东发生灾荒，我也这么办。考察邻国的政务，没有哪个国君能像我这样为百姓操心的了。但是邻国的人口并不减少，而我们魏国的人口并不增多，这是什么缘故呢？"孟子回答道："大王喜欢打仗，请让我拿打仗作比喻。咚咚地擂起战鼓，刀刃剑锋相碰，（就有士兵）丢盔弃甲，拖着兵器逃跑。有的逃了一百步停下来，有的逃了五十步住了脚。（如果）凭着自己只逃了五十步就嘲笑那些逃了一百步的人，那怎么样？"惠王说："不可以，只不过后面的逃不到一百步罢了，这同样是逃跑呀？"孟子说："大王如果懂得这一点，就不要指望魏国的百姓会比邻国多了。不耽误百姓的农时，粮食就吃不完；细密的鱼网不放入大塘捕捞，鱼鳖就吃不完；按一定的时令采伐山林，木材就用不完。粮食和鱼鳖吃不完，木材用不完，这就使百姓养家糊口、办理丧事没有什么遗憾的了。百姓生养死丧没有什么遗憾，这就是王道的开始。五亩田的宅地，（房前屋后）多种桑树，五十岁的人就能穿上丝棉袄了。鸡、猪和狗一类家畜不错过它们的繁殖时节，七十岁的人就能吃上肉了。一百亩的田地，不要占夺（种田人的）农时，几口人的家庭就可以不饿肚子了。搞好学校教育，不断向年轻人灌输孝顺父母、敬爱兄长的道理，头发花白的老人就不必肩扛头顶着东西赶路了。七十岁的人穿上丝棉袄，吃上肉，百姓不挨冻受饿，做到这样却不能统一天下的，是绝不会有的。（现在，富贵人家的）猪狗吃着人吃的粮食，却不知道制止；道路上有饿死的尸体，却不知道开仓赈济；人饿死了，却说'这不是我的责任，是收成不好'，这跟把人刺死了，却说'不是我杀的人，是兵器杀的'，又有什么两样呢。大王请您不要怪罪于年成不好，（只要推行仁政）这样天下的百姓就会投奔到您这儿来了。"

乘势待时

齐人有言曰：虽有智慧，不如乘势；虽有镃基①，不如待时。今时则易然也。夏后、殷、周之盛，地未有过千里者也，而齐有其地矣。鸡鸣狗吠相闻，而达乎四境，而齐有其民矣。地不改辟矣，民不改聚矣，行仁政而王，莫之能御也。且王者之不作，未有疏于此时者也；民之憔悴于虐政，未有甚于此时者也。饥者易为食，渴者易为饮。孔子曰："德之流行，速于置邮②而传命。"当今之时，万乘之国行仁政，民之悦之，犹解倒悬也。故事半古之人，功必倍之，惟此时为然。

《孟子·公孙丑上》

注：①镃基：锄头。②置邮：驿站。

译：齐国人有俗谚说：虽然有智慧，不如趁形势；虽然有锄头，不如等农时。现在（要称王天下）却是很容易的。夏、殷、周三朝兴盛时，土地没有超过纵横一千里的，而现在齐国有那么大的地方了；鸡鸣狗叫互相能听到，一直传到四周的国境，齐国已经有那么多的百姓了。土地不必再扩大，百姓不必再招聚，施行仁政称王天下，没有人能阻挡得了的。况且，仁德的君王不出现，没有比现在隔得更长的了；百姓受暴政折磨的痛苦，没有比现在更厉害的了。饥饿的人什么都吃不挑拣，干渴的人什么都喝不挑拣。孔子说："德政的流行，比驿站传递政令还要快。"当今这个时候，拥有万辆兵车的大国施行仁政，百姓对此感到喜悦，就像在倒悬着时被解救下来一样。所以，事情只要做古人的一半，功效必定是古人的一倍，这只有现在这个时候才能办到。"

礼乐政德

子贡曰："见其礼而知其政，闻其乐而知其德，由百世之后，等百世之王，莫之能违也。自生民以来，未有夫子也。"有若曰："岂惟民哉？麒麟之于走兽，凤凰之于飞鸟，泰山之于丘垤①，河海之于行潦②，类也。圣人之于民，亦类也。出于其类，拔乎其萃，自生民以来，未有盛于孔子也。"

《孟子·公孙丑上》

注：①垤：小土丘。②潦：雨水。

译：子贡说："见了一国礼制，就能知道一国的政治；听了一国的音乐，就能了解一国的德教；即使从一百代以后来评价这一百代的君主，也没有谁能违背孔子这个道理的。自有人类以来，没有比得上孔子的。有若说："岂只是人类有这样的不同！麒麟对于走兽，凤凰对于飞鸟，泰山对于土丘，河海对于水沟，都是同类的；圣人对于一般的人，也是同类的。（这些）都出乎其类，拔乎其萃。自有人类以来，没有比孔子更伟大的了。"

市贾不贰

从许子之道，则市贾不贰，国中无伪。虽使五尺之童适市，莫之或欺。布帛长短同，则贾相若；麻缕丝絮轻重同，则贾相若；五谷多寡同，则贾相若；屦大小同，则贾相若。

《孟子·滕文公上》

译：如果依照许子的学说实行，那么市场上物价就不会有两样，国中就没有弄虚作假的；哪怕叫小孩上市场（买东西），也不会有人欺骗他。布和绸长短相同，价钱就一样；麻线丝棉轻重相同，价钱就一样；各种粮食多少相同，价钱就一样；鞋子大小相同，价钱就一样。

得天下以仁

孟子曰："三代之得天下也以仁，其失天下也以不仁。国之所以废兴存亡者亦然。天子不仁，不保四海；诸侯不仁，不保社稷；卿大夫不仁，不保宗庙；士庶人不仁，不保四体。今恶死亡而乐不仁，是由恶醉而强酒。"

《孟子·离娄上》

译：孟子说："夏、商、周三代的得天下，是由于仁；他们失掉天下，是由于不仁。国家衰败、兴盛、生存、灭亡的原因，也是这样。天子不仁，不能保住天下；诸侯不仁，不能保住国家；卿大夫不仁，不能保住宗庙；士人和百姓不仁，不能保住自身。如果害怕死亡，却又乐意干不仁的事，这就像害怕喝醉却硬要多喝酒一样。"

天下国家

孟子曰："人有恒言，皆曰'天下国家'。天下之本在国，国之本在家，家之本在身。"

《孟子·离娄上》

译：孟子说："人们有句常说的话，都说'天下国家。'天下的根本在于国，国的根本在于家，家的根本在于自身。"

民之归仁

孟子曰："桀纣之失天下也，失其民也。失其民者，失其心也。得天下有道：得其民，斯得天下矣。得其民有道：得其心，斯得民矣。得其心有道：所欲与之聚之，所恶勿施尔也。民之归仁也，犹水之就下、兽之走圹土广也。"

《孟子·离娄上》

译：孟子说："桀和纣失天下，是由于失去了人民；失去人民，是由于失去了民心。得天下有办法：得到人民，就能得到天下了；得人民有办法：赢得民心，就能得到人民了；得民心有办法：他们想要的，就给他们积聚起来；他们厌恶的，不加给他们，如此罢了。人民归向于仁，如同水往下方流、野兽奔向旷野一样。"

善政不如善教

孟子曰:"仁言不如仁声之入人深也,善政不如善教之得民也。善政,民畏之;善教,民爱之。善政得民财,善教得民心。"

《孟子·尽心上》

译:孟子说:"仁德的语言不如仁德的声誉深入人心,良好的政治不如良好的教育深入人心。良好的政治,民众畏惧;良好的教育,民众喜爱。良好的政治得到民众的财富,良好的教育得到民心。"

养老

孟子曰:"……天下有善养老,则仁人以为己归矣。五亩之宅,树①墙下以桑,匹妇蚕之,则老者足以衣帛矣。五母鸡,二母彘,无失其时,老者足以无失肉矣。百亩之田,匹夫耕之,八口之家足以无饥矣。所谓西伯善养老者,制其田里,教之树畜,导其妻子使养其老。五十非帛不暖,七十非肉不饱。不暖不饱,谓之冻馁。"

《孟子·尽心上》

注:①树:名词活用为动词。

译:孟子说:"……天下有善于养老的人,那仁人就把他作为自己的依靠。五亩地的房屋,在墙边栽桑,妇女养蚕,老年人就足以有丝棉穿了。五只母鸡,二头母猪,按时喂养,老年人足以有肉吃。百亩的田地,农夫耕种,八口之家足以吃饱。所谓西伯善于养老,就在于他制定了土地制度,教人种树,引导民众奉养老人。五十岁的人没有丝棉就不暖和,七十岁的人没有肉就吃不饱。不暖不饱,就是冻饿。"

民为贵

孟子曰:"民为贵,社稷次之,君为轻。是故得乎丘①民而为天子,得乎天子为诸侯,得乎诸侯为大夫。"

《孟子·尽心下》

注:①丘:众。

译:孟子说:"民众最为重要,土谷之神其次,君主为轻。所以得到民众欢心便做天子,得到天子的欢心便做诸侯,得到诸侯欢心便做大夫。"

诸侯之宝

孟子曰:"诸侯之宝三:土地、人民、政事。宝珠玉者,殃必及身。"

《孟子·尽心下》

译:孟子说:"诸侯的宝贝有三样:土地、人民、政治。如果以珠玉为宝,祸害一定到他身上。"

和天下

古之人其备乎!配神明,醇①天地,育万物,和天下,泽及百姓,明于本数②,系于末度,六通四辟③,小大精粗,其运无乎不在。

《庄子·天下》

注:①醇:准。②本数:根本。③六通四辟:指政务的方面很多。

译：古代的圣人太完备了！他们可以跟神明比美，把天地当准则，化育万物，使天下和睦，恩泽遍及百姓，通晓根本，了解细枝末节，政务的头绪多，大的小的精的粗的，道的运行无处不在。

至德之世

夫至德之世，同与禽兽居，族与万物并，恶乎①知君子小人哉！同乎无知，其德不离；同乎无欲，是谓素朴；素朴而民性得矣。

《庄子·马蹄》

注：①恶乎：如何。

译：上古时，人和禽兽杂居，各种物类聚合并存，如何有君子小人的区别？人人都不用智巧，本性都不离失，都没有私欲，这就是纯真朴实。纯真朴实就保持了人的本性。

守其一以处其和

黄帝立为天子十九年，令行天下，闻广成子在于空同之山，故往见之，曰："我闻吾子达于至道，敢问至道之精。吾欲取天地之精，以佐五谷，以养民人，吾又欲官①阴阳，以遂群生，为之奈何？"广成子曰："而所欲问者，物之质也；而所欲官者，物之残也。自而治天下，云气不待族而雨，草木不待黄而落，日月之光益以荒矣，而佞人之心翦翦②者，又奚足以语至道！"黄帝退，捐天下，筑特室，席白茅，闲居三月，复往邀之。广成子南首而卧，黄帝顺下风膝行而进，再拜稽首而问曰："吾闻子达于至道，敢问，治身奈何而可以长久？"

广成子蹶然而起,曰:"善哉问乎!来!吾语女至道。至道之精,窈窈冥冥;至道之极,昏昏默默。无视无听,抱神以静,形将自正。心静必清,无劳女形,无摇女精,乃可以长生。目无所见,耳无所闻,心无所知,女神将守形,形乃长生。慎女内,闭女外,多知为败。我为女遂于大明之上矣,至彼至阳之原也;为女入于窈冥之门矣,至彼至阴之原也。天地有官,阴阳有藏,慎守女身,物将自壮。我守其一以处其和,故我修身千二百岁矣,吾形未常衰。"

《庄子·在宥》

注: ①官:管理、调和、依据。②䩄䩄:浅浅。

译: 黄帝在位十九年,诏令通行天下,听说广成子在空同山,就前去见他,说:"我听说您明达至道,请教至道的精华。我想取天地之精,以帮助五谷生长,以养育人民,我又想依照阴阳,顺应万物,怎么样?"广成子说:"你所要问的,是物的本质;而你所要管理的,是物的残渣。自你统治天下以来,云气不待集结就下雨,草木不待枯黄就凋落,日月的光辉渐渐暗下来,而小人善用心计,心地窄小,又怎能谈至道!"黄帝退回,弃置政事,筑起特别的居室,铺着白茅,独居三个月,又去请教。广成子头朝南躺着,黄帝从下方跪着走过去,叩头而问:"我听说您明达至道,请问治身怎样才能长久?"广成子蹶然起身,说:"你问得好!来!我告诉你至道。至道的精华,深远昏暗;至道的极致,晦暗沉寂。看不见,听不见,持守精神,保持安静,形体自能健康。心静必清,不必劳累你的形体,不费你精神,才可以长生。眼睛不看什么东西,耳朵不听什么东西,心里不想什么东西,你的精神守住形体,形体就长生。慎守你的内心,封闭你的外扰,多智则败。我帮助你达到大明的境界,至阳的本原;帮你进到深冥的门径,到达至阴的本原。天地各有职守,阴阳各居其所,谨慎守住你自身,万物将会自昌。我守持至道的纯一,把握至道的和谐,所以我修身至今已一千二百年了,而我的形体没有衰老。"

同类相从

同类相从,同声相应,固天之理也。吾请释吾之所有而经子之所以①。子之所以者,人事也。天子诸侯大夫庶人,此四者自正,治之美也,四者离位而乱莫大焉。官治其职,人忧其事,乃无所陵。故田荒室露,衣食不足,征赋不属,妻妾不和,长少无序,庶人之忧也;能不胜任,官事不治,行不清白,群下荒怠,功美不有,爵禄不持,大夫之忧也;廷无忠臣,国家昏乱,工技不巧,贡职不美,春秋后伦,不顺天子,诸侯之忧也;阴阳不和,寒暑不时,以伤庶物,诸侯暴乱,擅相攘伐,以残民人,礼乐不节,财用穷匮,人伦不饬②,百姓淫乱,天子有司之忧也。

《庄子·渔父》

注:①经:治。②饬:整顿。

译:类别相同,相互随从,声音相同,这本是自然的规律。我请求放弃我的主张,来经营您提出的主张。您的主张属于人事。天子、诸侯、大夫、庶人,这四种人都端正,这是最美好的政治。这四种人离开了本分,祸害没有比这更大的。官员们各守本职,人们认真地对待自己的事情,就不会乱。所以,田地荒芜,房屋破漏,衣食不足,赋税征不上来,妻妾不和,长少无序,这是百姓的忧虑;能力不能胜任,官员办不好治理的事情,行为不清不白,下面的人对工作不尽责任,没有好的名声,不能保持爵禄,这是大夫的忧虑;朝廷没有忠臣,国家昏乱,工艺技巧不高超,贡物不美,春秋盟会落在后面,不顺从天子,这是诸侯的忧虑;阴阳不调和,寒暑不按时节,万物受到损害,诸侯发动暴乱,擅自征伐,残害人民,礼乐不合规定,财政困难,人们的伦常得不到整顿,百姓淫乱,这是天子和大臣的忧虑。

和调乃能处安

曰：民知德矣，而未知义，然后明行以导之义①。义有七体。七体者何？曰：孝悌慈惠，以养亲戚；恭敬忠信，以事君上；中正比宜②，以行礼节；整齐撙诎③，以辟刑僇；纤啬省用，以备饥馑；敦懞纯固，以备祸乱；和协辑睦，以备寇戎。凡此七者，义之体也。夫民必知义然后中正，中正然后和调，和调乃能处安，处安然后动威，动威乃可以战胜而守固。故曰：义不可不行也。

《管子·五辅》

注：①义：这里主要指礼义。明行：显明其行动。②比宜：友爱。③撙诎：克制。

译：人民知道了德，而未必懂得义。然后就应当以身作则以教民行义。义有七体。什么叫七体？回答是：用孝悌慈惠来供养亲属，用恭敬忠信来事奉君主；用公正友爱来推行礼节；用端正克制来避免犯罪；用节约省用来防备饥馑；用敦厚朴实来防备祸乱；用和睦协调来防备寇戎。这七个方面，都是义的实体。人民必须知义然后能中正，中正然后和睦协调，和睦协调才能生活安定，生活安定然后才有威信，有威信才可以取胜战争而防务巩固。所以说，义不可不行。

人之和同

昔者圣王之治人也，不贵①其人博学也，欲其人之和同以听令也。《泰誓》②曰："纣有臣亿万人，亦有亿万之心；武王有臣三千而一心。"故纣以亿万之心亡，武王以一心存。故有国之君，苟不能同人心，一国威，齐士义，通上之治以为下法，则虽有广地众民，犹不能以为安也。

《管子·法禁》

注：①贵：不因……而贵。②《泰誓》：《尚书》的一篇。

译：过去，圣王在考治人才时，不看重他的博学，却希望他能与圣主一致而听从君令。《泰誓》说："纣王有臣亿万人，也有亿万条心；武王有臣三千人而只有一条心。"所以，纣王因为亿万条心而亡，武王因为一心而存。所以，有国之君，如果不能统一人心，统一国威，统一士人的意志，使上面的措施贯彻为下面的行为规范，那么虽有广大的国土，众多的人民，还不能算是安全的。

以和亲于民

圣王之身，治世之时，德行必有所是，道义必有所明，故士莫敢诡俗异礼，以自见①于国；莫敢布惠缓行，修上下之交，以和亲于民；故莫敢超等逾官，渔利苏功，以取顺其君。圣王之治民也，进则使无由得其所利，退则使无由避其所害，必使反乎安其位，乐其群，务其职，荣其名，而后止矣。

《管子·法禁》

注：①见：同"现"。

译：作为圣王，处在治世的时候，德行和道义都有明确的准则，所以士人不敢推行诡俗异礼而在国内表现自己；不敢布施小惠，缓行公法和修好上下以收揽人心；也不敢超逾官职，谋取功利，以讨好国君。圣王治理民众，对向上攀的总是使他无法得利，推脱责任的总是使他无法逃避惩罚。必须使人们回到安其职位，乐其同人，努力于职务，珍惜名声的轨道上来，才算达到目的。

和合故能谐

畜之以道，则民和；养之以德，则民合。和合故能谐，谐故能辑，谐辑以悉①，莫之能伤。

《管子·兵法》

注：①悉：尽。

译：养兵以道，则人民和睦；养兵以德，则人民团结；和睦团结就行动协调，协调就能一致，普遍地协调一致，那就谁也不能伤害了。

所和而利

官府之藏，强兵保国，城郭之险，外应四极①，具取之地。而市者，天地之财具也，而万人之所和②而利也，正是道也。

《管子·问》

注：①四极：四方极远之国。②和：交易。

译：官府有收藏，兵强而国保，城郭坚固，能应付四方，都依据于地。而集市贸易，产生天地之间的财物，万人的交易而产生利益，正是此道。

通则和

神圣者王①，仁智者君，武勇者长，此天之道，人之情也。……主劳者方，主制者圆。圆者运，运者通，通则和。

《管子·君臣》

注：①王：名词活用为动词。

译：神圣的人做王，仁智的人做君，武勇的人做官长，这是天道和人情……主管劳力的要方，主管号令的要圆。圆的长于运转，运转的长于变通，变通就能和谐。

和平以静

致德,其民和平以静;致道,其民付①而不争,罪人当名曰刑,出令时当曰政,当故不改曰法,爱民无私曰德,会民所聚曰道。立常行政,能服信乎?中和慎敬,能日新乎?

《管子·正》

注:①付:附。

译:施以德行,人民就和平而且安静;施以道,人民就顺附而不争夺,判罪合乎罪名就叫做刑,出令合乎时宜就叫做政,合于成规而不必变就叫做法,爱民而无私叫做德,合乎众民所以叫做道。立法与执行政事,能守信于民?保持中正和平与谨慎,能日新其德?

万民不和

夫万民不和,国家不安,失非在上,则过在下。今使人君行逆不修道,诛杀不以理,重赋敛,竭民财,急使令,罢①民力,财竭则不能毋侵夺,力罢则不能毋堕倪。

《管子·正世》

注:①罢:同"疲"。

译:人民不团结,国家不安定,过失不在上面,就在下面。假如君主不讲求治国原则,倒行逆施,惩治不依据理法行事,重收税赋,枯竭民财,暴征徭役,那么,就不免发生侵夺,民力疲困就不免怠慢。

合和

入国①四旬,五行九惠之教。一曰老老,二曰慈幼,三曰恤孤，四曰养疾，五曰合独，六曰问疾，七曰通穷，八曰振[2]困，九曰接绝……所谓合独者，凡国、都皆有掌媒，丈夫无妻曰鳏，妇人无夫曰寡，取鳏寡而合和之，予田宅而家室之，三年然后事之。此之谓合独。

《管子·入国》

注：①入国：开始执政。②振：通"赈"。

译：开始执政才四十天，就五次督行九种惠民的政教。第一叫做老老，第二叫做慈幼，第三叫做恤孤，第四叫做养疾，第五叫做合独，第六叫做问疾，第七叫做通穷，第八叫做振困，第九叫做接绝……所谓合独，就是在城邑和国都设有掌媒，丈夫没有妻室叫做鳏，妇人没有丈夫叫做寡，取鳏寡加以配合而和谐，给予田宅而使之有家室，三年后给国家提供职役，这就叫做合独。

上下和

君臣亲，上下和，万民辑，故主有令则民行之，上有禁则民不犯。君臣不亲，上下不和，万民不辑，故令则不行，禁则不止。故曰："上下不和，令乃不行。"

《管子·形势解》

译：君臣相亲，上下协和，万民团结，所以国君有命令，人民就会实行，上面有禁令，人民就不犯。君臣不亲，上下不和，万民不团结，因而令不能执行，禁则不止。所以说："上下不和，令乃不行。"

亲亲而爱私

天地设而民生之。当此之时也，民知其母而不知其父，其道亲亲①而爱私。亲亲则别，爱私则险②。民众，而以别、险为务，则民乱。当此时也，民务胜而力征。务胜则争，力征则讼，讼而无正，则莫得其性也。故贤者立中正，设无私，而民说③仁。当此时也，亲亲废，上贤立矣。凡仁者以爱利为务，而贤者以相出为道。民众而无制，久而相出为道，则有乱。故圣人承之，作为土地货财男女之分。分定而无制，不可，故立禁。禁立而莫之司，不可，故立官。官设而莫之一，不可，故立君。既立君，则上贤废而贵贵立矣。然则上世亲亲而爱私，中世上贤而说仁，下世贵贵而尊官。

《商子·开塞》

注：①亲亲：爱自己的亲人。②险：行险。③说：同悦。

译：天地形成之后，人类就产生了。在这个时期，人们只知道自己的母亲而不知道自己的父亲。人们遵循的原则是只爱自己的亲人和贪图私利。只爱自己的亲人，就有了亲疏的差别，有了私人的利益就有了险恶。人民众多，而又要去区别亲疏和险恶，民众就乱了。在这个时候，民众要胜过别人就竭力相争。要胜过别人，就要发生争斗，竭力争斗导致争吵，争吵得不到公正的处理，就不能过合理的生活。所以贤人提倡公正，主张不自私，因而民众就追求仁爱。到了这个时候，爱自己亲人的原则废弃了，而推崇贤人的风气出现了。那些讲仁爱的人以爱护别人作为自己的责任，而那些贤人以超出别人为正道。人民多而没有法制可循，又总是以超过别人为处世准则，就产生了纷乱。所以圣人针对这种情况，规定了土地、财物、男女的名分。名分定了而没有固定的制度，还是不行，于是设立了禁止的制度。禁止的制度确立了而没有官员还是不行，于是设立了官员。官员设立了，没有统一的领导，还是不行，于是设立君主。设立了君主，那么崇尚贤人的思想就废除了，尊崇贵人的思想就确立了。这么说来，上古的人只爱自己的亲人和贪图私利，中古的人崇尚贤人而追求仁爱，近世的人推重贵人而崇尚官员。

将听吾计

将听吾计，用之必胜，留之；将不听吾计，用之必败，去之。

《孙子·始计》

译：如果能听从我的计谋，用我就一定胜利，就留在这里；如果不听从我的计谋，以为用我必败，就离开这里。

上下同欲

故知胜有五：知可以战与不可以战者胜，识众寡之用者胜，上下同欲者胜，以虞待不虞者胜，将能而君不御者胜。此五者，知胜之道也。

《孙子·谋攻》

译：有五种情况能预见到胜利：凡是能看清情况知道可以打或不可以打的，就能胜利；懂得多兵的用法，也懂得少兵的用法，就能胜利；官兵有共同的欲望，就能胜利；自己有准备以对付疏忽懈怠的敌人的，就能胜利；将帅有指挥才能而国君不加控制的，就能胜利。这五条，是预见胜利的方法。

交和而舍

孙子曰：凡用兵之法，将受命于君，合军聚众，交和而舍①，莫难于军争②。

《孙子·军争》

注：①交和而舍：两军相对谓之交和。舍，驻扎。②军争：两军争取先机制敌。

译：孙子说：凡是用兵的规律，主将接受国君命令，从动员组织民众、编制军队到同敌人对阵，在这个过程中没有比争取先机更困难的。

一人耳目

夫金鼓①、旌旗者，所以一人之耳目也。人既专一，则勇者不得独进，怯者不得独退，此用众之法也。故夜战多金鼓，昼战多旌旗，所以变人之耳目也。

《孙子·军争》

注：①金鼓：古代军事，鸣金是收兵之令，击鼓是号令进军。

译：锣鼓、旌旗是统一军人耳目的。人的视听既然一致，那么勇敢的就不能单独前进，怯懦的就不能单独后退，这就是用众的方法。所以，夜间作战多用火光和鼓声，白天多用旌旗，这就是适应人们的视听而变动使用的。

合于利而动

古之善用兵者，能使敌人前后不相及，众寡不相恃，贵贱不相救，上下不相收，卒离而不集，兵合而不齐。合于利而动，不合于利而止。

《孙子·九地》

译：古代善于用兵的人，能使敌人前后不相策应，主力部队与小部队不能相互依靠，官兵不能相救应，上下不能相收容，兵卒离散不能集合，队伍集合而不整齐。能造成有利于我的局面就打,不利于我的就不打。

兼爱与兼恶

昔之圣王禹、汤、文、武,兼爱天下之百姓,率①以尊天事鬼,其利人多,故天福之,使立为天子,天下诸侯皆宾②事之。暴王桀、纣、幽、厉,兼恶天下之百姓,率以诟天侮鬼,其贼人多,故天祸之,使遂③失其国家,身死为僇于天下,后世子孙毁之,至今不息。故为不善以得祸者,桀、纣、幽、厉是也;爱人利人以得福者,禹、汤、文、武是也。爱人利人以得福者有矣,恶人贼人以得祸者亦有矣。

《墨子·法仪》

注:①率:带领。②宾:敬。③遂:通"坠"。

译:过去的圣王大禹、商汤、周文王、周武王,爱护天下之百姓,带领百姓崇敬上天,侍奉鬼神,对人有许多利益,所以天赐福于他们,把他们立为天子,天下的诸侯都臣服他们。暴虐的君王夏桀、商纣、周幽王、周厉王,对天下的百姓都很憎恨,处事骂天欺鬼,有许多敌人,所以上天加祸于他们,使他们失去了自己的国家,死掉之后被天下人唾弃,后世的人们纷纷指责他们,至今都没有停止。所以,做不善之事而得祸的人,有桀、纣、幽王、厉王;因为爱人利人以得福的人,有禹、汤、文王、武王。有人因爱人利人而得福,有人因恶人贼人而得祸。

列德尚贤

故古者圣王之为政,列①德而尚贤,虽在农与工肆②之人,有能则举之,高予之爵,重予之禄,任之以事,断予之令,曰:"爵位不高则民弗敬,蓄禄不厚则民不信,政令不断则民不畏。"举三者授之贤者,作为贤赐也,欲其事之成。故当是时,以德就列,以官服事,以劳殿赏,量功而分禄。故官无常贵,而民无终贱。有能则举之,无能则下之。举公义,辟私怨,此若言之谓也。

《墨子·尚贤上》

注：①列：位次。②肆：商业。

译：所以,古代圣王处理政务,给有德的人安排职位,虽然他们是从事农耕或工商的人,只要有能力的就举荐出来,给予高的爵位,给予重的俸禄,让他们管理事情,有决断的权力,说："如果爵位不高,民众就不尊敬；如果俸禄不多,民众就不信服；如果没有权力,民众就不畏服。"拿这三个方面给贤人,作为对贤人的赐予,希望他们能办成政事。当时是以道德任官,以官职任事,按劳行赏,依功给禄。所以,做官的不能永远尊贵,而民众不会始终低贱。有能力的人就被举荐出来,无能力的人就被撤下来。选拔民众公认有义的人,消除私人之间的憎恨,说的就是这个意思。

贤者治国

贤者之治国者也,蚤朝晏退①,听狱治政,是以国家治而刑法正。贤者之长官也,夜寝夙兴,收敛②关市、山林、泽梁之利,以实官府,是以官府实而财不散。贤者之治邑也,蚤出莫入,耕稼、树艺、聚菽粟③,是以菽粟多而民足乎食。故国家治则刑法正,官府实则万民富。上有以洁为酒醴粢盛④,以祭祀天鬼。外有以为皮币⑤,与四邻诸侯交接。内有以食饥息劳,将养其万民,外有以怀天下之贤人。是故上者天鬼富之,外者诸侯与之,内者万民亲之,贤人归之。以此谋事则得,举事则成,入守则固,出诛则强。

《墨子·尚贤中》

注：①蚤：早。晏：晚。②收敛：收取。③菽粟：大豆和小米。④粢盛：盛在祭器内以供祭祀的谷物。⑤皮币：皮毛与布帛。

译：贤者治理国家，早上朝而晚退朝，审理和判断罪案，处理政务，所以国家得以治理而刑法端正。贤者作为官员，晚睡早起，收取关市、山林、湖泽的税收等利益，以充实官府，所以官府充实而财用不流散。贤人治理镇邑，早出晚归，翻种植耕、积聚粮食，因而粮食多而民用足。所以国家治理则刑法端正，官府充实则万民富裕。对上有洁净的酒醴作为祭祀，用以祭祀天鬼。对外有毛皮和布帛，与四方的邻国诸侯交接。对内有食物满足生活需要，养育万民。对外有胸怀天下的贤人。所以，上面有天鬼使富裕，外面有诸侯为友，内部有民众亲睦，有贤人归附。依据这样，处理事情就有所得，举措事情可以成功，对内则坚固，对外则刚强。

尚同

凡使民尚同者，爱民不疾①，民无可使。曰：必疾爱而使之，致信而持之，富贵以道②其前，明罚以率③其后。为政若此，唯欲毋与我同，将不可得也。是以子墨子曰：今天下王公大人士君子，中情将欲为仁义，求为上士，上欲中圣王之道，下欲中国家百姓之利，故当尚同之说而不可不察。尚同，为政之本而治国之要也。

《墨子·尚同下》

注：①疾：急迫。②道：引导。③率：律。

译：凡是让民众追求尚同的，如果爱民之心不迫切，民众就不可能驱使。曰：必须真切地爱而使用他们，表示信任而拥有他们，用立功可致富贵，在前加以引导，表明犯罪就要罚，在后以警示。这样处理政事，想要民众不跟随自己，恐怕都难。所以墨子说：今天下王公大人士君子，诚心打算行仁义之道，访求贤士，想要向上达到圣王之道，向下能有利于国家百姓，所以尚同的学说不可不考察。尚同是为政的根本和治国的要领。

兼爱

圣人以治天下为事者也，不可不察乱之所自起。当察乱何自起？起不相爱。臣子之不孝君父，所谓乱也。子自爱，不爱父，故亏①父而自利。弟自爱，不爱兄，故亏兄而自利。臣自爱，不爱君，故亏君而自利。此所谓乱也……若使天下兼相爱，爱人若爱其身，犹有不孝者乎？……若使人下兼相爱，国与国不相攻，家与家不相乱，盗贼无有，君臣父子皆能孝慈，若此则天下治。故圣人以治天下为事者，恶②得不禁恶而劝爱？故天下兼相爱则治，交相恶则乱。故子墨子曰不可以不劝爱人者，此也。

《墨子·兼爱上》

注：①亏：损害。②恶：怎能。

译：圣人治理天下，处理政事，不可不搞清楚社会动乱发生的原因。试着搞清楚乱何以发生？原因在于人们之间不相爱。臣子不孝敬君、父，所以就乱了。儿子自爱，不爱父亲，所以亏待父亲而只顾自己得利。弟弟自爱，不爱兄长，所以亏待兄长而只顾自己得利。臣子自爱，不爱君主，所以亏待君主而只顾自己得利。这就是所谓的乱……如果使天下的人相互爱护，爱人如同爱自己，还有不孝的人么？……如果让天下人相互爱护，国与国就不会相互进攻，家与家就不会混乱。没有盗贼，君、臣、父、子都能孝慈，这样就可以达到天下治理。所以圣人治理天下处理政事，怎能不禁止恶行而劝导兼爱？天下都相爱就可以得到治理，都相互为恶就会混乱。所以墨子说不可以不劝人兼爱，道理就在于此。

兴利除害

仁人之所以为事者，必兴天下之利，除去天下之害，以此为事者也。然则天下之利何也？天下之害何也？子墨子言曰：今若国之与国之相攻，家之与家之相篡①，人之与人之相贼，君臣不惠忠，父子不慈孝，兄弟不和调②，则此天下之害也。

《墨子·兼爱中》

注：①篡：夺取。②和调：融洽。

译：仁人处理政事的原则，必须为天下兴利除害，除去天下之害，以此为政事。然而天下的利在何处？天下的害又在何处？墨子说：现在国与国之间相攻，家与家之间相篡，人之与人之间相仇，君王不加惠于臣子，臣子不敬忠于君主，父不慈，子不孝，兄弟之间不和谐，这就是天下之害。

强不执弱

子墨子言：视人之国，若视其国。视人之家，若视其家。视人之身，若视其身。是故诸侯相爱，则不野战。家主相爱，则不相篡。人与人相爱，则不相贼。君臣相爱，则惠忠。父子相爱，则慈孝。兄弟相爱，则和调。天下之人皆相爱，强不执弱，众不劫①寡，富不侮贫，贵不敖贱，诈不欺愚。凡天下祸篡怨恨，可使毋起者，以相爱生也。是以仁者誉②之。

《墨子·兼爱中》

注：①劫：强迫。②誉：称赞。

译：墨子说：看待别人的国家，如同自己的国家。看待别人的家，如同自己的家。看待别人的身体，如同自己的身体。诸侯相互爱护，互不征战。家长相互爱护，互不相夺。人与人相互爱护，互不为贼。君臣之间相互爱护，有恩惠，有忠诚。父子之间相互爱护，有慈有孝。兄弟之间相互爱护，和谐共处。天下的人都相互爱护，强的不欺弱的，人多的不强求人少的，富人不欺侮穷人，贵者不欺侮低贱者，有智的人不欺侮愚笨的人。天下的祸篡怨恨，就可以使之不发生，以为都相互爱护。所以仁者称赞兼爱。

审兼

故兼者，圣王之道也，王公大人之所以安也，万民衣食之所以足也。故君子莫若①审兼而务行之。为人君必惠，为人臣必忠，为人父必慈，为人子必孝，为人兄必友，为人弟必悌。故君子莫若欲为惠君、忠臣、慈父、孝子、友兄、悌弟，当若兼之不可不行也。此圣王之道，而万民之大利也。

《墨子·兼爱下》

注：①莫若：不如。

译：兼爱是圣王的正道，王公大人得以安定，百姓的衣食得以丰足。所以君子最好倡行兼爱而实践之。做人君的必须要施惠，做人臣的必须要忠诚，做人父的必须要慈祥，做人子的必须要孝顺，做人兄的必须要友爱，做人弟的必须要友悌。所以做君子的最好做一名惠君、忠臣、慈父、孝子、友兄、悌弟，只有兼爱才可能做到这样。这就是圣王之道，百姓得以获利。

一天下之和

是故古之仁人有天下者，必反①大国之说，一天下之和，总②四海之内，焉率天下之百姓以农，臣事上帝、山川、鬼神。利人多，功故又大，是以天赏之，鬼富之，人誉之，使贵为天子，富有天下，名参③乎天地，至今不废。此则知者之道也，先王之所以有天下者也。

《墨子·非攻下》

注：①反：指反对大国攻战之说。②总：聚合。③参：立。

译：所以，古代的仁人得到天下，必然反对大国攻战的说法，使天下的人和睦，使四海之内的人团结，于是率领天下的百姓从事农业，作为下属侍奉上帝、山川、鬼神。给人的利多，功劳因此又大，所以上天赏赐，鬼神富给，人们赞誉，使他贵为天子，富有天下，立名于天地，至今不废除。这就是智者的正道，先王之所以能有天下。

万民和

故惟毋明乎顺天之意，奉而光①施之天下，则刑政治，万民和，国家富，财用足，百姓皆得暖衣饱食，便宁无忧。是故子墨子曰：今天下之君子，中实将欲遵道利民，本察仁义之本，天之意不可不慎也。

《墨子·天志中》

注：①光：广。

译：所以只有尊奉天的意思，使之广泛传播于天下，那么，刑法政务就治好了，民众和谐，国家富有，财用充足，百姓都得到暖衣饱食，便安宁无忧。所以墨子说：现在天下的君子，是要遵循正道而利民，明察仁义之本，对天的本意不可不慎重。

兴天下之利

仁人之事者，必务求兴天下之利，除天下之害。将以为法乎天下，利人乎即为，不利人乎即止。且夫仁者之为天下度也，非为其目之所美，耳之所乐，口之所甘，身体之所安，以此亏夺民衣食之财，仁者弗为也。

《墨子·非乐上》

译： 仁人治事，必须为天下兴利，为天下除害。将效法于天，有利于人的就做，不利于人的就停止。仁人为天下考虑，并不为了眼睛好看，耳朵好听，口有美食，身体有安乐，因而就亏待或掠夺民众的衣食财物，仁人是不会这样做的。

三表

言必立仪。言而毋仪，譬犹运钧①之上而立朝夕者也，是非利害之辩，不可得而明知也。故言必有三表②。何谓三表？子墨子言曰：有本③之者，有原之者，有用之者。于何本之？上本之于古者圣王之事。于何原之？下原察百姓耳目之实。于何用之？废以为刑政，观其中国家百姓人民之利。此所谓言有三表也。

《墨子·非命上》

注： ①运：转动。钧：制作陶轮用的转轮。②表：同仪，即准则。③本：溯源。

译： 言必有准则。如果没有准则，譬如在转动着的钧轮上却要确定东西方向，不能明白是非利害的差别。所以说必有三表。什么是三表？墨子说：有追本溯源的，有推究的，有实践的。向何处溯源？向上追寻古代圣王的事迹。向何处推究？向下寻访百姓的言谈。向何处实践？把刑狱政务的事情治好，观察是否符合国家百姓人民的利益。这就是所说的三表。

兼爱天下

巫马子谓于墨子曰:"子兼爱天下,未云利也;我不爱天下,未云贼也。功皆未至,子何独自是而非我哉?"子墨子曰:"今有燎者于此,一人奉水将灌之,一人掺火将益之,功皆未至,子何贵①于二人?"巫马子曰:"我是彼奉水者之意,而非夫掺火者之意。"子墨子曰:"吾亦是吾意,而非子之意也。"

《墨子·耕柱》

注:①贵:看重。

译:巫马子对墨子说:"您提倡兼爱天下,没有讲利;我不爱天下,没什么不好的。功效都没有达到,您为何自以为正确而否定我?"墨子说:"今有放火的人,一个人取水将浇灌火,一个人取火将让火烧得更旺,功效都没有达到,您认为这两个人值得赞许吗?"巫马子说:"我认为那个捧水的人的心意是正确的,而那个拿火苗的人的心意是错误的。"墨子说:"我也是认为我的心意是正确的,而您的心意是不正确的。"

国之命在礼

在天者莫明于日月,在地者莫明于水火,在物者莫明于珠玉,在人者莫明于礼义。故日月不高,则光明不赫①;水火不积,则晖润不博;珠玉不睹乎外,则王公不以为宝;礼义不加于国家,则功名不白。故人之命在天,国之命在礼。君②人者,隆礼尊贤而王,重法爱民而霸,好利多诈而危,权谋倾覆幽险而亡矣。

《荀子·天论》

注：①赫：明亮。②君：名词活用为动词，统治。

译：在天上没有比日月更有光辉的，在地上没有比水火更有光辉的，在万物中没有比珠玉更有光辉的，在人类中没有比礼义更有光辉的。所以，日月要是不高悬，那它的光明就不会闪亮；水火不聚积，那它的润泽就不会广阔；珠玉不炫耀在外，那王公不会把它当做宝；礼义要是不在全国推广，那功绩名声就不会彰显。所以，人的命运在天，国家的命运在礼。作为执政者，尊崇礼仪和贤人就可以称王，重视法治又爱民众就可以称霸。如果好利多诈，就会危险。如果用权谋、颠覆、阴险，就会灭亡。

和则一

故义以分则和①，和则一②，一则多力，多力则强，强则胜物。故宫室可得而居也。故时序四时，裁万物，兼利天下，无它故焉，得之分义也。故人生不能无群③，群而无分则争，争则乱，乱则离，离则弱，弱则不能胜物。

《荀子·王制》

注：①分：划分成等级。②一：统一。③群：族群，社会组织。

译：所以用礼义把人分成等级就可以和谐，和谐就能相处团结一致，团结一致就能发挥巨大的力量，力量大就能强盛，强盛就能战胜万物。所以人们建宫室而定居。人能顺应四季，安排万物，使天下人民都得到利益，没有别的原因，都是由于有了名分的礼义。所以人们要生存就不能脱离社会，社会不划分等级就要发生争夺，争夺就会导致混乱，混乱就要离散，离散就会使力量削弱，力量削弱就不能战胜万物。

一天下

一天下，财万物，长养人民，兼利天下，通达下属①，莫不从服。

《荀子·非十二子》

注：①通达下属：人们所能达到的地方。

译：统一天下，支配万物，长期养育人民，使普天之下都得到好处，凡人迹所到的地方，无不服从。

裕民以政

足①国之道，节用裕民而善臧其余。节用以礼，裕民以政。彼裕民，故多余。裕民则民富，民富则田肥以易，田肥以易则出实百倍。上以法取焉，而以礼节用之，余若丘山。

《荀子·富国》

注：①足：富足。

译：富国的途径，在于节用裕民，并妥善保管剩余物资。要按照礼来实施节用，政务上致力于裕民。要裕民，就要使物资有多余。实行裕民政策，人民就富足，民富足，土地就会肥沃；土地肥沃，粮食就会成倍增长。国家以法取税，而用礼节处理事情，剩余的东西就会如同山丘。

臣道

内足使以一民，外足使以距难，民亲之，士信之，上忠乎君，下爱百姓而不倦，是功臣者也。上则能尊君，下则能爱民，政令教化，刑①下如影，应卒②遇变，齐给如响，推类接誉，以待无方，曲成制象，是圣臣者也。

《荀子·臣道》

注：①刑：同"形"。②卒：同"猝"。

译：对国内，足以用他统一与协调民众；对国外，足以用他抵挡外侮。人民亲近他，儒士信任他。对上，忠诚国君；对下，抚爱百姓，而且不知道疲倦，这便是功臣。对上，忠诚国君；对下，抚爱百姓，政令教化表现在下层，如同影子追随本形。应付突然的事变，行动敏捷，如同回声应和本声，跟同类相互接触，不拘泥于一定的方式。对于国家的法制，想尽办法去推行，这便是圣明之臣。

下之和上

且上者，下之师也，夫下之和上，譬之犹响之应声，影之像形也。故为人上者不可不顺①也。夫义者，内节於人而外节於万物者也，上安於主而下调於民者也。

《荀子·强国》

注：①顺：慎重。

译：况且，在上边的君主是下边的臣民的榜样，百姓与君主的关系，如同声音相应，形影相随。所以，做人君的，不应当不谨慎。所谓礼义，内可以节制人，外可以节制万物，上可以使君主安稳，下可以使百姓协调。

莫不和敬

乐在宗庙之中，君臣上下同听之，则莫不和敬；闺门之内，父子兄弟同听之，则莫不和亲；乡里族长之中，长少同听之，则莫不和顺。故乐者，审一以定和者也，比物以饰节者也，合奏①以成文者也，足以率一道，足以治万变。

《荀子·乐论》

注：①奏：合聚之意。

译：音乐在宗庙中，君臣上下共同听取它，就没有不协和恭敬的；在家门之中，父子兄弟共同听取它，就没有不协和亲爱的；在乡里族长之中，年长的与年少的共同听取它，就没有不协和温顺的。所以，乐是审度整齐划一而稳定协和的，是比类事物而文饰节制的，是集体演奏而成为文采的。它足以统率一致之道，足以治理万变。

治纪以知善败

明君守始以知万物之源，治纪以知善败之端①。故虚②静以待，令名自命也，令事自定也。虚则知实之情，静则知动者正。有言者自为名，有言事自为形，形名参同，君乃无事焉，归之其情。

《韩非子·主道》

注：①端：开端。②虚：虚无。

译：英明的君主把握本源，就知道万物的由来；研究这个准则，就知道成败的根源。所以，君主用虚静的态度对待一切，让名称由它自己所表达的内容来决定，让事物由它自身的实际情况来决定。排除虚情，才能知道实情。保持安静，才能知道行动的善恶。陈述己见而得名，处理政事有自己的表现。只要他们的主张和表现验证相符，君主就可以无所事事，而使事物回到真情。

百姓利其泽

明君之行赏也，暖乎如时雨，百姓利其泽；其行罚也，畏①乎如雷霆，神圣不能解也。

《韩非子·主道》

注：①畏：威。

译：英明的君主施行奖赏时，温润得就像及时雨一样，百姓都蒙受他的恩泽。他施行惩罚时，威猛得就像雷霆一样，即使是神圣也不能获免。

民安而国治

故当今之时，能去私曲①、就公法者，民安而国治；能去私行、行公法者，则兵强而敌弱。

《韩非子·有度》

注：①私曲：不正直。

译：在当今这个时代，能够除去奸邪，实施国法的，就能使百姓安定，国家得到治理。能够除去私利，实施国法，就兵马强壮，敌人弱小。

权势

徭役多则民苦，民苦则权势起，权势起则复除重①，复除重则贵人富。苦民以富贵人，起势以藉②人臣，非天下长利也。故曰：徭役少则民安，民安则下无重权，下无重权则权势灭，权势灭则德在上矣。

《韩非子·备内》

注：①复除重：免除多余的徭役。②藉：通"籍"。

译：徭役多，民众就苦；民众苦，大臣的权势就会扩张。权势扩张，免除徭役和赋税的人就会增多。免除徭役和赋税的人增多，贵人们反而富有了。使民众困苦而让贵人富有，用扩张他们的权势来帮助大臣，不符合国家的长远利益。所以说，徭役少，民众就安宁，民众安宁，臣下就没有大权。臣下没有大权，就没有权势，没有权势，恩德就属于国君了。

安术

安术①有七,危道有六。安术:一曰,赏罚随是非;二曰,祸福随善恶;三曰,死生随法度;四曰,有贤不肖而无爱恶;五曰,有愚智而无非②誉;六曰,有尺寸而无意度;七曰,有信而无诈。

《韩非子·安危》

注:①安术:安定国家的方法。②非:诽。

译:使国家安定的方法有七条,使国家危险的方法有六条。使国家安定的方法:一是奖赏和惩罚错误;二是灾祸和幸福要根据行为的善恶;三是死亡与活命要根据法律制度;四是任用贤人要依据有才能与没有才能,而不是根据个人的好恶;五是官员有愚蠢与聪明,而不据此诋毁和赞誉;六是评论是非要有原则,而不是主观随意;七是要有诚信,而不要有欺诈。

怨女旷夫

桓公微服而行于民间,有鹿门稷者,行年①七十而无妻。桓公问管仲曰:"有民老而无妻者乎?"管仲曰:"有鹿门稷者,行年七十矣而无妻。"桓公曰:"何以令之有妻?"管仲曰:"臣闻之:上有积财,则民臣必匮乏②于下;宫中有怨女,则有老而无妻者。"桓公曰:"善。"令于宫中"女子未尝御出嫁之。"乃令男子年二十而室,女年十五而嫁。则内无怨女,外无旷夫。

《韩非子·外储说右下》

注:①行年:经历的年岁。②匮乏:穷尽困绝。

译:桓公微服在民间视察,有个叫鹿门稷的人,七十岁而没有妻子。

桓公问管仲:"民间是不是有的老人没有妻子?"管仲说:"有个叫鹿门稷的人,七十而无妻。"桓公说:"如何使他有妻?"管仲说:"我听说:君主和官府有积财,下面的人必定匮乏;宫中有怨女,就会有老人无妻子。"桓公说:"对。"下令宫中:"把君主没有亲幸过的女子嫁出去。"于是下令男子二十岁娶妻,女子十五岁出嫁。于是,宫内没有怨女,民间没有无妻的成年男子。

举贤

圣王明君则不然,内举不避亲,外举不避雠①……明主不羞其卑贱也,以其能、为可以明法,便国利民,从而举之,身安名尊。

《韩非子·说疑》

注:①雠:仇。

译:英明的君主就不是这样,对内荐举官员而不回避亲属,对外选举不回避仇人……明主不因为他们卑贱而看不起他们,而是注意到他们有才能,做事可以明法,利国利民,所以举荐他们,于是地位巩固,名声尊贵。

民自治

古者丈夫①不耕,草木之实足食也;妇人不织,禽兽之皮足衣也。不事力而养足,人民少而财有余,故民不争。是以厚赏不行,重罚不用而民自治。今人有五子不为多,子又有五子,大父未死而有二十五孙,是以人民众而货财寡②,事力劳而供养薄,故民争,虽倍赏累罚而不免于乱。

《韩非子·五蠹》

注：①丈夫：男子。②寡：少。

译：古代男人不种地，是因为草木的果实足够吃；妇女不织布，是因为禽兽之皮足够穿。不用花力气而供给足，人民少而财物有余，故而民众不争。所以不必施行厚赏，不用重罚，民众自治。现在一个人有五个儿子不为多，儿子又有五个儿子。如果祖父还没死，这就有了二十五个孙子，所以人民多而货财少，用力辛勤而供给少，所以民众争，虽然加倍赏罚而不免于混乱。

世异则事异

古者文王处丰、镐①之间，地方百里，行仁义而怀②西戎，遂王天下。徐偃王③处汉东，地方五百里，行仁义，割地而朝者三十有六国，荆文王恐其害己也，举兵伐徐，遂灭之。故文王行仁义而王天下，偃王行仁义而丧其国，是仁义用于古不用于今也。故曰：世异则事异。

《韩非子·五蠹》

注：①丰、镐：均在今陕西。②怀：感怀，招抚。③徐偃王：周穆王时徐国的国君，徐国当时在今安徽泗县一带。

译：古代周文王在丰、镐之间，有地方百里，推行仁义而使西戎归附，统治了天下。徐偃王在汉水以东，有地方五百里，推行仁义，有三十六个国家向他割地而朝贡，楚王担心徐国对楚国的威胁，举兵攻伐徐国，灭掉了徐国。所以，周文王推行仁义而统治了天下，徐偃王推行仁义而丧失了国家，由此证明仁义适用于古代而不适用于今天。所以说：时代不同，事情就不一样。

公则天下平

昔先圣王之治天下也，必先公，公则天下平矣。平得于公。尝试观于上志①，有得天下者众矣，其得之以公，其失之必以偏。凡主之立也，生于公正。故《鸿范》②曰："无偏无党，王道荡荡；无偏无颇，遵王之义；无或作好，遵王之道；无或作恶，遵王之路"。

《吕氏春秋·贵公》

注：①上志：上古的典籍。②《鸿范》：又作《洪范》，《尚书》中的一篇。

译：过去，先代圣王们治理天下，一定要把公正放在首位，公正才天下太平。太平得自于公正。曾经考察上古的记载，得到天下的人很多，他们靠的是公，那他们失去天下是因为偏离。凡是君主的设立，都是出自公正的目的。所以，《鸿范》说："不要营私，不要结党，王道平坦浩荡；不要偏向，不要倾斜，遵守先王的法则；不要随意增加个人的喜好，遵循先王的正道；不要随意增加个人的憎恶，遵循先王的正路。"

天下之天下

天下非一人之天下也，天下之天下也。阴阳之和，不长一类；甘露时雨，不私一物；万民之主，不阿①一人。伯禽②将行，请所以治鲁，周公曰："利而勿利也。"荆人有遗弓者，而不肯索，曰："荆人遗之，荆人得之，又何索焉？"孔子闻之曰："去其'荆'而可矣。"老聃③闻之曰："去其'人'而可矣。"故老聃则至公矣。天地大矣，生而弗子，成而弗有，万物皆被其泽、得其利，而莫知其所由始，此皇、五帝之德也。

《吕氏春秋·贵公》

注：①阿：偏袒。②伯禽：周公之子。他被封到鲁地，为鲁国的始祖。③老聃：老子。

译：天下不是一个人的天下，是天下人的天下。阴阳的融和，不是滋长一个物类；甘露时雨，不偏爱一物；万民的君主，不偏护一个人。伯禽将赴任，请教治理鲁国的办法，周公说："为民谋利而不要为自己谋利。"荆国有人丢了弓，而不愿去找，说："荆人丢的，荆人捡到，又何必去捡？"孔子听到了说："去'荆'字就可以了。老子听到了说："去'人'字就可以了。"所以老子是最公正无私的。天地多么伟大，生育他们而不把他们当做子孙，成就了他们而不占有他们。万物者受到它的恩泽，得到它的利益，而没有人知道它从哪里开始，这就是三皇、五帝的功德。

非乎攻伐

凡为天下之民长①也，虑莫如长有道而息无道，赏有义而罚不义。今之世，学者②多非乎攻伐。非攻伐而取救守，取救守则乡③之所谓长有道而息无道、赏有义而罚不义之术不行矣。天下之长民，其利害在察此论也。攻伐之与救守一实也，而取舍人异，以辨说去之，终无所定论。

《吕氏春秋·振乱》

注：①民长：人主、国君。②学者：指墨家的学者。③乡：向、过去。

译：凡是作为天下人民首领的，考虑的事情是：助长合乎道义的而消除没有道义的；奖赏仁义的而惩罚不义。当今世上的学者，大多主张否定攻伐。否定攻伐就采取解救守护的办法，采取救守的办法，那么前面说到的助长合乎道义的而消除没有道义的，奖赏仁义的而惩罚不义的就行不通了。天下的君主，其利害在于认清这个道理。攻伐与救守实质是一样的，取舍因人而异，用辩论排斥攻伐，最终会无所适从。

会稽之耻

越王苦会稽之耻①，欲深得民心，以致必死于吴。身不安枕席，口不甘厚味，目不视靡曼，耳不听钟鼓。三年苦身劳力，焦唇干肺。内亲群臣，下养百姓，以来其心。有甘肥不足分，弗敢食；有酒流之江，与民同之。身亲耕而食，妻亲织而衣。味禁珍，衣禁袭②，色禁二。时出行路，从车载食，以视孤寡老弱之溃病困穷颜色愁悴不赡者，必身自食之。

《吕氏春秋·顺民》

注：①会稽之耻：指越王被吴王夫差战败事。②袭：衣外有衣。

译：越王为会稽战败深感耻辱而痛苦，想要得到民心，使他们和吴国拼死。越王身体不安于枕席，吃饭不尝美味，眼睛不看美色，耳朵不听钟鼓。三年里煎熬身体，唇焦肺干。在内亲近群臣，在下养育百姓，以换取民心。有美食不够分，就不敢食；如果有酒，就倒在从江里取来的水中，与民共享。自身亲耕而食，妻子亲织而衣。吃的禁止珍异，穿的禁止过分，颜色禁止不同的。他时常外出，跟从车子，装载食物，如果看到孤寡老弱当中有病困贫穷、脸色愁憔悴、缺衣少吃的人，必定亲自给食。

用民有纪纲

民之用也有故，得其故，民无所不用。用民有纪有纲①，壹引其纪，万目皆起，壹引其纲，万目皆张。为民纪纲者何也？欲也恶也。何欲何恶？欲荣利，恶辱害。辱害所以为罚充也，荣利所以为赏实也。赏罚皆有充实，则民无不用矣。

《吕氏春秋·用民》

注：①有纪有纲：代指法纪。

译：使用人民是有原因的，懂得了原因，人民没有不被使用的。用人民有纪有纲，壹牵引纪，万目都被提起；壹牵引纲，万目都张开。治理人民的纪纲是什么？是希望还是憎恶。人民希望什么？憎恨什么？希望荣誉和利益，憎恨耻辱祸害。憎恨耻辱祸害使得惩罚发生作用，荣誉和利益使得奖赏变为现实。赏罚都发生作用，则人民没有不被使用的。

以民为务

仁于他物，不仁于人，不得为仁；不仁于他物，独仁于人，犹若为仁。仁也者，仁乎其类者也。故仁人之于民也，可以便①之，无不行②也。神农之教曰："士有当年而不耕者，则天下或受其饥矣；女有当年而不绩者，则天下或受其寒矣。"故身亲耕，妻亲绩，所以见致民利也。贤人之不远海内之路，而时往来乎王公之朝，非以要利也，以民为务故也。人主有能以民为务者，则天下归之矣。

《吕氏春秋·爱类》

注：①便：利。②行：为，实行。

译：对其他东西仁爱，而不仁爱于人，不能称为仁；对其他东西不仁爱，独对于人仁爱，仍然算仁。所谓的仁，对自己的同类要仁爱。所以，仁对于民众而言，能使百姓便利，就没有什么不行的。神农教导说："男子正当成年而不耕种，天下或许要受饥；女子正当年却不织，天下或许要受寒。"所以，他亲身耕种，妻子亲自织布，以此表示要为民众谋利。贤人之所以不顾路途遥远，时常往来于王公朝廷，并不是谋求私利，而是要为人民谋利。君主如果能为人民谋利，天下就归他了。

太上以义

凡用民,太上以义,其次以赏罚。其义则不足死,赏罚则不足去就①,若是而能用其民者,古今无有。民无常用也,无常不用也,唯得其道为可。

《吕氏春秋·用民》

注:①去就:去恶就善。

译:凡是使用人民,最上策是讲义,其次是用赏罚。如果行义不足以让人民效死,赏罚不足以让人民去恶就善,像这样而能使用人民的,从古到今都没有。人民没有常用的,也没有经常不用的,只有掌握了用民之道才可以使用人民。

以谐万民

大宰之职,掌建邦之六典①,以佐王治邦国:一曰治典,以经邦国,以治官府,以纪②万民。二曰教典,以安邦国,以教官府,以扰③万民。三曰礼典,以和邦国,以统百官,以谐万民。

《周礼·天官冢宰》

注:①六典:治典、教典、礼典、政典、刑典、事典,分属冢宰、司徒、宗伯、司马、司寇、司空。②纪:理。③扰:驯。

译:太宰的职务,掌管修理治教的六典,以辅佐王者统治天下各国:第一是治典,用来统治人民,治理官府,经纪万民。第二是教典,以安定天下各国,使官府有所遵循,教化民众。第三是礼典,用来协和天下各国,以统治官府,使民众和谐。

以和邦国

小宰之职,掌建邦之宫刑①,以治王宫之政令……以官府之六职辨邦治:一曰治职,以平邦国,以均万民,以节财用。二曰教职,以安邦国,以宁万民,以怀宾客。三曰礼职,以和邦国,以谐万民,以事鬼神。四曰政职,以服邦国,以正万民,以聚百物。五曰刑职,以诘邦国,以纠万民,以除盗贼。六曰事职,以富邦国,以养万民,以生百物。

《周礼·天官冢宰》

注:①官刑:宫中之刑。

译:小宰的职务,掌理修立王宫的刑法,推行王宫中的政务告令……以官府的六项职务来划分王邦的治务:第一是治职,治理邦国,平均民众的负担,调节财用。第二是教职,以安定天下各国,使民众安宁,使他们善待宾客。第三是礼职,协和天下各国,使民众能和谐,奉敬鬼神。第四是政职,平服天下各国,以使民众端正,以集聚各种货物。第五是刑职,制止各国的反逆,督察百姓,除掉盗贼。第六是事职,使天下富裕,养育民众,使万物生长。

佐王和邦国

惟王建国,辨方正位,体国经野①,设官分职,以为民极。乃立春官宗伯,使帅其属而掌邦礼,以佐王和邦国。

《周礼·春官宗伯》

注:①体:用为动词,体察区划之意。

译:王者建立都城,辨别方向,制定宫室居所的位置,分划城中与郊野的疆域,分设官职,治理礼制,辅助王者协和天下各国人民。

以乐礼教和

大司徒之职,掌建邦之土地之图与其人民之数,以佐①王安扰邦国。以乐礼教和,则民不乖。……以保息六养万民:一曰慈幼,二曰养老,三曰振穷,四曰恤贫,五曰宽疾,六曰安富。

《周礼·地官司徒》

注:①佐:辅佐。
译:大司徒的职务,掌管天下的土地与舆图,记载人民的数目,以辅佐国君安定天下。以乐礼教育民众和谐,使民众不违背……以六项保安蕃息的政策护养民众:第一项是爱护幼小的儿童,第二项是赡养老人,第三项是周济穷人,第四项是救助贫困,第五项是宽免有疾病的人,第六项是安定富裕的人。

教之和

正月之吉,始和,布教于邦国、都鄙,乃县教象之法于象魏,使万民观教象。挟日而敛之,乃施教法于邦国、都鄙,使之各以教其所治民。令五家为比,使之相保;五比为闾,使之相受;四闾为族,使之相葬;五族为党,使之相救;五党为州,使之相赒①;五州为乡,使之相宾。颁职事十有二于邦国、都鄙。使以登万民:一曰稼穑,二曰树艺,三曰作材,四曰阜蕃②,五曰饬材,六曰通财,七曰化材,八曰敛材,九曰生材,十曰学艺,十有一曰世事,十有二曰服事。以乡三物教万民而宾兴之:一曰六德:知、仁、圣、义、忠、和。二曰六行:孝、友、睦、姻、任、恤。三曰六艺:礼、乐、射、御、书、数。以乡八刑纠万民：一曰不孝之刑，二曰不睦之刑，三曰不姻之刑，四曰不弟之刑，五曰不任之刑，六曰不恤之刑，七曰造言之刑，八曰乱民之刑。以五礼防万民之伪而教之中，以六乐防万民之情而教之和。

《周礼·地官司徒》

注：①䞋：赡。②阜藩：养鸟兽使繁殖。

译： 正月初一，开始向天下各国和都鄙宣布教典，把文字写的教法悬在阙上，让百姓观看。十天之后才收藏起来。颁教法给天下，是要以教法治理民众。命令五家编为一比，使他们相互保护。五比为一闾，使他们相互托付。四闾为一族，使他们相互能安排丧事。五族为一党，使他们相互帮助。五党为一州，使他们相互赡养老人。五州为一乡，使他们相互为宾。颁行十二种职事给天下邦国、都鄙。辅助人民：第一种是种谷，第二种是种树，第三种是采集材物，第四种是养殖，第五种是雕刻之类的事，第六种是贩卖财物，第七种是分别处理材物，第八种是采取野生材物，第九种是生产材物，第十种是学习才艺，第十一种是从事专业技艺，第十二种是替官府服务。以乡学的三种方法教化民众：一是教六德：知、仁、圣、义、忠、和。二是六行：孝、友、睦、姻、任、恤。三是六艺：礼、乐、射、御、书、数。以乡学的八刑纠察民众：一是不孝之刑，二是不和睦之刑，三是不重视姻亲之刑，四是不尊重师长之刑，五是对朋友不信任之刑，六是不怜恤穷人之刑，七是造谣之刑，八是扰乱民众之刑。以五礼防止民众的诈伪，教育他们中正；以六乐节制民众的情欲，教导他们和谐。

调人

调人①掌司万民之难而谐和之。凡过而杀伤人者，以民成之。鸟兽亦如之……凡杀人有反杀者，使邦国交仇之。凡杀人而义者，不同国，令勿仇，仇之则死。

《周礼·地官司徒》

注：①调人：相当于司法调解员。

译：调人掌管调解民众之间的仇难，使他们和谐。凡因过失而杀伤人，集合民众议论解决。鸟兽也是如此……对杀人的人反过来又被人杀的罪犯，使天下邦国捕杀。凡有正当理由杀人的，不同国，命令不要成仇，如果相互成仇，就要按杀人罪治死。

大宗伯

大宗伯之职，掌建邦之天神、人鬼、地示之礼，以佐王建保邦国……以礼乐合天地之化，百物之产，以事鬼神，以谐万民，以致百物。

《周礼·春官宗伯》

译：大宗伯的职务，掌理建立王邦，负责祭祀天神、人鬼、地神的礼节，以辅佐国王建立与保护邦国……用礼乐化合天地之精，用生产百物，敬事鬼神，使民众和谐，以得到丰富的财物。

大司乐

大司乐掌成均之法，以治建国之学政，而合国之子弟焉。凡有道者，有德者，使教焉……以六律、六同、五声、八音、六舞，大合乐。以致鬼、神、示，以和邦国，以谐万民，以安宾客，以说远人，以作动物。

《周礼·春官宗伯》

译：大司乐掌管大学的教法，治理王国的学校，集合国子施以教育。请有道艺德行的人来教……以六律、六同、五声、八音、六舞，谐和音节。用来祭祀鬼、神、示，使邦国相合，万民亲睦，宾客安抚，悦服远方的来人,百物盛生。

以德和民

公问于众仲①曰:"卫州吁其成乎?"对曰:"臣闻以德和民,不闻以乱。以乱,犹治丝而棼②之也。夫州吁,阻兵而安忍。阻兵无众,安忍无亲,众叛亲离,难以济矣。夫兵犹火也,弗戢,将自焚也。夫州吁弑其君而虐用其民,于是乎不务令德,而欲以乱成,必不免矣。"

《左传·隐公四年》

注:①众仲:鲁大夫。②棼:纷乱。

译:隐公向众仲询问说:"卫国的州吁会成功吗?"众仲回答说:"我听说以德行使民众和谐,没有听说用祸乱的。用祸乱,如同用乱丝的头绪,反而搞得更乱。州吁这个人,依靠武力而残忍。用武力就没有民众,用残忍就没有亲信,众叛亲离,难以达到目的。军事如同玩火,不加以制止,将会自焚。州吁杀了国君而虐待百姓,不是致力于德政,而是想以祸乱取得成功,必不能免于祸乱。

昭德塞违

君人者将昭德塞违,以临照百官,犹惧或失之。故昭令德以示子孙……国家之败,由官邪也。①

《左传·桓公二年》

注:①这段话是鲁大夫臧哀伯的谏言。

译:作为人君,应当发扬道德而阻塞邪恶,以监视百官,还怕有所遗漏,所以发扬美德以示范于子孙……国家的衰败,是由于官吏的失德。

唯则定国

晋郤芮使夷吾重赂秦以求入,曰:"人实有国,我何爱焉。入而能民,土于何有。"……对曰:"臣闻之,唯则定国。"

《左传·僖公九年》

译:晋国的郤芮让夷吾给秦国馈送重礼,以请求秦国帮他回国,并对夷吾说:"别人占有了国家,我们有什么可爱惜的?回国而得到百姓,土地有什么了不起?"……公孙枝回答说:"臣听说只有行为合乎准则才能安定国家。"

弃信背邻

冬,秦饥,使乞籴于晋,晋人弗与。庆郑①曰:"背施无亲,幸灾不仁,贪爱不祥,怒邻不义。四德皆失,何以守国?"虢射②曰:"皮之不存,毛将安傅?"庆郑曰:"弃信背邻,患孰恤之?无信患作,失授必毙,是则然矣。"

《左传·僖公十四年》

注:①庆郑:晋大夫。②虢射:惠公舅。

译:冬季,秦国发生饥荒,派人到晋国乞求购买食物,晋人不给。庆郑说:"背弃恩惠就没有亲人,幸灾乐祸就是不仁,贪图所惜爱的东西就是不祥,使邻国愤怒就是不义。四种道德都丢失了,用什么来守护国家?"虢射说:"皮已不存在了,毛又安附在哪里?"庆郑说:"丢弃信用,背弃邻国,患难谁来周济?没有信用就会发生患难,失掉了救援必定灭亡,这是必然的。"

晋国和乎

秦伯曰:"晋国和乎?"对曰:"不和。小人耻失其君①而悼丧其亲,不惮征缮以立圉也,曰:'必报仇,宁事戎狄②。'君子爱其君而知其罪,不惮征缮以待秦命,曰:'必报德,有死无二。'以此不和。"秦伯曰:"国谓君何?"对曰:"小人戚,谓之不免。君子恕,以为必归。小人曰:'我毒秦,秦岂归君?'君子曰:'我知罪矣,秦必归君。贰而执之,服而舍之,德莫厚焉,刑莫威焉。服者怀德,贰者畏刑。此一役也,秦可以霸。纳而不定,废而不立,以德为怨,秦不其然。'"秦伯曰:"是吾心也。"改馆晋侯,馈七牢③焉。

《左传·僖公十五年》

注:①君:指晋惠公被秦俘。②戎狄:指少数民族。③七牢:诸侯之礼,以一头牛、一只羊、一头猪为一牢。

译:秦伯说:"晋国和睦吗?"阴饴甥回答说:"不和睦。小人以失掉国君为耻而哀悼亲属的战死,不怕征税以立圉为国君,曰:'一定报仇,宁可因此而侍奉戎狄。'君子爱护国君而知道他的罪过,不怕征税以待秦国的命令,说:'一定要报恩德,有必死之志而无二心。'因为这样不和睦。"秦伯说:"全国认为国君的结果会如何?"阴饴甥回答说:"小人忧愁,认为他不会被赦免。君子宽恕,以为他一定回来。小人说:'我们毒害了秦国,秦国岂能让国君回来?'君子说:'我们已经知罪了,秦国一定让国君回来。有三心二意就逮了他,服了罪就释放他,没有比这更宽厚的德、更严的刑了。服罪的怀念德行,三心二意的害怕刑罚。这一回,秦国可以称霸了。让他回国而不使安定,废掉他而不立他为国君,使感激变为怨恨,秦国不会是这样吧!'"秦伯说:"这正是我的心。"于是改变了对晋侯的待遇,送他七副礼品。

协比其邻

富辰①言于王曰:"请召大叔②。《诗》曰:'协比其邻③,昏姻孔云。'吾兄弟之不协,焉能怨诸侯之不睦?"王说。王子带自齐复归于京师,王召之也。

《左传·僖公二十二年》

注: ①富辰:周大夫。②大叔:王子带。③协比其邻:协和亲比,出自《诗·小雅·正月》。

译: 富辰对周天子说:"请您把王子带召回来。《诗》说:'和他的邻居融洽,姻亲才能美好。'我国兄弟都不和谐,哪里能埋怨诸侯之间不和睦?"周天子听了很高兴。王子带从齐国回到京城,是周天子召他回来的。

晋灵公不君

晋灵公不君①:厚敛以雕墙②;从台上弹人,而观其辟丸也;宰夫胹③熊蹯不熟,杀之,置诸畚④,使妇人载以过朝。赵盾、士季⑤见其手,问其故,而患之。将谏,士季曰:"谏而不入,则莫之继也。会请先,不入则子继之。"三进,及溜,而后视之。曰:"吾知所过矣,将改之。"稽首而对曰:"人谁无过?过而能改,善莫大焉。《诗》曰:'靡不有初,鲜克有终。'⑥夫如是,则能补过者鲜矣。君能有终,则社稷之固也,岂唯群臣赖之。又曰:'衮职有阙,惟仲山甫补之。'⑦能补过也。君能补过,衮⑧不废矣。"犹不改。宣子骤⑨谏,公患之,使鉏麑⑩贼之。晨往,寝门辟矣,盛服将朝,尚早,坐而假寐。麑退,叹而言曰:"不忘恭敬,民之主也。贼民之主,不忠。弃君之命,不信。有一于此,不如死也。"触槐而死。

　　注：①晋灵公不君：晋灵公，晋国国君，名夷皋，文公之孙，襄公之子。不君，不行君道。②雕墙：装饰墙壁。这里指修筑豪华宫室，过着奢侈的生活。③胹（ér 尔）：煮，炖。④畚（běn 奔）：筐篓一类盛物的器具。⑤士季：士为之孙，晋国大夫，名会。⑥这两句诗出自《诗·大雅·荡》。靡，没有什么。初，开端。鲜，少。克，能够。终，结束。⑦这两句诗出自《诗·大雅·烝民》。⑧衮：指君位。⑨骤：多次。⑩鉏麑（chú ní 锄泥）：晋国力士。

　　译：晋灵公不遵守做国君的规则，大量征收赋税来满足奢侈的生活。他从高台上用弹弓射行人，观看他们躲避弹丸的样子。厨师没有把熊掌炖烂，他就把厨师杀了，放在筐里，让宫女们用头顶着经过朝廷。大臣赵盾和士季看见露出的死人手，便询问厨师被杀的原因，并为晋灵公的无道而忧虑。他们打算规劝晋灵公，士季对赵盾说："如果您去进谏而国君不听，那就没有人能接着进谏了。让我先去规劝，他不接受，您就接着去劝。"士季去见晋灵公时往前走了三次，到了屋檐下，晋灵公才抬头看他，并说："我已经知道自己的过错了，打算改正。"士季叩头回答说："哪个人能不犯错误呢，犯了错误能够改正，没有比这更大的好事了。《诗·大雅·荡》说：'事情容易有好开端，但很难有个好结局。'如果这样，那么弥补过失的人就太少了。您如能始终坚持向善，那么国家就有了保障，而不止是臣子们有了依靠。《诗·大雅·烝民》又说：'天子有了过失，只有仲山甫来弥补。'这是说周宣王能补救过失。国君能够弥补过失，君位就不会失去了。"可是晋灵公并没有改正。赵盾又多次劝谏，使晋灵公感到厌烦，晋灵公便派鉏麑去刺杀赵盾。鉏麑一大早就去了赵盾的家，只见卧室的门开着，赵盾穿戴好礼服准备上朝，时间还早，他和衣坐着打瞌睡。鉏麑退了出来，感叹地说："这种时候还不忘记恭敬国君，真是百姓的靠山啊。杀害百姓的靠山，这是不忠；背弃国君的命令，这是失信。这两条当中占了一条，还不如去死！"于是，鉏麑一头撞在槐树上死了。

和众

夫武,禁暴、戢兵、保大、定功、安民、和众、丰财者也。故使子孙无忘其章①。今我使二国暴骨,暴矣;观兵以威诸侯,兵不戢矣。暴而不戢,安能保大?犹有晋在,焉得定功?所违民欲犹多,民何安焉?无德而强争诸侯,何以和众?利人之几②,而安人之乱,以为己荣,何以丰财?

《左传·宣公十二年》

注:①章:传说周武王克商之后,作《颂》,讲武之功有用。②几:危机。

译:武功,是用来禁止强暴、消弭战争、保持强大、巩固功业、安定百姓、调和大众、丰富财物的,所以要让子孙不要忘记武功的作用。现在让两国士兵暴露尸骨,这是强暴了;夸耀武力以使诸侯畏惧,战争不能消弭。强暴而不能消弭战争,哪里能够保有强大?还有晋国存在,哪里能巩固功业?所违背百姓的事还很多,百姓如何安定?没有德行而勉强与诸侯相争,用什么来调和众人?以别人的危难作为自己的利益,以别人的动乱作为自己的安定,用什么丰富财物?

民是以息

享以训共①俭,宴以示慈惠。共俭以行礼,而慈惠以布政。政以礼成,民是以息。百官承事,朝而不夕,此公侯之所以扞城其民也。

《左传·成公十二年》

注:①共:通恭。

译:享礼用来教导恭敬节俭,宴礼用来表示慈爱恩惠。恭敬节俭用来推广礼仪,而慈爱恩惠用来布展政事。政事用礼仪完成,百姓因此得以休息。百官承受政事,白天朝见,晚上就不再朝见,这就是公侯所用来捍卫其民众的。

无所不谐

子①教寡人和诸戎狄以正诸华,八年之中,九合诸侯,如乐之和,无所不谐,请与子乐之。

《左传·襄公十一年》

注:①子:此指晋大夫魏绛,他建议晋悼公与戎狄和谐相处。晋悼公采纳了他的建议,社会得以安宁。因此,晋悼公把郑国送来的一部分乐器转送给魏绛,并说了这一番话。

译:你教我与戎狄和谐相处,使中华得以安定。八年之中,我们与诸侯多次友好地聚合,如同音乐一样和美,处处体现了协调,请让我与你一同享受这一快乐。

百姓休和

晋国之民,是以大和,诸侯遂睦。①君子曰:"让,礼之主也。范宣子②让,其下皆让。栾黡为汰,弗敢违也。晋国以平,数世赖之。刑③善也夫!一人刑善,百姓休和,可不务乎?"

《左传·襄公十三年》

注:①此句是讲晋国能启用贤才,使实力大增。②范宣子:晋的贤臣。③刑:法。

译:晋国的百姓,因此大大和谐,诸侯也因此和睦。君子说:"谦让,是礼的主体。范宣子谦让,他的下属都谦让。栾黡即使专横,也不敢违背。晋国因此而太平,几代都赖以得益。这是取法于善的原因!一人取法于善,百姓就都和美,难道可以不致力吗?"

不既和矣

子产相郑伯以如晋,叔向问郑国之政焉。对曰:"吾得见与否,在此岁也。驷、良方争,未知所成。若有所成,吾得见,乃可知也。"叔向曰:"不既和①矣乎?"对曰:"伯有侈而愎,子晳好在人上,莫能相下也。虽其和也,犹相积恶也,恶至无日矣。"

《左传·襄公三十年》

注:①和:调停。

译:子产辅助郑伯而到晋国,叔向问郑国的政事。子产回答说:"能不能见到,就在这一年了。驷氏、良氏正在争夺,不知如何调和。如果有所调和,我就能够见到,这就可以知道了。"叔向说:"不是已经调和了么?"子产回答:"伯有奢侈而刚愎,子晳喜好在人之上,两人互不相让。虽然他们已调和,但还是积聚了憎恨,恶的到来已经不远了。"

子产从政

(子产)从政一年,舆人诵之,曰:"取我衣冠而褚①之,取我田畴而伍之。孰杀子产,吾其与之!"及三年,又诵之,曰:"我有子弟,子产诲②之。我有田畴,子产殖之。子产而死,谁其嗣之?"

《左传·襄公三十年》

注：①褚：通"贮"。②诲：教诲。

译：子产参与政事一年，人们的舆论说："计算我的家产而收费，丈量我的耕地而征税。谁杀了子产，我就助他！"到了三年，人们又念诵说："我有子弟，子产教诲。我有田畴，子产教栽培。如果子产死了，谁来继承？"

文王惠和

先王务修德音以亨①神人，不闻其务险与马也。邻国之难，不可虞也。或多难以固其国，启其疆土；或无难以丧其国，失其守宇。若何虞难？齐有仲孙②之难而获桓公，至今赖之。晋有里、丕之难而获文公，是以为盟主。卫、邢无难，敌亦丧之。故人之难，不可虞也。恃此三者，而不修政德，亡于不暇，又何能济？君其许之！纣作淫虐，文王惠和，殷是以陨，周是以兴，夫岂争诸侯？

《左传·昭公四年》

注：①亨：享。②仲孙：公孙无知。

译：先王致力于修明德以沟通神人，没听说致力于地形险要与马匹。邻国有难，不可以此为高兴。或者是因为有难而巩固了其国，启其疆土；或者是因为没有灾难而以丧失其国，失掉了疆土。怎么可以幸灾乐祸？齐国因发生了仲孙之难而使得桓公成为霸主，至今还依赖。晋国有里克、丕郑的祸难而使文公回国，成为了盟主。卫、邢国没有灾难，敌人却灭亡了他们。所以别人有了祸难，不可高兴。依仗这三者，而不修政德，救亡都来不及，又如何能成功？您还是允许他们吧！商纣暴虐，周文王仁慈祥和，殷因此灭亡，周因此兴起，难道只是在争夺诸侯？

使之以和

闲①之以义，纠②之以政，行之以礼，守之以信，奉之以仁，制为禄位以劝其从，严断刑罚以威其淫。惧其未也，故诲之以忠，耸③之以行，教之以务④，使之以和⑤，临之以敬，莅⑥之以强，断之以刚。犹求圣哲之上，明察之官，忠信之长，慈惠之师，民于是乎可任使也，而不生祸乱。

《左传·昭公六年》

注： ①闲：防，防闲。郑国把刑法铸在鼎上，叔向派人送给子产一封信，本段就是信中的一部分内容。②纠：约束。③耸：奖。④务：专业。⑤和：和悦。⑥莅：临。

译： 用道义来防范，用政令来约束，用礼义来奉行，用信用来保持，用仁爱来奉养，制定禄位以勉励服从的人，严厉地判罪以威胁放纵的人。恐怕不能收效，所以用忠诚训诫他们，根据行为奖励服从的人，用专业知识技艺教导他们，用和悦使用他们，用严肃面对他们，用威严接触他们，用坚决的态度判断他们的罪行。还要访求圣哲之类的人，明白事理的官员，忠诚守信的乡长，慈祥和蔼的老师，民众在这种情况下才可以使用，而不发生祸乱。

政是以和

仲尼曰："善哉！政宽则民慢，慢则纠①之以猛。猛则民残，残则施之以宽。宽以济②猛，猛以济宽，政是以和。《诗》曰：'民亦劳止，汔可小康。惠此中国，以绥四方。'③施之以宽也。'毋从诡随，以谨无良。式遏寇虐，惨不畏明。'④纠之以猛也。'柔远能迩，以定我王。'⑤平之以和也。又曰：'不竞不绣，不刚不柔。布政优优，百禄是遒。'和之至也。"⑥

《左传·昭公二十年》

注：①纠：矫正。②济：帮助，调节。③这四句诗出自《诗·大雅·民劳》。汔（qì器），也许可以。康，安。中国，指京城。绥，安抚。四方，指四方诸侯国。④这四句诗出自《诗·大雅·民劳》。从，同"纵"，放纵。诡随，狡诈行骗的人。谨，管束。遏，制止，禁止。寇虐，指抢劫行凶的人。憯，曾，乃。明，法度。⑤这两句诗出自《诗·大雅·民劳》。柔：安抚。能：亲善。⑥这四句诗出自《诗·商颂·长发》。竞，急。求，缓。优优，温和宽厚的样子。

译：孔子说："好啊！施政宽和，百姓就急慢，百姓急慢就用严厉措施来g纠正；施政严厉，百姓就会受到伤害，百姓受到伤害就用宽和的方法。宽和用来调节严厉，严厉用来调节宽和，政事因此而和谐。《诗·大雅·民劳》中说：'民众辛苦又勤劳，企盼稍稍得安康；京城之中施仁政，四方诸侯能安抚。'这是施政宽和。'不能放纵欺诈者，管束心存不良者；制止抢夺残暴者，他们从不惧法度。'这是用严厉的方法来纠正。'安抚远方和近邻，用此安定我王室。'这是用和睦来安定国家。又说：'既不急躁也不慢，既不刚猛也不柔，施政温和又宽厚，百种福禄全聚齐。'这是宽和达到了顶点。"

和其民人

在上不骄，高而不危。制节谨度，满而不溢。高而不危，所以长守贵也。满而不溢，所以长守富也。富贵不离其身，然后能保其社稷，而和①其民人。

《孝经·诸侯章》

注：①和：使和。

译：在尊位而不骄，虽然很高而不危险。节制而谨慎处事，充满富贵而不漫溢。身处高位而不危险,所以能长处尊贵。充满富贵而不漫溢,所以能长守富裕。富贵不离开自己,就能保护国家,使人民和睦。

天下和平

昔者明王之以孝治天下也,不敢遗小国之臣,而况于公、侯、伯、子、男乎!故得万国之欢心,以事其先王。治国者,不敢侮于鳏寡①,而况于士民②乎!故得百姓之欢心,以事其先君。治家者,不敢失于臣妾,而况于妻子乎!故得人之欢心,以事其亲。夫然,故生则亲安之,祭则鬼享之。是以天下和平,灾害不生,祸乱不作。故明王之以孝治天下也如此。

《孝经·孝治章》

注:①鳏寡:老而无妻者谓之鳏,老而无夫者谓之寡。②士民:士绅和平民。

译:过去,圣贤以孝道治理天下,不敢遗弃小国的臣民,何况对于那些公、侯、伯、子、男的贵族!所以使得各国心悦诚服,侍奉先王。治理国家的人,不敢轻视穷困孤独的人,何况于民众!所以使得百姓心悦诚服,侍奉君主。治理家庭的人,不敢疏忽家臣小妾,何况对于自己的妻子儿女!所以能得到人们的欢心,侍奉亲人。这样做的话,父母在世时得到身心安定,死后得到祭供。于是,天下和睦太平,没有灾害,不会发生祸乱。所以贤明的君王以孝道治理天下。

大同与小康

孔子曰:"大道之行也,与三代之英,丘未之逮①也,而有志②焉。大道之行也,天下为公。选贤与能,讲信修睦,故人不独亲其亲,不独子其子,使老有所终,壮有所用,幼有所长,矜寡孤独废疾者,皆有所养。男有分③,女有归。货,恶其弃于地也,不必藏于己;力,恶其不出于身也,不必为己。是故,谋闭而不兴,盗窃乱贼而不作,故外户而不闭,是谓大同。今大道既隐,天下为家,各亲其亲,各子其子,货力为己,大人世及④以为礼。城郭沟池以为固,礼义以为纪;以正君臣,以笃父子,以睦兄弟,以和夫妇,以设制度,以立田里,以贤勇知,以功为己。故谋用是作,而兵由此起。禹汤文武成王周公,由此其选也。此六君子者,未有不谨于礼者也。以著其义,以考其信,著有过,刑仁讲让,示民有常。如有不由此者,在埶者去,众以为殃,是谓小康。"

《礼记·礼运》

注:①逮:及,接触。②志:识,识记的古文。③分:职守。④世及:父子为世,兄弟为及。

译:孔子说:"大道通行的时代与夏商周三代精英在世的时代,我都没有赶上,只看到一些记载。大道通达于天下时,天下是人们共有的天下。选举贤能的人,讲究诚信和睦,所以人们不仅只以自己的亲人为亲人,不仅以自己的子女为子女,要使老人安享晚年,壮年人能发挥作用,年幼的人能成长,单身的老人、孤儿和身残的人,都有人供养。男人尽自己的能力,女人有归宿。人们讨厌把货物扔弃在地上,不必自己私藏;人们讨厌有力而不出力的人,不让别人为自己出力。所以,图谋被断绝,没有盗窃,不必紧锁门户,这就是大同。现在大道已经衰败,天下成为一家一户的财产,各人只亲爱自己的亲人,只把自己的子女当子女,财货或出力都是为了自己,诸侯把国家传给儿子,没儿子就传给兄弟,以此作为礼。把城郭沟池修得很坚固,把礼义作为纲纪;用它来确定君臣名分,使父子亲笃,兄弟和睦,夫妇和合。并用礼仪作为制度,以划分田里,尚贤崇勇,以功劳为己有。因此,图谋由此产生,战争于是兴起。禹、汤、文王、武王、成王、周公用礼仪治理天下。这六位君子,没有不谨慎地遵守礼制的。以礼显示道义，以礼考验信用，明白过错，效法仁爱，昭示民众有正常的规则。如果不罢免那些不按照礼仪行事的有权势的人，老百姓就会认为是灾殃；如果那样做了，这就是小康。"

昏礼

天地合而后万物兴焉。夫昏礼，万世之始也。取于异姓，所以附远厚别也。币必诚，辞无不腆①。告之以直信，信，事人也，信，妇德也。

《礼记·郊特牲》

注：①腆：善。

译：天气与地气相合，万物生长出来。婚礼，是万世的开始。从不同的宗族娶回妻子，用这种方法使疏远的人成为亲密的关系，并注重异姓血统的配合。送订婚聘礼必须有诚意，也不说客气的话。女家告诫女儿要正直、诚实，诚实是待人的本分，也是妇人的美德。

养老

凡养老，有虞氏以燕礼，夏后氏以飨礼，殷人以食礼，周人修而兼用之。凡五十养于乡，六十养于国，七十养于学，达于诸侯。八十，拜君命，一坐再至，瞽亦如之，九十者使人受。五十异粻，六十宿肉，七十贰①膳，八十常珍，九十饮食不违寝，膳饮从于游可也……曾子曰："孝子之养老也，乐其心不违其志，乐其耳目，安其寝处，以其饮食忠养之，孝子之身终，终身也者，非终父母之身，终其身也。是故父母之所爱亦爱之，父母之所敬亦敬之，至于犬马尽然，而况于人乎！"

《礼记·内则》

注：①贰：两份。

译：养老之礼，有虞氏用燕礼，夏后氏用飨礼，殷人用食礼，周人遵循前人而兼用礼仪。人到五十岁就有资格受养于乡，六十岁就受养于国，七十岁就受养于太学，这个方法从天子通达于诸侯。八十岁，如果国君有命，只需一跪再叩首，双目失明的人也是这样，九十岁的人就让人代为接受。五十岁的人可以吃较精细的粮食，六十岁的人有常备的肉吃，七十岁的人可以另外储备一份饭，八十岁的人常吃时鲜，九十岁的人饮食放在居室，出游在外可随供于身边……曾子说："孝子养老，要使老人快乐，不违背他们的意愿，让他们的眼睛与耳朵得到享受，寝处安适。饮食方面要尽心安排，直到孝子去世。所谓终身，不是说的父母一生，而是说的孝子一生。父母喜爱的，自己也要喜爱；父母崇敬的，自己也要崇敬。犬马也是这样，何况人呢！"

圣人南面而治天下

圣人南面①而听天下，所且先者五，民不与焉。一曰治亲，二曰报功，三曰举贤，四曰使能，五曰存爱。五者一得于天下，民无不足无不赡者。五者一物纰缪②，民莫得其死。圣人南面而治天下，必自人道始矣。立权度量，考文章③，改正朔，易服色，殊徽号④，异⑤器械，别衣服，此其所得与民变革者也。其不可得变革者则有矣，亲亲也，尊尊也，长长也，男女有别，此其不可得与民变革者也。

《礼记·大传》

注：①南面：古代统治者在会见臣子时，坐北朝南。因此，称治国为南面之术。②纰缪：出现麻烦的问题。③文章：礼法制度之类。④徽号：标志性的符号。⑤异：区别。

译：圣人成为统治者，治理天下，先要做五件事，民事还不在内。一是订立亲疏关系，二是酬谢有功的人，三是举用贤人，四是使用能干的人，五是审察自己宠信的人。这五个方面如果在天下都做到了，民众就没有不满足，没有不富足的。如果五个方面缺一，民众就没有自己的活路。圣人治理天下，必须从人道开始。设立度量衡，考察礼法，改正历法，变易服色，使用特定的徽号，改变礼器兵甲，区别衣服，这些就是能够与民众变革的东西。至于那些不可变革的东西也有，如爱亲人，尊敬应该尊敬的人，以长辈为长辈，男女有别，这就是不可变革的东西。

小成大成

古之教者，家有塾，党①有庠，术②有序，国有学。比年入学，中年考校。一年视离经辨志。三年视敬业乐群，五年视博习亲师，七年视论学取友，谓之小成；九年知类通达，强立而不反，谓之大成。夫然后足以化民易俗，近者说服，而远者怀之，此大学之道也。

《礼记·学记》

注：①党：古代五百家为一党。②术：通"遂"，传说古代一万二千五百家为一遂。

译：古代教学的地方，一家有塾，一党有庠，一术有序，一国有学。每年有新生入学，隔一年举行一次考试。入学一年考经文的句读，辨别志向所趋。三年考察学生是否敬业，是否与同学合群。五年看学生是否广博地学习、亲敬师长，七年看学生在学术上的见解和择友的眼光，这时候叫做小成。九年知识渊博通达，临事而不惑，这就是大成。这时候才能化育民众，移风易俗，使附近的人心悦诚服，使远方的人来归附。这就是大学教育的途径。

道而弗牵则和

君子既知教之所由兴,又知教之所由废,然后可以为人师也。故君子之教喻也,道而弗牵,强而弗抑,开①而弗达。道②而弗牵则和,强而弗抑则易,开而弗达则思。和易以思,可谓善喻矣。

《礼记·学记》

注:①开:开导。②道:引导。

译:君子既然知道了教育之所以振兴,又知道教育之所以废掉,然后才可以作为人的老师。君子的教育重在启发晓喻,引导而不强迫,刚强而不压抑,开导而不说尽。引导而不强迫则和悦,刚强而不压抑则易于自由发展,开导而不说尽则有利于学生思考。只有让学生和悦又能主动思考,才称得上是善于晓喻。

修齐治平

大学之道①,在明明德,在亲②民,在止于至善……古之欲明明德于天下者,先治其国;欲治其国者,先齐③其家;欲齐其家者,先修其身;欲修其身者,先正其心。欲正其心者,先诚其意。欲诚其意者,先致其知。致知在格物。物格而后知至,知至而后意诚,意诚而后心正,心正而后身修,身修而后家齐,家齐而后国治,国治而后天下平。

《大学》

注:①道:道理、原理。②亲:亲近,或作"新"。③齐:治理。

译:大学的原理,在于使人们的美德得以显明,在于使民众更新,在于达到最好的境界……古代想使美德显明于天下的人，先要治理好他的国家；想要治理好国家的人，先要治理好他的家族；想要治理好家族的人，先要修好自己的品行；想要修好自己品行的人，先要端正自己的内心；想要端正自己内心的人，先要意念诚实；想要意念诚实的人，先要达到有知有识；想要达到有知有识，就要推究事物的原理。只有推究事物的原理，才能有明确的认识。只有有明确的认识，才有意念的诚实，意念诚实才能心思端正，心思端正才能有好的品行修养，有好的品行修养才能治理好家族。家族治理好了，才能治理好国家，而后才能使天下太平。

絜矩之道

所谓平天下在治其国者，上老老而民兴孝，上长长而民兴弟，上恤孤而民不倍，是以君子有絜矩①之道也。

《大学》

注：①絜矩：本指测量与器具，此指伦理示范。

译：所说的要使天下太平，根本在于先要治理好国家。在上面的人尊敬老人，民众就会兴起孝道；在上面的人尊敬长辈，民众就会兴起敬长之风；在上面的人怜恤孤老和孤儿，民众就会照着做而不违背，这就是君子应当推行的示范作用。

生财有大道

生财有大道，生之者众，食之者寡，为之者疾①，用之者舒，则财恒足矣。仁者以财发身，不仁者以身发财。未有上好仁而下不好义者也，未有好义其事不终者也，未有府库财非其财者也。

注：①疾：迅速。

译：创造财富有重要的原理，生产的人多，消耗的人少。管理财富的人勤快，动用财富的人节俭，这样财富才长期充足。有仁德的人以财富完善自身，不仁的人用生命聚敛财富。没有听说在上面的人喜好仁义而在下面的人不喜好仁义的，没有听说爱好仁义而不能完成事业的，没有听说财富不属于国家的。

文武之政

哀公①问政。子曰："文武之政，布在方策。其人存，则其政举；其人亡，则其政息。人道敏②政，地道敏树。夫政也者，蒲卢③也。故为政在人，取人以身，修身以道，修道以仁。仁者人也。亲亲为大；义者宜也。尊贤为大。亲亲之杀，尊贤之等，礼所生也。在下位不获乎上，民不可得而治矣！故君子不可以不修身；思修身，不可以不事亲；思事亲，不可以不知人，思知人，不可以不知天。"

《中庸》

注：①哀公：鲁哀公，在位27年。②敏：迅速。③蒲卢：易于生长的芦苇。

译：鲁哀公向孔子请教政务。孔子回答说："周文王与周武王的政令，都写在木板竹简上。有贤人，其政务就得以实行；没有贤人，其政务就搁置了。贤人施政的道理在使政治迅速昌明，如沃土植树的道理。贤人施政，如芦苇那样容易生长。政务在人，获得贤人在于明君的修养，修养取决于遵循大道，修道在于有仁爱之心。仁，以亲爱亲人为最重要；义，以适宜为得当。尊敬贤人最为重要。亲敬亲人有区分，尊敬贤人有等级，礼就是从此产生的。在下位的人臣如果得不到君主的信任，就不能得到民心，就不能治理民众！所以君子不可以不修身，思考修身，就不可以不事敬亲人；

思考事亲,就不可以不知人,思考知人,就不可以不知天。"

治国九经

凡为天下国家有九经①,曰:修身也,尊贤也,亲亲也,敬大臣也,体群臣也。子庶民也,来百工也,柔②远人也,怀诸侯也。修身则道立,尊贤则不惑,亲亲则诸父昆弟不怨,敬大臣则不眩,体群臣则士之报礼重,子庶民则百姓劝,来百工则财用足,柔远人则四方归之,怀诸侯则天下畏之。

《中庸》

注:①经:准则。②柔:怀柔。

译:国君治国有九条标准。这就是说:修养品德,尊重贤人,亲爱亲族,敬重大臣,体贴众臣,爱民如子,招雇百工,优待边远异族,安抚四方诸侯。修养品德,就能树立良好的典范。尊重贤人,就不会被人事的假相所迷惑。亲爱亲族,父老兄弟就不会抱怨。敬重大臣,处事就不会失误。体贴众臣,受惠的臣子就会回报。爱民如子,百姓就会努力勤奋。招雇百工,财富就会充足。优待边远异族,四方的人就会归顺。安抚四方诸侯,普天下就会臣服敬畏。

曲高和寡

楚襄王问于宋玉曰:"先生其有遗行与?何士民众庶不誉之甚也?"宋玉对曰:"唯,然。有之。愿大王宽其罪,使得毕其辞。""客有歌于郢①中者,其始曰《下里》②、《巴人》,国中属而和者数千人;其为《阳阿》、《薤露》,国中属而和者数百人;其为《阳春》、《白雪》,国中属而和者不过数十人;引商刻羽,杂以流徵,国中属而和者不过数人而已。是其曲弥高，其和弥寡。"

《楚辞》

注：①郢：楚都城。②《下里》：曲名。《巴人》、《阳阿》、《薤露》、《阳春》、《白雪》都是曲名。

译：楚襄王问宋玉："先生是不是有些不检点的行为？为什么士人和庶民对你这么不满意？"宋玉回答："是，是有。请大王原谅我的罪过，让我把话说完。有一位经常在郢城里唱歌的人，一开始，他总是唱《下里》、《巴人》，城里能跟着他唱和的有数千人；他又唱《阳阿》、《薤露》，城里能跟他唱和的有数百人；他又唱《阳春》、《白雪》，城里能跟他唱和的不过数十人；他又唱了引商刻羽，杂以流徵的歌曲，城里能与他唱和的不过数人而已。这就是说，其歌曲越高雅，跟着唱和的人就越少。"

议逐客

臣闻吏议逐客，窃以为过矣。昔穆公求士，西取由余①于戎，东得百里奚②于宛，迎蹇叔③于宋，求丕豹④、公孙支⑤于晋。此五子者，不产于秦，而穆公用之，并国二十，遂霸西戎。孝公用商鞅⑥之法，移风易俗，民以殷盛，国以富强，百姓乐用，诸侯亲服，获楚、魏之师，举地千里，至今治强。惠王用张仪⑦之计，拔三川之地，西并巴蜀，北收上郡，南取汉中，包九夷，制鄢、郢，东据成皋之险，割膏腴之壤，遂散六国之从，使之西面事秦，功施到今。昭王得范雎⑧，废穰侯，逐华阳，强公室，杜私门，蚕食诸侯，使秦成帝业。此四君者，皆以客之功。由此观之，客何负于秦哉！向使四君却客而不纳，疏士而不与，是使国无富利之实，而秦无强大之名也。

《史记·李斯列传》

注：①由余：其祖先本是晋人，后迁居戎地，秦用离间计

使由余留在了秦地,由余帮助秦国征服西戎。②百里奚:本是楚人,秦用五张羊皮换得其人,授以国政,相秦七年之久。③蹇叔:百里奚之友。④丕豹:晋大夫丕郑之子。⑤公孙支:曾游于晋,后在秦受重用。⑥商鞅:卫人,改革家。⑦张仪:魏人,纵横家。⑧范雎:魏国人,在秦国为相,提出了一些重要的建议。

译:听说官吏建议驱逐客卿,我认为这是错误的。当初,秦穆公访求贤士,从西边的戎族来了由余,从东边的宛地来了百里奚,从宋国来了蹇叔,从晋国来了丕豹和公孙支。这五位贤士并不是在秦国出生的,而穆公重用他们,于是吞并了二十个小国,称霸于西戎。孝公采用商鞅变法,移风易俗,人民富足兴旺,国家昌盛。百姓乐于为国家效力,列国诸侯亲近宾客,战胜了楚、魏的军队,攻取了上千里的土地,国家至今太平强盛。惠王采用了张仪的计策,攻占了三川,西边兼并巴蜀,北边收复上郡,南边攻取汉中,吞并九夷,控制楚国,东边占领了要塞成皋,割取了大片肥沃的土地,于是瓦解了六国的联盟,迫使他们倾向西方,侍奉秦国,这些功绩所带来的好处,一直延续到今天。昭王任用范雎,罢免穰侯,放逐华阳君,加强了王室的权威,杜绝了权臣专政的局面,蚕食列国的领土,使秦国奠定了统一全国的基础。这四位君王之所以有所成就,都是由于客卿的功劳。由此看来,客卿有什么对不起秦国的地方呢?当初假若四国的君主拒绝客卿而不予接纳,疏远贤臣而不任用他们,就会使国家得不到富强带来的实惠,秦国也不会得到强国的名声。

无以家为

骠骑将军为人少言不泄,有气敢任。天子尝欲教之孙、吴兵法①,对曰:"顾方略何如耳,不至学古兵法。"天子为治第②,令骠骑视之,对曰:"匈奴未灭,无以③家为也。"由此上益重爱之。骠骑将军自四年④军⑤后三年,元狩六年而卒。

天子悼之，发属国玄甲军⑥，陈⑦自长安至茂陵，为冢⑧象祁连山。谥之⑨，并武与广地⑩曰景桓侯。

《史记·卫将军骠骑列传》

注：①孙、吴兵法：指孙武、孙膑和吴起的军事著作。孙武是春秋时期吴国著名的将军与军事理论家，著《孙子兵法》一书。孙膑是战国时期著名军事家，著《孙膑兵法》一书。吴起是战国时期著名政治家与军事家，著《吴起》一书。②治第：建造府第。③无以：不用。④四年：指元狩四年（前119年）。⑤军：军事行动，指率兵出击匈奴。⑥发属国玄甲军：发，调遣。属国，指边疆五郡。玄甲军，铁甲兵。⑦陈：同"阵"字，排成阵列。⑧为冢：造坟墓。⑨谥（shì是）之：死后给他加封号。⑩武与广地：勇武与扩大国土。按封建谥法规定，"布义行刚曰景"，"辟土服远曰桓"，霍去病的一生兼有此二者的内容，故谥为景桓侯。

译：骠骑将军为人寡言少语，不泄露别人说的话，有气魄，敢做敢为。武帝曾想教他孙子和吴起的兵法，他回答说："战争只看方针策略就够了，不必学习古代兵法。"武帝为他修盖府第，让其去看看，他回答说："匈奴还没有消灭，无心考虑私家的事情。"从此以后，武帝更加重用和喜爱骠骑将军霍去病。骠骑将军自元狩四年（前119年）出击匈奴以后三年，即元狩六年（前117年）就去世了。武帝对他的死很悲伤，调遣边境五郡的铁甲军，从长安到茂陵排列成阵，给霍去病修外形像祁连山的坟墓。给他命名谥号，把勇武与扩地两个原则加以合并，称他为景桓侯。

劝民耕种

光武帝时，张堪拜渔阳太守，乃于狐奴①开稻田八千余顷，劝民耕种，以致殷富。百姓歌曰："桑无附枝，麦穗两歧②。张君为证,乐不可支。"

《后汉书·张堪》

注:①狐奴:地名,在今北京市密云南。②歧:行,排。

译:光武帝的时候,张堪被任命为渔阳太守。他在任时在狐奴开垦了八千多顷稻田,并鼓励其属下的人民去耕种,以使他们达到殷实富裕的目的。老百姓将他的事迹编成歌谣传唱:"桑树没有多余的枝叶,麦穗长成整齐的两行。张君在这里当官,百姓快乐无穷。"

治身无疑嫌

唐约,字仲谦。拜尚书令,处官不言货利之事,当法不阿所私。京师咏曰:"治身无嫌唐仲谦。"

《北堂书钞》

译:唐约,字仲谦。他任尚书令一官时从不讲金钱、名利等事,执法时公正不阿,从不徇私枉法。京城的人歌颂他说:"治身无疑嫌,唯有唐仲谦。"

不夜禁

廉范,字叔度,建初①中,迁蜀郡太守。成都民物丰盛,邑宇②逼侧。旧制禁民夜作,以防火灾,而更相隐瞒,烧者日属。范乃毁削先令,但严使储水而已。百姓为便,乃歌之曰:"廉叔度,来何暮?不禁火,民安作。平生无襦今五绔。"

《北堂书钞》

注:①建初:年号,公元76~83年。②邑宇:房屋。

译:廉范,字叔度。他在建初年间升迁到蜀郡任太守。当时成都物产丰富、人民安居乐业，因房屋密度大，为了防止火灾，旧法严禁人民夜间工作。但是人民因此就秘密的夜间工作，致使火灾一日多似一日。廉范于是抛掉以前的法令允许夜间工作，但前提是要储备足够的水以备用。百姓觉得这项举措方便了自己，于是唱道："廉叔度，何来迟？不夜禁，民安作。往昔贫冻今富暖，衣食无忧乐且安。"

清廉

秦护，清廉不受礼赂，家贫，衣服单露。乡人歌之曰："冬无绔，有秦护。"

《太平御览》

译：秦护是一个清廉的人，他不收受礼物之类的贿赂。秦护的家因此十分清贫，他的衣衫也是很单薄。老百姓唱道："秦护清廉，贫冻可怜。"

盗贼尽

张霸，永元①中为会稽太守，时郡界不宁，霸不用士卒之力，而使盗贼归附，童曰："弃我（一作子）戟，捐我矛，盗贼尽，吏皆休。"

《后汉书·张霸传》

注：①永元：年号，公元89～104年。

译：张霸在永元年间任会稽太守。当时他所任的郡里不太安宁。张霸没有借助士兵的力量却使盗贼都归附了。百姓争相传唱："丢掉我的戟，交出我的矛。盗贼没有了，贪官污吏都消失了"。

知己之言

建初中，南阳大饥，米石千余，晖尽散其家资，以分宗里故旧之贫羸者,乡族皆归焉。初,晖同郡张堪素有名称,尝于太学见晖,甚重之,接以友道,乃把晖臂曰:"欲以妻子托朱生。"晖以堪先达,举手未敢对,自后不复相见。堪卒,晖闻其妻子贫困,乃自往候视,厚赈赡之。晖少子诘怪而问曰:"大人不与堪为友,平生未曾相闻,子孙窃怪之。"晖曰:"堪尝有知己之言,吾以信于心也。"晖又与同郡陈揖交善,揖早卒,有遗腹子友,晖常哀之。及司徒桓虞为南阳太守,召晖子骈为吏,晖辞骈而荐友。虞叹息,遂召之。

《后汉书·朱晖传》

译: 建初年间,南阳大饥荒,每石米值钱千余,朱晖尽散其家资,分给宗族和乡里故旧中的贫弱者,乡族都归附他。起初,朱晖同县的张堪素有名声,张曾经在太学里看见朱晖,很器重朱晖,和朱晖交朋友,并握着朱晖的手臂说:"我想把我的妻子儿女托付给先生您。"朱晖认为张堪是有德行学问的前辈,举手不敢回答,从此以后两人再也没有见面。张堪死后,朱晖听说他的妻儿贫困,就亲自去看望,并给他们丰厚的赈赡。朱晖的小儿子诘觉得奇怪,问他说:"父亲不是张堪的朋友,平常你与他都不曾来往,我们私下里感到奇怪。"朱晖说:"张堪曾经对我讲过知己之言,他将他的妻儿托付给我,我当时在心里已经答应了。"朱晖又与同郡陈揖关系很好,陈揖死得很早,留下遗腹子陈友,朱晖常哀怜他。等到司徒桓虞作了南阳太守,召朱晖的儿子朱骈为吏,朱晖辞掉朱骈而推荐陈友。桓虞十分叹息,于是召了陈友去。

壁藏

杜根字伯坚,颍川定陵①人也。父安,字伯夷,少有志节,年十三入太学,号奇童。京师贵戚慕其名,或②遗之书,安不发,悉壁藏之。及后捕案贵戚宾客,案开壁出书,印封如故，竟不离其患，时人贵之。位至巴蜀太守，政甚有声。

《后汉书·杜根传》

注：①颍川定陵：颍川，郡名，治所在今河南禹县。定陵，县名，故城在今河南舞阳县北。②或：有的人。

译：杜根字伯坚，颍川郡定陵县人。父亲杜安，字伯夷，年轻时有志气，有节操。13岁入太学，号为奇童。京师的达官贵人、皇亲国戚都仰慕他的名声，有的写信给他，杜安不拆开，都收藏在夹壁里。后来因逮捕贵戚宾客获罪，杜安打开夹壁，拿出书信来，印封还是和原来的一样，终于没有遭到祸害，当时的人非常尊敬他。他做官做到巴蜀太守，其政绩很有名。

忠言逆耳

沛公入秦宫，宫室帷帐狗马重宝妇女以千数，意欲留居之。樊哙①谏沛公出舍，沛公不听。良曰："夫秦为无道，故沛公得至此。夫为天下除残贼，宜缟素②为资。今始入秦，即安其乐，此所谓'助桀为虐③'。且'忠言逆耳利于行，毒药苦口利于病④'，愿沛公听樊哙言。"沛公乃还军霸上⑤。

《史记·留侯世家》

注：①樊哙：沛县（今江苏省沛县）人。汉初将领。少以屠狗为业。初随刘邦起义，为其部将，以军功封贤成君。汉初随刘邦击破臧荼、陈豨和韩王信的叛乱，任左丞相，封舞阳侯。其妻吕须为吕后的妹妹，因而很得吕后信任。事详《史记》、《汉书》本传。②缟素：缟和素都是不用文绣的白色丝织品。这里指代朴素。③助桀为虐：桀即夏桀，夏朝末代君主，传说为古代的暴君。"助桀为虐"意谓帮助恶人做坏事。

④忠言逆耳利于行,毒药苦口利于病:这两句是古代的成语。亦见本书《淮南衡山列传》。又今本《孔子家语·六本篇》、《说苑·正谏篇》皆载此语,惟"毒药"作"良药"。⑤霸上:一作灞上,又名霸头,古地名,因地处霸水以西的高原上而得名,为古代军事要地。故址在今陕西省西安市东。

译:沛公进入秦王宫,看到里面是数不清的房屋、锦缎、宠物、珍宝、美女等,就想要留下来住进去。樊哙劝沛公搬出秦王宫,沛公不听他的。张良说:"正因为秦朝残暴的统治,沛公您才能取得今天的成就。要解除天下残存的武装,应该朴素行事。现在您刚刚进入秦宫,就安于秦宫里面的生活,这叫做'助桀为虐'。俗话说'忠言逆耳利于行,毒药苦口利于病',希望您听从樊哙的劝告。"沛公于是把军队驻扎到霸上去了。

胶西盖公

孝惠帝元年①,除诸侯相国法,更以参为齐丞相。参之相齐,齐七十城②。天下初定,悼惠王富于春秋③,参尽召长老诸生,问所以安集百姓,如④齐故诸儒以百数,言人人殊,参未知所定。闻胶西⑤有盖公,善治黄老言⑥,使人厚币⑦请之。既见盖公,盖公为言治道贵清静而民自定,推此类具言之。参于是避正堂,舍盖公焉。其治要用黄老术,故相齐九年,齐国安集,大称贤相。

《史记·曹相国世家》

注:①孝惠帝元年:公元前194年。②齐七十城:刘肥的封国有七十三县,此言"七十城",是举其约数。③富于春秋:春秋谓年岁。富于春秋是指年轻,来日方长。④如:这里用为连词,相当于"而"。⑤胶西:郡名,时属齐国,治所在高密

（今山东高密西南），辖境约相当于今山东半岛胶莱河以西、高密以北地区。盖，姓。⑥黄老言：指道家学说。"黄"指黄帝，为传说中上古的圣帝；"老"指老子，即老聃，春秋战国时人，《道德经》的作者。道家尊黄帝、老子为祖，其书亦多托名黄帝、老子。⑦币：本指缯帛，古代往往以缯帛作为赠送宾客的礼物，后因泛称礼品财物为币。

译：孝惠帝元年，取消了诸侯国设相国的法律，改为以曹参为齐国的丞相。曹参任齐国丞相的时候，齐国有七十余城。惠王正年轻，曹参于是召集所有有资历的长老、儒生，向他们请教如何去安抚百姓，而齐国的几百儒生，每个人的看法都不相同，曹参不知该如何抉择。他听说胶西有位叫盖公的人，精通黄老学说，于是叫人带着厚礼去请他来。等到见到了盖公，盖公给他讲了治国重在清静无为的道理，还把相关的思想都跟他讲了，曹参于是把正屋让出来给盖公住。此后他主要用黄老之术来治理齐国，在齐国任丞相的九年里，齐国国富民强，曹参被人称为贤相。

人才取舍

择郡国吏木诎①于文辞，重厚②长者，即召除③为丞相史④。吏之言文⑤刻深⑥，欲务声名者，辄斥去之。

《史记·曹相国世家》

注：①木诎：木讷质朴，言语钝拙。②重厚：庄重忠厚。③除：任命。④丞相史：丞相属吏。⑤言文：花言巧语，善于言辩。⑥刻深：用心苛刻严酷。

译：选择郡国官吏中不善于言辞、忠厚庄重的长者，任命他们为丞相属吏。官吏之中言辞文饰、心思缜密、想沽名钓誉的人，就将他们排斥在外。

牧民导之以善

上曰:"法者,治之正①也,所以禁暴而率②善人也。今犯法已论,而使毋罪之父母妻子同产坐之③,及为收帑④,朕甚不取。其议之。"有司⑤皆曰:"民不能自治,故为法以禁之。相坐⑥坐收,所以累其心,使重犯法,所从来远矣。如故便。"上曰:"朕闻法正则民悫⑦,罪当⑧则民从。且夫牧民⑨而导之善者,吏也。其既不能导,又以不正之法罪之,是反害于民为暴者也。何以禁之?朕未见其便,其孰计⑩之。"有司皆曰:"陛下加大惠,德甚盛,非臣等所及也。请奉诏书,除收帑诸相坐律令。"

《史记·孝文本纪》

注:①正:通"证",凭证、依据。②率:率领。这里有引导的意思。③坐之:因之而定罪。坐,指定罪。④收帑(nú,奴):把罪犯的妻子儿女抓来,收为官府奴婢。帑,通"孥",妻子儿女。⑤有司:官吏。古代设官分职,事各有专司,故称有司。⑥相坐:即连坐。一人犯法,株连他人同时治罪。⑦悫(què,确):忠厚,谨慎。⑧罪当:判罪(惩处)得当。⑨牧民:即统治人民。《逸周书·命训》中有"牧万民"的说法。⑩孰计:仔细考虑。孰,同"熟"。

译:文帝说:"法令是治理国家的准绳,是用来制止暴行,引导人们向善的工具。如今犯罪的人已经治罪,却还要使他们无罪的父母、妻子、儿女和兄弟因为他们而被定罪,甚至被收为奴婢。我认为这种做法很不可取,希望你们再议论议论吧。"主管官员都说:"百姓不能自治,所以制定法令来禁止他们做坏事。无罪的亲属连坐,和犯人一起收捕判罪,就是要使人们心有牵挂,感到犯法干系重大。这种做法由来已久,还是依原来的做法不加改变为宜。"文帝说:"我听说法令公正百姓就忠厚,判罪得当百姓就心服。再说治理百姓引导他们向善，要靠官吏。如果既不能引导百姓向善，又使用不公正的法令处罚他们，这样反倒是加害于民而使他们去干凶暴的事。又怎么能禁止犯罪呢？这样的法令，我看不出它有哪些适宜之处，请你们再仔细考虑考虑。"官员们都说："陛下给百姓以大恩大惠，功德无量，这不是我们这些臣下所能想得到的。我们遵从诏书，废除拘执罪犯家属，收为奴婢等各种连坐的法令。"

百官之非

上曰："盖闻天道祸自怨起而福繇①德兴。百官之非，宜由②朕躬③。今秘祝之官移过于下，以彰吾之不德，朕甚不取。其除之。"

《史记·孝文本纪》

注：①繇（yóu 由）：由，从。②由：因为，由于。③躬：自身。

译：文帝说："我听说，天道是祸从怨起、福由德兴。百官的过错，应当由我一人承担责任。如今秘祝官把过错都推到下面的大臣，其结果是显扬了我的无德，我很不赞成。应当取消这种做法。"

遍加赏赐

有司请立皇后。薄太后曰："诸侯皆同姓①，立太子母为皇后。"皇后姓窦氏②。上为立后故，赐天下鳏寡孤独③穷困及年八十已④上孤儿九岁已下布帛米肉各有数。上从代来，初继位，施德惠天下，填抚⑤诸侯四夷皆洽欢，乃循⑥从代来功臣。

《史记·孝文本纪》

注：①诸侯皆同姓：《索隐》："谓帝之子为诸侯王，皆同姓。姓，生也，言皆同母生，故立太子母也。"②窦氏：本是文帝之妾，此时文帝正妻已死。③鳏寡孤独：老而无妻叫做"鳏"，老而无夫叫做"寡"，幼而无父叫做"孤"，老而无子叫做"独"。这里"鳏寡孤独"是泛指失去依靠，需要照顾的人。④已：通"以"。⑤填抚：镇抚，安抚。填，通"镇"，安定。⑥循：安抚，慰问。

译：主管大臣请求皇帝封立皇后。薄太后说："皇帝的儿子都是同母所生，就立太子的母亲为皇后吧。"皇后姓窦。文帝因为立了皇后的缘故，赐给天下无妻、无夫、无父、无子的穷困人，以及年过八十的老人、不满九岁的孤儿每人若干布、帛、米、肉。文帝由代国来到京城，即位不久，就对天下施以德惠，安抚诸侯和四方边远的部族，使上上下下都融洽欢乐，于是慰问从代国随同来京的功臣。

进善之旌

上曰："古之治天下，朝有进善之旌，诽谤之木①，所以通治道②而来谏者。今法有诽谤妖言③之罪，是使众臣不敢尽情④，而上无由闻过失也。将何以来远方之贤良？其除之。民或祝诅上以相约结而后相谩⑤，吏以为大逆，其有他言，而吏又以为诽谤。此细民之愚无知抵死⑥，朕甚不取。自今以来⑦，有犯此者勿听治。⑧"

《史记·孝文本纪》

注：①进善之旌，诽谤之木：相传唐尧时在四通八达的路口树立旌旗和木牌，欲进善言者，立于旗下言之；有批评朝政者，写在木牌上。诽谤，批评，指责。②通治道：使治国的途

径通畅。③妖言：迷惑人的邪说。这里指以妖言惑众。④情：真情，实情。⑤"民或"句：祝诅，祈祷鬼神，使降祸于所憎之人；约结，结盟，定约；谩，欺骗，指负约。⑥抵死：犯死罪。抵，触犯。⑦自今以来：从今以后。⑧听治：判决治罪。

译：文帝说："古代治理天下，朝廷设置进善言的旌旗和批评朝政的木牌，用以打通治国的途径，招来进谏的人。现在法令中有诽谤朝廷妖言惑众的罪状，这就使大臣们不敢完全说真话，做皇帝的也无从了解自己的过失。这还怎么能招来远方的贤良之士呢？应当废除这样的条文。百姓中有人一起诅咒皇帝，约定互相隐瞒，后来又毁约相互告发，官吏认为这是大逆不道；如果再有其他不满的话，官吏又认为是诽谤朝廷。这些实际上只是小民愚昧无知而犯了死罪。上述做法我认为很不可取。从今以后，再有犯这类罪的，一律不加审理，不予治罪。"

驯道不纯

齐太仓令淳于公有罪当刑①，诏狱逮徙系长安。太仓公无男，有女五人。太仓公将行会逮，骂其女曰："生子不生男，有缓急②非有益也！"其少女缇萦自伤泣，乃随其父至长安，上书曰："妾父为吏。齐中皆称其廉平，今坐法当刑。妾伤夫死者不可复生，刑者不可复属，虽复欲改过自新，其道无由③也。妾愿没入为官婢，赎父刑罪，使得自新。"书奏天子，天子怜悲其意，乃下诏曰："盖闻有虞氏之时，画衣冠异章服以为僇④，而民不犯。何则？至治⑤也。今法有肉刑三⑥，而奸⑦不止，其咎安在？非乃朕德薄而教不明欤？吾甚自愧。故夫驯道不纯⑧而愚民陷焉。诗曰'恺悌君子，民之父母'。⑨今人有过，教未施而刑加焉，或欲改行为善而道毋由也。朕甚怜之。夫刑至断支⑩体，刻肌肤，终身不息，何其楚痛而不德也，岂称为民父母之意哉！其除肉刑。"

《史记·孝文本纪》

注：①刑：刑罚。这里指受肉刑。②缓急：指紧急情况。这里的"缓"字无实义，只是个陪衬。③其道无由：无法走向改过自新的道路。④"画衣冠"句：以画有特别的图形或颜色的衣帽来象征各种刑罚。章服，指给罪犯穿上有特定标志的衣服。章，彩色。僇（lù陆）：侮辱，羞辱。相传上古有所谓象刑，即以特异服饰象征五刑，以示耻辱，而不用肉刑，未必可信。⑤至治：政治清明达到了顶点。至，到达极点。⑥肉刑三：古代的三种肉刑，一般指黥（脸上刺字）、劓（割去鼻子）、刖（断足）。梁玉绳《史记志疑》认为是指劓、刖、宫（残害生殖机能）三种肉刑。⑦奸：指违法犯罪的人与事。⑧驯道不纯：教导的方法不恰当。驯通"训"，教导。纯，善，好。⑨这两句诗引自《诗经·大雅·泂酌》。恺（kǎi凯）悌，指平易近人。⑩支：同"肢"。

译：齐国的太仓令淳于公犯了罪，应该受刑，朝廷下诏让狱官逮捕他，把他押解到长安拘禁起来。太仓令没有儿子，只有五个女儿。他被捕临行时，骂女儿们说："生孩子不生儿子，遇到紧急情况，就没有用处了！"他的小女儿缇（tí提）萦（yíng营）伤心地哭了，就跟随父亲来到长安，向朝廷上书说："我的父亲做官，齐国的百姓都称赞他廉洁公平，现在他因触犯法律而犯罪，应当受刑。我哀伤的是，受了死刑的人不能再活过来，受了肉刑的人肢体断了不能再接起来，虽想走改过自新之路，但也没有办法了。我愿意被收入官府做奴婢，来抵父亲应该受刑的罪，使他能够改过自新。"上书送到文帝那里，文帝怜悯缇萦的孝心，就下诏说："听说在有虞氏的时候，只是在罪犯的衣帽上画上特别的图形或颜色，给罪犯穿上特定标志的衣服，以此来羞辱他们，这样，民众就不犯法了。为什么能这样呢？因为当时政治清明到了极点。如今法令中有刺面、割鼻、断足三种肉刑，可是犯法的事仍然不能禁止，过失出在哪儿呢？不就是因为我道德不厚，教化不明吗？我自己感到很惭愧，所以训导的方法不完善，愚昧的百姓就会走上犯罪。《诗经》上说，'平易近人的官员，才是百姓的父母'，现在人犯了过错，还没施以教育就加给刑罚，那么有人想改过从善也没有机会了。我很怜悯他们。施用刑罚以致割断犯人的肢体，刻伤犯人的肌肤，终身不能长好，多么令人痛苦而又不合道德呀。作为百姓的父母，这样做，难道合乎天下父母心吗？应该废除肉刑。"

举善而教

卓茂字子康，南阳宛人也。性宽仁恭爱。初辟丞相府史，时尝出行，有人认其马。茂问曰："子亡马几何时？"对曰："月余日矣。"茂有马数年，心知其谬，默解与之，挽车而去，顾曰："若非公马，幸至丞相府归我。"他日，马主别得亡者，乃诣府送马，叩头谢之。后以儒术举为侍郎，迁密令。劳心谆谆，视人如子，举善而教。人尝有言部亭长受其米肉遗者，茂辟左右问之曰："亭长为从汝求乎？为汝有事嘱之而受乎？"人曰："往遗之耳。"茂曰："遗之而受，何故言邪？"人曰："窃闻贤明之君，使人不畏吏，吏不取人。今我畏吏，是以遗之，吏既卒受，故来言耳。"茂曰："汝为敝人矣。凡人所以贵于禽兽者，以有仁爱，知相敬事也。今邻里长老尚致馈遗，此乃人道所以相亲，况吏与民乎？吏顾不当乘威力强请求耳。汝独不欲修之，宁能高飞远走，不在人闲邪？亭长素善吏，岁时遗之，礼也。"人曰："苟如此，律何故禁之？"茂笑曰："律设大法，礼顺人情。今我以礼教汝，汝必无怨恶；以律治汝，何所措其手足乎？"于是人纳其训，吏怀其恩。数年，教化大行，道不拾遗。时光武初即位，乃下诏曰："前密令卓茂，束身自修，执节淳固，诚能为人所不能为。今以茂为太傅，封曜德侯。"

《后汉书·卓茂传》

译：卓茂字子康，是南阳宛人，性格宽厚仁爱谦恭。当初被朝廷征召出任丞相，当他从相府走出来时，有人指认他骑的马匹是自己的。卓茂问说："您的马遗失多久了？"那人答道："大约有一个多月了。"卓茂有那匹马已经多年，他心里知道对方误认，但仍默默解开缰绳将马牵给对方，自己拉车离去时，回头告诉他："如果发现这匹马不是您的，请您来丞相府还我！"隔了几天，那位马主找到了遗失的那一匹马，于是便来到丞相府归还马匹，并且向卓茂叩头道谢。后来因卓茂精通儒家学术被举荐为侍郎，调动担任密县县令。（卓茂对百姓）忧心苦思，教诲不倦，视百姓为自己的孩子，任用贤良教化百姓。有人曾告一亭长接受他的米、肉，卓茂屏退左右问那人："是亭长找你要的，还是你有事托付他而给的？"那人说："我私下听说，贤明的君主使百姓不惧怕官吏，官吏不向百姓索取。而今我害怕他，所以送他米、肉，亭长既然最终接受了，所以我来告他。"卓茂说："你是鄙陋的人啊。大凡人之所以比禽兽尊贵，是因为人们讲求仁爱，懂得互相敬重。现在乡邻间尚且表达馈赠之礼，这是人们之所以相互亲近的原因，更何况官吏与百姓之间呢？官吏只是不能乘势求取馈赠罢了。你偏偏不想修行，岂能远走高飞，脱离这个世界？亭长平素就是个好官，过年时送些米、肉，这是礼节。"那人说："假如这样的话，法律为什么禁止那样做呢？"卓茂笑着说："律条的设定要合乎大的准则，礼制的理顺要合乎人间真情。而今我用礼教导你，你必定没有怨恨；用法律来惩治你，和处置自己的手足有什么不同呢？"于是那人接受了卓茂的训诫，亭长也很感激卓茂的德惠。过了几年，教育感化普遍实行，东西掉在路上都没人捡走据为己有。那时光武帝刚刚登上王位，就下诏说："先前密州县令卓茂，约束自己加强自身修养，坚持自己的节操纯洁不变，的确能做好别人所做不到的。而今任他为太傅，封为曜德侯。"

先民后己

春①，上曰："朕获执牺牲珪币以事上帝宗庙②，十四年于今，历③日（县）（绵）长，以不敏不明而久抚临④天下，朕甚自愧。其广增诸祀墠场⑤珪币。昔先王远施不求其报,望祀⑥不祈其福,右贤左戚⑦,先民后己,至明之极也。今吾闻祠官⑧祝釐⑨,皆归福朕躬,不为百姓,朕甚愧之。夫以朕不德,而躬享独美其福,百姓不与焉⑩,是重吾不德。其令祠官致敬,毋有所祈。"

《史记·孝文本纪》

注:①春:指十四年春天。汉承秦历,以建亥之月(夏历十月)为岁首,当年的春天在当年的冬天之后,即在第二个季度(夏历的正月,二月,三月)。②"朕获"句:牺牲,古代祭祀用的牲畜。珪币,古代帝王、诸侯举行朝会、祭祀用的玉器和帛。这句话的意思是:我登基做了皇帝。③历:经历。④抚临:安抚统治。⑤场:供祭祀用的场所。⑥望祀:遥望而祭。古代祭礼的一种。⑦右贤左戚:指用人注重贤才,不注重亲戚。古代以右为高,以左为下。⑧祠官:掌管祭祀的官员。⑨祝釐(xī 西):祭祀上天,祈求降福。釐,通"禧",吉祥,幸福。不与焉:没有参与其中。即指享受不到。与,参与,参加。

译:这年春天,文帝说:"我有幸得以执掌祭祀的牺牲、玉帛来祭祀上帝、宗庙,登上帝位,至今十四年了,历时已经很久,以我这样一个既不聪敏又不明智的人长久地治理天下,深为自愧。应当广泛增设祭祀的墠场和玉帛。从前先王远施恩惠而不求回报,遥祭山川却不为自己祈福,尊贤抑亲,先民后己,圣明到了极点。如今我听说掌管祭祀的祠官祈祷时,全都是为我一个人,而不为百姓祝福,我为此而感到非常惭愧。凭着我这样无德之人,却独自享受神灵的降福,而百姓却享受不到,这就加重了我的无德。现在命令祠官祭祀要向神献上敬意,不要为我一个人祈求什么。"

和亲

后二年①，上曰："朕既不明，不能远德，是以使方外之国②或不宁息。夫四荒之外不安其生，封畿之内③勤劳不处，二者之咎，皆自于朕之德薄而不能远达也。间者累年，匈奴并暴④边境，多杀吏民，边臣兵吏又不能谕⑤吾内志，以重吾不德也，夫久结难连兵⑥，中外之国将何以自宁？今朕夙兴夜寐，勤劳天下，忧苦万民，为之怛惕不安，未尝一日忘于心，故遣使者冠盖相望⑦，结轶⑧于道，以谕朕意于单于。今单于反⑨古之道，计社稷之安，便万民之利，亲与朕俱弃细过，偕之大道，结兄弟之义，以全天下元元⑩之民。和亲已定，始于今年。"

《史记·孝文本纪》

注：①后二年：即后元二年（前 162 年）。②方外之国：指西汉王朝境外的国家。方，境，边境。③封畿之内：京都一带地域。这里泛指内地。④暴：欺凌，侵害。⑤谕：了解，明。⑥结难连兵：结下怨仇，接连用兵。难，怨仇，仇敌。⑦冠盖相望：即冠盖相望于道。冠盖，指官员的帽子和车上的篷盖。⑧结轶：意思是车痕相连。轶，通"辙"，车轮压出的痕迹。⑨反：同"返"。⑩元元：善良的。

译：后元二年，文帝说："我不英明，不能施恩德于远方，因而使境外有些国家时常侵扰生事。边远地区的人民不能安定地生活，内地的百姓辛勤劳动也不得歇息，这两方面的过失，都是由于我的德不厚，不能惠及远方。最近连续几年，匈奴都来为害边境，杀我许多官吏和百姓，边境的官员和将领又不明白我的心意，以至加重我的无德。这样长久结下怨仇，兵祸不断，中外各国将怎么能各自安宁呢？现在我起早睡晚，操劳国事，为万民忧虑，惶惶不安，未曾有一天心里不想着这些事情，所以我派出一批又一批的使者,在路上礼帽车盖前后相望,车子的辙迹道道相连,为的就是让他们向单于说明我的意愿。现在单于已经回到从前友好相处的道路上来了,考虑国家的安定,为了万民的利益,亲自跟我相约完全抛弃细小的过失,一起走和平的大道,结为兄弟之好,以保全天下善良的百姓。和亲的协议已经确定,从今年就开始。"

以德化民

孝文帝从代来,即位二十三年,宫室苑囿①狗马服御无所增益,有不便,辄弛以利民。尝欲作露台②,召匠计之,直③百金。上曰:"百金中民十家之产,吾奉先帝宫室,常恐羞之,何以台为!"上常衣绨④衣,所幸慎夫人,令衣不得曳地,帏帐不得文绣,以示敦朴,为天下先⑤。治霸陵⑥皆以瓦器,不得以金银铜锡为饰,不治坟⑦,欲为省,毋烦民。南越王尉佗自立为武帝,然上召贵尉佗兄弟,以德报之,佗遂去帝称臣。与匈奴和亲,匈奴背约入盗,然令边备守,不发兵深入,恶烦苦百姓。吴王诈病不朝,就赐几杖⑧。群臣如袁盎等称说⑨虽切⑩,常假借用之。群臣如张武等受赂遗金钱,觉,上乃发御府金钱赐之,以愧其心,弗下吏⑪。专务以德化民,是以海内殷富,兴于礼义。

《史记·孝文本纪》

注: ①苑囿:古代畜养禽兽、种植林木,以供皇帝、贵族游玩打猎的园林风景区。②露台:高台。《集解》引徐广曰:"露,一作'灵'。"③直:同"值"。④绨:一种质地粗厚的丝织品。⑤先:走在前面。这里指做出榜样。⑥霸陵:文帝的陵墓,在长安城东(今西安市东北)。⑦坟:上古"坟"和

"墓"有区别,坟高,墓平。后来"坟墓"连用,不再区别。⑧几杖:几,矮而小的桌子,用以放东西。杖,手杖。文帝赐几杖是表示关怀吴王年纪大,不必定期进京朝见。⑨称说:"称"与"说"同义。这里指进言说事。⑩切:诚恳,直率。⑪下吏:下交给有关官吏处理。

译: 孝文帝从代国来到京城,即位二十三年,宫室、园林、狗马、服饰、车驾等,什么都没有增加。但凡有对百姓不便的事情,就予以废止,以便利民众。文帝曾打算建造一座高台,召来工匠一计算,造价要上百斤黄金。文帝说:"百斤黄金相当于十户中等人家的产业,我承受了先帝留下来的宫室,时常担心有辱于先帝,还建造高台干什么呢?"文帝平时穿的是质地粗厚的丝织衣服,对所宠爱的慎夫人,也不准她穿长得拖地的衣服,所用的帏帐不准绣彩色花纹,以此来表示俭朴,为天下人做出榜样。文帝规定,建造他的陵墓霸陵,一律用瓦器,不准用金银铜锡等金属做装饰,不修高大的坟;要节省,不要烦扰百姓。南越王尉佗自立为武帝,文帝却把尉佗的兄弟召来,使他们显贵,报之以德。尉佗于是取消了帝号,向汉朝称臣。汉与匈奴相约和亲,匈奴却背约入侵劫掠,而文帝只命令边塞戒备防守,不发兵深入匈奴境内,不愿意给百姓带来烦扰和劳苦。吴王刘濞谎称有病不来朝见,文帝就趁此机会赐给他木几和手杖,以表示关怀他年纪大,可以免去进京朝觐之礼。群臣中如袁盎等人进言说事,虽然直率尖锐,而文帝总是宽容采纳。大臣中如张武等人接受别人贿赂的金钱,事情被发觉,文帝就从皇宫仓库中取出金钱赐给他们,用这种办法使他们内心羞愧,而不下交给执法官吏处理。文帝一心致力于用恩德感化臣民,因此天下富足,礼义兴盛。

厚待单于

郅支①既诛,呼韩邪单于且喜且惧,上书言曰:"常愿谒见天子,诚以郅支在西方,恐其与乌孙俱来击臣,以故未得至汉。今郅支已伏诛,愿入朝见。"竟宁②元年③,单于复入朝,礼赐如初，加衣服锦帛絮，皆倍于黄龙④时。单于自言愿婿汉氏以自亲。元帝以后宫良家子王嫱字昭君赐单于。单于欢喜，上书愿保塞上谷以西至敦煌，传之无穷，……王昭君号宁胡阏氏⑤，生一男伊屠智牙师，为右日逐王。

《汉书·匈奴传下》

注：①郅支：郅支单于，呼韩邪之兄，当时在匈奴东边自立为单于，后被汉所诛。②竟宁：元帝年号。③元年：公元前33年。④黄龙：宣帝年号。⑤阏氏：汉代匈奴王妻妾的称号，称单于母亲为母阏氏。

译：郅支单于被杀后，呼韩邪单于又欢喜又恐惧，上书说："我一直想拜见天子，实在是因为过去郅支单于在西边，唯恐他与乌孙国一起来袭击我，所以没能到汉朝来。现在郅支单于已经伏法，我愿到汉朝来朝见。"元帝竟宁元年，单于又来朝见，朝廷像以前一样给以礼遇和赏赐，赠赐的衣服锦缎帛絮，都比宣帝黄龙年间加倍。单于主动说愿意做汉朝的女婿，以更加亲近汉朝。元帝把后宫良家女子王嫱（字昭君）赐给单于。单于很高兴，上书说愿意守卫上谷以西至敦煌的边塞，世世代代传下去。……王昭君，号宁胡阏氏，生了一个儿子名伊屠智牙师，以后成为右日逐王。

人臣的教化

估化成俗定，则为人臣者，主丑忘身，国丑忘家，公丑忘私，利不苟就，害不苟去，唯心所在，主上之化也。故父兄之臣①诚死宗庙，法度之臣诚死社稷，辅翼之臣诚死君上，守卫捍敌之臣诚死城廓封境。故曰"圣人有金城②"者，比物此志也。彼且为我死，故吾得与之俱生；彼且为我亡，姑吾得与之俱存；夫将为我危，故吾得与之皆安。顾行③而忘利，守节而服义，故可以托不御之权④，可以托五尺之孤⑤。此厉廉耻、行礼义之所致也。

（汉）贾谊《新书·阶级》

注：①父兄之臣：本姓之大臣。②金城：金属铸就的城墙。形容城墙坚固。③顾行：保全品行。④不御之权：无须加以控制的权力。⑤五尺之孤：年幼的皇帝。

译：如果教化形成了，美好风俗确立了，那么做臣子的就会为了国君的事业而忘掉个人的事情，为了国家大事而忘掉自家之事，为了公事而忘掉个人私事，有好处不会没有原则去捞取，有了灾祸不苟且躲避，所作所为全依道义，这全是君王教化的结果。因而与君王同姓的臣下，为捍卫宗庙而死；执法大臣，为国家之事而死；君王周围辅佐他的大臣，一定为保卫国君而死；负责守边御敌的大臣，一定守卫城池疆土而死。所以才说"圣明的君主拥有金筑的城"啊，比方的正是这种情况。他们要为我去死，但我却能跟他们一起活下来；他们要为我舍身，我却能同他们共存；他们将为我遭受危难，可是我却同他们共享安定。他们能为顾全品行而忘掉私利，为保守气节而服从正义，所以可以把大权交给他们而不必加以控制，也可以把幼主托付给他们，这种情况的出现是激励大臣守廉耻、遵循礼义的结果。

政专则和谐

夫任一人则政专，任数人则相倚。政专则和谐，相倚则违戾。

《后汉书·仲长统传》

译：把权利确定给一个人就会形成政务的专一，给数个人就会形成相互依赖。政务专一就和谐，政务依赖就会相违背。

宇内不扰

世主得道，宇内不扰；诸侯宾服，百蛮雍喜，四海同风，兵革不起；儌捍之人无所效其言，果壮之士无所施其功；聪明辩智，随泽而耕，骐骥骅骝，婴舆而作，天下宴闲，各乐其业；世敦俗厚，民人专一，总织而衣，总耕而食；天心和洽，万物丰熟，嘉祥屡臻，吉符并集；非天降福，世主道德也。

《老子指归·天下有道》

译：君主得道，宇内不扰；诸侯宾服，边民和乐；四海同风，兵革不起；强悍的人无法实现预谋，勇敢的人无法施展本领；聪明善辩的人沿着洼地耕作，骐骥骅骝拴在车上驾御，天下安闲，各乐其业；世俗淳厚，民众专一，聚织而衣，聚耕而食；天心和洽，万物丰熟，嘉祥屡至，吉符并集；不是上天降福，而是因为君主以德御天下呀。

出师表

先帝创业未半而中道崩殂，今天下三分，益州疲弊，此诚危急存亡之秋也。然侍卫之臣不懈于内，忠志之士忘身于外者，盖追先帝之殊遇，欲报之于陛下也。诚宜开张圣听，以光先帝遗德，恢弘志士之气，不宜妄自菲薄，引喻失义，以塞忠谏之路也。宫中府中，俱为一体，陟罚臧否，不宜异同。若有作奸犯科及为忠善者，宜付有司论其刑赏，以昭陛下平明之理，不宜偏私，使内外异法也。侍中侍郎郭攸之、费祎、董允等，此皆良实，志虑忠纯，是以先帝简拔以遗陛下。愚以为宫中之事，事无大小，悉以咨之，然后施行，必能裨补阙漏，有所广益。将军向宠，性行淑均，晓畅军事，试用于昔日，先帝称之曰能，是以众议举宠为督。愚以为营中之事，悉以咨之，必能使行阵和睦，优劣得所。亲贤臣，远小人，此先汉所以兴隆也；亲小人，远贤臣，此后汉所以倾颓也。先帝在时，每与臣论此事，未尝不叹息痛恨于桓、灵也。侍中、尚书、长史、参军，此悉贞良死节之臣，愿陛下亲之信之，则汉室之隆，可计日而待也。臣本布衣，躬耕于南阳，苟全性命于乱世，不求闻达于诸侯。先帝不以臣卑鄙，猥自枉屈，三顾臣于草庐之中，咨臣以当世之事，由是感激，遂许先帝以驱驰。后值倾覆，受任于败军之际，奉命于危难之间，尔来二十有一年矣。先帝知臣谨慎，故临崩寄臣以大事也。受命以来，夙夜忧叹，恐托付不效，以伤先帝之明，故五月渡泸，深入不毛。今南方已定，兵甲已足，当奖率三军，北定中原，庶竭驽钝，攘除奸凶，兴复汉室，还于旧都。此臣所以报先帝而忠陛下之职分也。至于斟酌损益，进尽忠言，则攸之、祎、允等之任也。愿陛下托臣以讨贼兴复之效，不效则治臣之罪，以告先帝之灵。若无兴德之言，则责攸之、祎、允等之慢，以彰其咎；陛下亦宜自谋，以咨诹善道，察纳雅言，深追先帝遗诏。臣不胜受恩感激。今当远离，临表涕零，不知所言。

《出师表》

译： 先帝创立帝业还没有完成一半，就中途去世了。现在，天下已分成魏、蜀、吴三国，我们蜀国人力疲惫，物力又很缺乏，这确实是国家危急存亡的关键时刻。然而，侍卫大臣们在宫廷内毫不懈怠，忠诚有志的将士在疆场上舍身作战，这都是因为追念先帝在世时对他们的特殊待遇，想报效给陛下啊。陛下确实应该广泛地听取群臣的意见，发扬光大先帝留下的美德，弘扬志士们的气概；不应该随随便便地看轻自己，言谈中称引譬喻不合大义（说话不恰当），以致堵塞忠臣进谏劝告的道路。皇宫的侍臣和丞相府的宫吏都是一个整体，对他们的提升、处分、表扬、批评，不应该因人而有什么差别。如果有营私舞弊、违犯法律或尽忠为善的人，陛下应交给主管的官吏，由他们评定应得的处罚或奖赏，用来表明陛下公正严明的治理方针。不应偏袒徇私，使得宫内和宫外有不同的法则。侍中郭攸之、费祎和侍郎董允等人，都是忠良诚实的人，他们的志向和心思忠诚无比，因此先帝把他们选拔出来留给陛下。我认为宫中的事情，无论大小，陛下都应征询他们，然后再去实施，这样一定能补救欠缺疏漏的地方，获得更好的效果。将军向宠，性格和善，品德公正，精通军事，从前经过试用，先帝称赞他有才能，因此大家商议推举他做中部督。我认为军营中的事务，都应与他商量，这样一定能使军队团结协作，将士才干高的、差的，队伍强的、弱的，都能够得到合理的安排。亲近贤臣，疏远小人，这是前汉兴隆昌盛的原因；亲近小人，疏远贤臣，这是后汉所以倾覆衰败的原因。先帝在世时，每次与我谈论这些事，没有一次不对桓、灵二帝感到叹息、痛心的。侍中郭攸之、费祎，尚书陈震，长史张裔，参军蒋琬，这些都是忠贞贤良能够以死报国的忠臣，希望陛下亲近他们、信任他们，那么汉室的兴隆就指日可待了。我本来是一介平民，在南阳种田，只求能在乱世中暂且保全性命，不奢求在诸侯面前有什么名气。先帝不因我身世卑微、见识短浅，反而降低自己的身份，三次到草庐来访问我，向我征询对当今天下大事的意见，我因此十分感激，于是答应先帝愿为他奔走效劳。后来遇到失败，我在战败的时候接到委任，在危难的时候奉命出使东吴，从那时到现在已经二十一年了。先帝（刘备）知道我谨慎，因此在临终前把国家大事托付给我。自从接受任命以来，我日夜忧虑叹息，担心不能将先帝托付的事情办好，有损先帝的圣明。所以我在五月渡过泸水，深入到荒凉的地方。现在南方已经平定，兵器已经准备充足，应当鼓舞并率领三军，向北方平定中原。希望全部贡献出自己平庸的才能，铲除奸邪凶恶的曹魏，复兴汉室，回到原来的都城洛阳。这是我用来报答先帝并忠于陛下的职责的本分。至于对政事的斟酌兴废，进献忠诚的建议，那是郭攸之、费祎、董允等人的责任。希望陛下把讨伐奸贼、复兴汉室的任务交给我，如果没有完成，就请治我重罪，来告慰先帝在天之灵。如果没有劝勉陛下宣扬圣德的忠言，就责备郭攸之、费祎、董允等人的怠慢，来揭露他们的过失；陛下自己也应该认真考虑国家大事，征询治理国家的好办法，听取正确的意见，深切追念先帝的遗训。如果能够这样，我就受恩感激不尽了。现在我就要辞别陛下远行了，面对奏表热泪纵横，不知说了些什么。

社稷之虑

帝①欲徙冀州士卒家十万户实河南。时天旱蝗，民饥，群司以为不可，而帝意甚盛。侍中辛毗②朝臣俱求见，帝知其欲谏，作色以待之，皆莫敢言。毗曰："陛下欲徙士家，其计安出？"帝曰："卿谓我徙之非邪？"毗曰："诚以为非也。"帝曰："吾不与卿议也。"毗曰："陛下不以臣不肖，置之左右，而之谋议之官，安能不与臣议邪！臣所言非私也，乃社稷之虑也，安得怒臣！帝不答，起入内；毗随而引其裾，帝遂奋衣不还，良久用也，曰："佐治，卿持我何太急邪！"毗曰："今徙，既失民心，又无以食也，故臣不敢不力争。"帝乃徙其半。帝尝出射雉，顾群臣曰：射雉乐哉！毗对曰："于陛下甚乐，于群下甚苦。"帝默然，后遂为之稀出。

《资治通鉴》

注：①帝：魏文帝曹丕。②辛毗：字佐治，时任魏国侍中，以直言敢谏著称。

译：皇帝要迁徙冀州籍士兵的家属十万户，充实河南郡。当时，天大旱，又闹蝗灾，百姓饥馑，朝廷各部门都认为不可以，而皇帝态度却很坚决。侍中辛毗和朝廷大臣请求觐见，皇帝知道他们要劝谏，板起面孔等着。大家见皇帝脸色不好，都不敢说话。辛毗说："陛下要迁徙士兵家属，理由是什么？"皇帝说："你认为我的做法不对？"辛毗回答说："确实不对。"皇帝说："我不和你讨论。"辛毗说："陛下不认为我不成才，所以将我安排在陛下身边，作为咨询的官员，陛下怎么能不和我讨论呢？我的话并非对我个人有什么好处，而是为国家着想，您有什么理由对我发脾气呢？"皇帝不答，起身要进内室。辛毗在后面赶上，拉住他的衣襟，皇帝猛地拽过衣襟，头也不回地走了进去。过了很久，他又出来，对辛毗说："辛佐治，你为什么把我挟持得那么急迫！"辛毗说："迁徙民众，既失人心，又缺少粮食，所以我不得不力争。"这样，皇帝只迁徙了五万户。皇帝曾出外打野鸡取乐，对官员们说："射野鸡，实在令人高兴！"辛毗对答说："这对陛下来说，的确是件高兴事；对我们这些臣子，可是件苦差事。"皇帝默然无语，以后就很少出去打猎了。

无君无臣

曩古之世，无君无臣，穿井而饮，耕田而食。日出而作，日入而息。泛然不系，恢尔自得。不竞不营，无荣无辱。泽无舟梁，川谷不通，则不相并兼。士众不聚，则不相攻伐。

《抱朴子·诘鲍》

译：远古时，没有君臣，人们打井取水，耕作取食，太阳出来就劳作，太阳下山就休息。没有什么牵挂，怡然自得。不竞争，不经营，没有荣，也没有耻。河湖没有船，也没有桥。山川之间不相通，人们不相互兼并。民众不聚集，也不相互攻伐。

施舍

高闾①曾造其②家，值叟短褐柴，从田归舍，为闾设浊酒蔬食，皆手自办集。其馆宇卑陋，圆铸褊局……见其二妾，并年率跛眇，衣布穿弊。闾见其贫约，以物直十余匹赠之……密云左右，皆柢仰其德，岁时奉以麻布谷麦，叟随分散之，家余无财。

《魏书·胡叟传》

注：①高闾：闾字阎士，渔阳雍奴人。太武时，征拜中书博士。宣武即位，以光禄大夫致仕。②其：胡叟，字伦许，安定临泾人。

译：高闾曾经造访胡叟家，正值胡叟拖着木柴，从田里归来，便为高闾摆上浊酒，端上菜食，都是他亲自动手操办。胡叟家的房子又小又旧，周围也很狭小……他的两个妾都上了年纪，脚微跛，眼偏斜，衣着破旧。高闾见其贫穷如此，便拿了能买十匹布的东西送他……住在密云附近的人，都仰慕其德行，在每年的季节之时都给他送来麻布、谷子、麦子。胡叟将这些东西分发给别人，家里没有多余的财产。

厚赐柔然

魏之边吏获柔然逻①者二十余人，魏主赐衣服而遣之。柔然感悦。闰月，乙未，柔然敕连可汗遣使诣魏，魏主厚礼之……魏主以西海公主妻柔然敕连可汗；又纳其妹为夫人，遣颍川王提往逆之。丁卯，敕连遣其异母兄秃鹿傀送妹，并献马二千匹。魏主以其妹为左昭仪。提，曜之子也。

《资治通鉴》

注：①逻：巡逻。

译：北魏边防官员，俘获柔然汗国的巡逻兵二十余人，北魏国主拓跋焘赏赐给他们衣服，释放了他们。柔然人既感动又喜悦。闰月，乙未日，柔然汗国敕连可汗派使臣出使北魏，拓跋焘用优厚的礼节招待了他们……北魏国主拓跋焘把西海公主嫁给了柔然汗国的敕连可汗郁久闾吴提。同时，又娶郁久闾吴提的妹妹为夫人，派遣颍川王拓跋提前往送亲迎亲。丁卯（初四），敕连可汗郁久闾吴提派他的异母哥哥秃鹿傀，护送妹妹南下，并向北魏献马二千匹。拓跋焘封他的妹妹为左昭仪。拓跋提是拓跋曜的儿子。

人质

燕王不遣太子质魏，散骑常侍刘滋谏曰："昔刘禅有重山之险，孙有长江之阻，皆为晋擒。何则？强弱之势异也。今吾弱于吴、蜀而魏强于晋，不从其欲，将有危亡之祸。愿亟遣太子，而修政事，抚百姓，收离散，赈饥穷，劝农桑，省赋役，社稷犹庶几可保。"

《资治通鉴》

译：北燕王冯弘不愿意把太子冯王仁送到北魏充当人质。散骑常侍刘滋劝他说："当年，刘禅拥有重山作为屏障，孙也拥有长江天险，结果还是都被晋朝生擒。这是为什么呢？是由于实力的强弱太悬殊了。如今，我国的势力比当年的吴国、蜀国还弱，而魏国的势力比当年的晋国还要强盛。不满足魏国的要求，国家会有危亡的惨祸。希望您尽快遣送太子到魏国，稳定局势，然后在国内整顿吏治，安抚百姓，招集流离失所的难民，赈济穷困饥饿中的人，发展农业，鼓励种桑养蚕，减轻赋役，燕国的江山社稷或许还能保住。"

九国入贡

龟兹、疏勒、乌孙、悦般、渴盘陀、鄯善、焉耆、车师、粟持九国入贡于魏。魏主以汉世虽通西域，有求则卑辞而来，无求则骄慢不服；盖自知去中国绝远，大兵不能至故也。今报使往来，徒为劳费，终无所益，欲不遣使。有司固请，以为"九国不惮险远，慕义入贡，不宜拒绝，以抑将来"。乃遣使者王恩生等二十辈使西域。

《资治通鉴》

译：西域龟兹、疏勒、乌孙、悦般、渴盘陀、鄯善、焉耆、车师、粟持九国都派遣使臣向北魏进贡。拓跋焘认为，虽然从汉朝开始，西域各国就与中原互通使臣,但是,西域人通常都是有求时言辞恭谨,归附朝廷;没有求于中原时,就态度傲慢,不受朝廷约束。因为他们知道西域距中原太远,中原军队不能远征。所以如今让使节互相往来,劳民伤财,终究没有什么益处,因此不打算遣使回访。有关部门一再请求,认为"西域九国不远万里,不惧路途多险,仰慕我朝的仁义恩德,前来朝贡,不应拒绝,那样会阻止将来关系的发展"。于是,北魏朝廷派出使者王恩生等二十人出使西域各国。

元嘉治世

帝①性仁厚恭俭,勤于为政;守法而不峻,容物而不弛。百官皆久于其职,守宰以六期为断;吏不苟免,民有所系。三十年间,四境之内,晏安无事,户口蕃息,出租供徭,止于岁赋,晨出暮归,自事而已,闾阎之间,讲诵相闻;士敦操尚,乡耻轻薄。江左风俗,于斯为美,后之言政治者,皆称元嘉焉。

《资治通鉴》

注:①帝:刘宋文帝。

译:文帝性情宽厚仁慈,恭谨勤俭,勤奋刻苦,从不荒怠朝廷政务。他遵循法规而不苛刻,对人宽容却不放纵。朝廷的文武百官都能久居职位。郡守、县宰也都以六年为一任期。官吏不轻易免职,百姓才有所依托。三十年间,刘宋境内,平安无事,人口繁盛。至于租赋徭役,从不增加,只收取常赋,从不额外征收。百姓早晨出去耕作,晚上回家休息,可以随意做事,安居乐业。乡里街巷之间,读书的声音不绝于耳。士大夫重视操守,乡里百姓也讨厌轻薄无识的人。江左的风俗,在这个时代最好。后代评论前世政治得失的人,都称道元嘉治世。

取象《河》《洛》

取象乎《河》、《洛》,问数乎蓍龟,观天文以极变,察人文以成化；然后能经纬区宇，弥纶彝宪，发挥事业，彪炳辞义。

(南朝）刘勰《文心雕龙·原道》

译：效法《河图》和《洛书》，用蓍草和龟甲来占卜；观察天文现象来探究自然的各种变化；观察人间的文治达到教化的目的，然后才能治理国家，整理阐明出恒定的法度，并使各种事业得到发展，让文辞文理的作用得到发挥。

表征盛衰

原夫载籍之作也，必贯乎百氏，被之千载，表征盛衰，殷鉴兴废，使一代之制，共日月而长存，王霸之迹，并天地而久大。

(南朝）刘勰《文心雕龙·史传》

译：编写史书，必须上下贯汇诸子百家，记载千秋万世的事件，表明历代盛衰的现象，作为后世兴亡的借鉴；使一个朝代的典章制度，与日月一样长存于世；王道霸业的事迹，与天地一样长久光大。

先存百姓

贞观初，太宗谓侍臣曰："为君之道，必须先存百姓。若损百姓以奉①其身，犹割股以啖腹，腹饱而身毙。若安天下，必须先正其身，未有身正而影曲，上治而下乱者。朕每思伤其身者不在外物，皆由嗜欲以成其祸。若耽嗜滋味，玩悦声色，所欲既多，所损亦大，既妨政事，又扰生民。且复出一非理之言，万姓为之解体，怨讟既作，离叛亦兴。朕每思此，不敢纵逸②。"谏议大夫魏征对曰："古者圣哲之主，皆亦近取诸身，故能远体诸物。昔楚聘詹何，问其治国之要，詹何对以修身之术。楚王又问治国何如，詹何曰：'未闻身治而国乱者。'陛下所明，实同古义。"

（唐）吴兢《贞观政要》

注：①奉：奉养。②纵逸：一丝一毫的放纵和懈怠。

译：贞观初年，唐太宗对身边的大臣们说："当国君的准则，必须首先安抚百姓。如果以损害百姓来奉养自己，那就像割自己大腿的肉来填饱自己的肚子一样，肚子虽饱而性命不保。要想安定天下，必须首先端正自身。世上没有身正影斜的现象，也没有上治下乱的道理。我常常想，损伤自身的不在外部事物，都是由自身贪欲而酿成祸患。倘若贪恋美味，沉湎声色，想要得到的越多，所受的损失就越大，既妨碍国家政事，又侵扰百姓。如果再讲出一些不明智的话来，就会导致民心涣散；怨恨一旦产生，自然就众叛亲离。我每每想到这些，就不敢有一丝一毫的放纵和懈怠。"谏议大夫魏征答道："古代圣明的国君，都能够由近及远，由己推人。从前楚国聘用詹何，向他征询治国的要领。詹何用修养自身品德来作答。楚王又问这样治理国家效果会怎样，詹何说：'没有听说国君清正而国家不安定的。'陛下所说的道理，完全符合古代圣贤的意思。"

遇物则诲

闰月，辛亥，上谓侍臣曰："朕自立太子，遇物则诲①之。见其饭，则曰：'汝知稼穑之艰难，则常有斯饭矣。'见其乘马，则曰：'汝知其劳逸，不竭②其力，则常得乘之矣。'见其乘舟，则曰：'水所以载舟，亦所以覆舟，民犹水也，君犹舟也。'见其息于木下，则曰：'木从绳则正，后从谏③则圣。'"

《资治通鉴》

注：①诲：教诲。②竭：耗尽。③从谏：纳谏。

译：闰六月，辛亥（初四），太宗对身边大臣说："朕自从立李治为太子，遇见任何事情都亲加教诲，看见他用饭，就说：'你知道耕种的艰难就能常吃上这些饭。'看见他骑马，就说：'你知道马要劳逸结合，不耗尽马的力量，就能经常骑着它。'看见他坐船，就说：'水能够载船，也能够翻船，百姓便如同这水，君主便如同这船。'见到他在树下休息，就说：'木头经过墨线处理才能正直，君主能纳谏者才为圣君。'"

固其根本

臣闻求木之长者，必固其根本；欲流之远者，必浚其泉源；思国之安者，必积其德义。源不深而望流之远，根不固而求木之长，德不厚而思国之治，虽下愚，知其不可，而况于明哲乎？人君当神器之重，居域中之大①……不念居安思危，戒贪以俭……斯亦伐根以求木茂，塞源而欲流长也。凡百元首，承天景命……善始者实繁，克终者盖寡。岂取之易而守之难乎？……在殷忧，必竭诚以待下；既得志，则纵情以傲物。竭诚则吴、越为一体；傲物则骨肉为行路。虽董②之以严刑，振之以威怒，终苟免而不怀仁，貌恭而不心服。怨不在大，可畏惟人，载舟覆舟，所宜深慎。……诚能见可欲，则思知足以自戒；将有作，则思知止以安人；念高危，则思谦冲而自牧；惧满溢，则思江海下百川；乐盘游③，则思三驱以为度；忧懈怠，则思慎始而敬终；虑壅蔽，则思虚心以纳下；想谗邪，则思正身以黜恶；恩所加，则思无因喜以谬赏；罚所及，则思无因怒而滥刑。总此十思，宏此九德④。简能而任之，择善而从之，则智者尽其谋，勇者竭其力，仁者播其惠，信者效其忠。

《旧唐书·魏征传》

注： ①居域中之大：占据天地间的一大。《老子》上篇："道大，天大，地大，王亦大。域中有四大，而王居其一焉。"域中，天地间。②董：督责，监督。③盘游：打猎游乐。④九德：指忠、信、敬、刚、柔、和、固、贞、顺。

译： 我（魏征）听说过，要求树木生长，就一定要加固它的根本；想要河水流得长远，就一定要疏通它的源头；想使国家安定，就一定要积聚自己的道德仁义。水源不深却希望水流得长远，根不牢固却要求树木生长，道德不深厚却想使国家安定，我虽然十分愚笨，也知道那是不可能的，更何况明智的人呢？国君掌握着帝王的大权重任，处于天地间至尊的地位，不考虑在安逸的环境中想到危难，戒除奢侈而厉行节俭……这也就像砍断树根却要树木长得茂盛，堵塞泉源却希望流水长远一样啊！凡是古代的君主，承受上天的大命……开始做得好的确实很多，但是能够坚持到底的却很少。难道是取得天下容易，守住天下就困难吗？大概是他们在忧患深重的时候，必然竭尽诚意对待下属，一旦得志，便放纵情欲，傲视他人。竭尽诚意，那么即使像吴、越那样敌对的国家也能结为一个整体；傲视他人，那么骨肉至亲也会疏远得像过路人一样。即使用严酷的刑罚督责人们，用威风怒气恫吓人们，结果也只能使人们图求苟且以免于刑罚，却不会怀念国君的恩德，表面上态度恭敬，可是心里并不服气。怨恨不在大小，可怕的只是百姓。百姓像水一样，可以载船，也可以翻船，这是应该特别谨慎的。……果真能够做到：见了想要得到的东西，就想到知足以警戒自己；将要大兴土木，就想到要适可而止以使百姓安宁；考虑到帝位高随时会有危险，就想到要谦虚，并且加强自我修养；害怕骄傲自满，就想到江海居于百川的下游；喜欢打猎游乐，就想到每年三次的限度；担心意志懈怠，就想到做事要始终谨慎；忧虑会受蒙蔽，就想到虚心接纳下属的意见；害怕谗佞奸邪，就想到端正自身以斥退邪恶小人；加恩于人时，就想到不要因为一时高兴而赏赐不当；施行刑罚时，就想到不要因为正在发怒而滥施刑罚。完全做到上述十个方面，扩大九德的修养，一定会得到很多补益。选拔有才能的人而任用他，选择好的意见而听从它，那么，聪明的人就会竭尽他们的智谋，勇敢的人就会竭尽他们的气力，仁爱的人就会广施他们的恩惠，诚实的人就会奉献他们的忠诚。

歌德盈路

狄仁杰为宁州刺史。右台监察御史晋陵郭翰巡察陇右，所至多所按劾①。入宁州境，耆老歌刺史德美者盈②路；翰荐之于朝，征为冬官侍郎。

《资治通鉴》

注：①按劾：揭发弹劾。②盈：满。
译：狄仁杰担任宁州刺史。右台监察御史晋陵人郭翰巡察陇右地区，所到之处多有所揭发弹劾。进入宁州境内，父老歌颂刺史美德的遍地都是；郭翰向朝廷推荐，狄仁杰被召回任冬官侍郎。

拜洛受图

己酉，太后拜洛受图，皇帝、皇太子皆从，内外文武百官、蛮夷各依方叙立，珍禽、奇兽、杂宝列于坛前，文物卤簿之盛，唐兴①以来未之有也。

《资治通鉴》

注：①兴：开国。
译：己酉（二十五日），太后祭拜洛水，接受"天授圣图"，皇帝、皇太子都随从，内外文武百官、蛮夷首领各按方位排列站立。珍禽、奇兽、各种珍宝陈列于坛前，礼乐仪仗的盛大，是唐朝开国以来所未有过的。

宫廷宴乐

初，上皇每宴，先设太常雅乐坐部、立部，继以鼓吹、胡乐，教坊、府·县散乐、杂戏；又以山车、陆船载乐往来；又出宫人舞《霓裳羽衣》；又教舞马百匹，衔杯上寿；又引犀象入场，或拜，或舞。

《资治通鉴》

译：当初，玄宗每当聚会设宴时，先让太常雅乐的坐部伎和立部伎演奏，继后是鼓吹乐、胡人乐，教坊、京兆府长安与万年两县的散乐以及杂戏；又让作成山状的山车和旱船载着乐队来来往往演奏；又让宫女表演《霓裳羽衣舞》；又让一百匹舞马嘴里衔杯跳舞祝寿；又让犀牛和大象入场跳舞礼拜。

两税外以枉法论

春，正月，丁卯朔，改元。群臣上尊号曰圣神文武皇帝；赦天下。始用杨炎议①，命黜陟使与观察、刺史"约②百姓丁产，定等级，改作两税法。比来新旧徵科色目，一切罢之；二税外辄率一钱者，以枉法③论"。

《资治通鉴》

注：①议：建议。②约：估量。③枉法：违法。

译：春季，正月，丁卯朔（初一），更改年号。群臣为德宗进献尊号，称做圣神文武皇帝。大赦天下。德宗开始采用杨炎的建议，命令黜陟使和观察使、刺史"估量百姓的人丁财产，定出等级，改变旧税法，实行两税法。将近年来原有和新增的各项征收名目一律取消。在两税以外，就是向百姓再收敛一个铜钱，也以违法论处。"

解甲归农

二月，丙申朔，命黜陟使十一人分巡天下。先是①，魏博节度使田悦事朝廷犹恭顺,河北黜陟使洪经纶,不晓时务,闻悦军七万人,符下,罢②其四万,令还农。悦阳顺命,如符罢之。既而集应罢者,激怒之曰:"汝曹久在军中,有父母妻子,今一旦为黜陟使所罢,将何资以自衣食乎!"众大哭。悦乃出家财以赐之,使各还部伍。

《资治通鉴》

注:①先是:在此之前。②罢:裁减。

译:二月,丙申朔(初一),德宗命令黜陟使十一人分道巡查全国。在此之前,魏博节度使田悦侍奉朝廷还算恭顺,河北黜陟使洪经纶不通晓时务,听说田悦军有七万人,便发下军符,要求裁减四万人,命他们解甲归农。田悦佯装从命,按军符减员。不久,田悦召集应当裁减的士兵,激怒他们说:"你们长期在军中,都有父母、妻子、儿女,现在一下子被黜陟使裁减了,你们拿什么来养活自己呢!"大家放声大哭起来。田悦于是拿出家财,分给士兵,让他们都回到军中。

革除弊政

丁巳,以洺州长史宋璟检校吏部尚书、同中书门下三品;岑羲罢①为右散骑常侍,兼刑部尚书。璟与姚元之协心革中宗弊政,进②忠良,退③不肖,赏罚尽公,请托不行,纲纪修举,当时翕然以为复有贞观、永徽之风。

《资治通鉴》

注:①罢:罢免。②进:提拔任用。③退:贬黜斥退。

译:丁巳(初八),唐睿宗任命洺州长史宋璟为检校吏部尚书、同中书门下三品;岑羲被罢免为右散骑常侍兼刑部尚书。宋璟和姚元之齐心协力地革除唐中宗时期的各种弊端,提拔任用忠正贤良之士,贬黜斥退奸邪不肖之徒,行赏施罚完全依据公理,行贿说情的不良风气没有了市场,各项法度重新得到整饬,当时朝野上下一致认为国家又恢复了贞观、永徽时期的良好风尚。

流亡复业

曲环以勤俭率下,政令宽简,赋役平均,数年之间,流亡复业①,兵食皆足。

《资治通鉴》

注:①复业:重操旧业。

译:曲环以勤俭的作风约束部下,行政措施与法令都很宽和简明,赋税劳役平均,在几年时间里,流离亡散的人们又重操旧业,兵马与粮食都充足起来。

政有宽急

宽则获多而速,急则获少而迟,盖以宽则人喜于免罪而乐输,急则竞为蔽匿①,非推鞫②不能得其实,财不足济今日之急而皆入于奸吏矣。

《资治通鉴》

注:①竞为蔽匿:争着隐藏赋税。②推鞫:审讯。

译:实行宽大的办法,能够得到的数量多而时间短。实行严厉的办法,能够得到的数量少而时间长。这大概是因为实行宽大的办法,人们为免除惩处而欣喜,因而乐于缴纳赋税;实行严厉的办法,人们争着隐藏赋税,不经过审讯便不能够查出实情,因而得到的钱财不够接济当前的迫切需要,反而都让邪恶的官吏得去了。

东南之民

元友直句检诸道税外物,悉输户部,遂为定制,岁于税外输百余万缗、斛,民不堪命。诸道多自诉于上,上意寤①,诏:"今年已入在官者输京师,未入者悉②以与民;明年以后,悉免之。"于是东南之民复安其业。

《资治通鉴》

注:①上意寤:德宗心中理解了他们的疾苦。②悉:全部。

译:元友直检查各道在税收以外加征的财物,并将它们全部上缴户部。以后这种做法便成了固定的制度,每年要在税收以外缴纳一百余万缗、斛,百姓难以忍受这种索求。各道经常向德宗反映这种情况,德宗心中理解了他们的疾苦,于是颁诏:"今年已经收入官府的税收以外的财物可以运往京城,还没有收入官府的,全部交还给百姓。从明年起,悉数免除。"于是,东南地区的百姓又安心从事他们的本业了。

务利贫人

望凡所占田,约所条限①,裁减租价,务利贫人。法贵必行,慎在深刻,裕其制以便俗,严其令以惩违,微损有余,稍优不足。失不损富,优可赈②穷。此乃安富恤穷之善经,不可舍也。

《资治通鉴》

注:①约所条限:预先规定限制性的条款。②赈:赈济。

译:希望对一切被占有的田地,预先规定限制性的条款,裁减田租的价钱,务必让贫困的人得到好处。法规可贵的是一定要实行下去,需要谨慎的是防止深究苛察。将制度设立得宽和一些是为了方便大众，将法令规定得严厉一些是为了惩诫违法者。要微微损伤一点富裕人家的收入，而稍稍照顾一下贫穷人家的利益，使富裕人家的损失不至于有伤富足，而使对贫穷人家的照顾足以赈济穷困。这便是安定富人，体恤贫民的美好举措，是不可舍弃的啊。

养民

建官立国，所以①养人也；赋人取财，所以资国也。明君不厚其所资而害其所养，故必先人事而借其暇力②，先家给而敛其余财。

《资治通鉴》

注：①所以：是以……为目的的。②暇力：余力。

译：设置百官，创立国家，是以养民为目的的；向百姓征收赋税，索取财货，是以供给国家为目的的。贤明的君王不肯为了丰厚的供给而使人民受到损害，所以必须首先办好人们应做的事情，而后借用人们的余力，必须首先使家家富足起来，而后征收人们剩余的资财。

勤俭帅众

九月，甲午，以景略为丰州都防御使。穷①边气寒，土瘠民贫，景略以勤俭帅众，二岁之后，储备完实，雄于北边。

《资治通鉴》

注：①穷：荒远的。

译：九月，甲午（初六），皇帝任命李景略为丰州都防御使。荒远的边疆地区天气寒冷，土地瘠薄，人民贫困，李景略以勤俭的作风给大家做出表率。两年以后,器械完备,粮仓充实,丰州在北部边境上雄强起来了。

招抚流散

行密初至,赐与将吏,帛不过数尺,钱不过数百;而能以勤俭足用,非公宴,未尝举乐①。招抚流散,轻徭薄敛,未及数年,公私富庶,几复②承平之旧。

《资治通鉴》

注:①未尝举乐:从不举办歌舞宴乐。②复:恢复。

译:杨行密刚到这里时,赏赐将领官吏,布帛不过几尺,银钱不到几百。可是杨行密能够靠勤奋节俭,保证军中供给充足,除非因公摆设宴会,他自己从不举办歌舞宴乐。杨行密招收安抚流离的人民,减轻徭役,少征赋税,没有几年的功夫,官府和人民都富有起来,几乎恢复到太平盛世时的状态。

闽人安定

潮遣僚佐巡州县,劝①农桑,定租税,交好邻道,保境息民,闽人安定。

《资治通鉴》

注:①劝:勉励。

译:王潮派遣属下官员到各州县巡视,勉励人民耕种纺织,制定地租赋税限额,与邻近各道友好交往,保护境内,让人民休养,闽地的人民都很安定。

昼出耘田

昼出耘①田夜绩麻②，村庄儿女各当家③。童孙未解供④耕织，也傍桑阴学种瓜。

(宋)范成大《四时田园杂兴》

注：①耘：锄草。②绩麻：搓捻麻绳或麻线。③当家：主持家务。这里指担当家庭的生产劳动任务。④供：供奉。这里指"参加"、"从事"。

译：白天锄草，夜间搓捻细麻，农家男女没有片刻闲暇。小孩子不懂得耕田织布，也靠在桑荫下学着种瓜。

新筑场泥

新筑场泥①镜面平，家家打稻趁霜晴②。笑歌声里轻雷动③，一夜连枷④响到明。

(宋)范成大《四时田园杂兴》

注：①场泥：即泥场，指泥面晒谷场。②霜晴：霜后晴天。③轻雷动：像轻雷一样发出滚动的声音，形容连枷打稻声。④连枷：打稻脱粒的农具。

译：新筑的泥面晒谷场像镜面一样平，家家户户趁霜后的晴天抢打稻谷。笑语歌声里滚动着像轻雷一般的声响，打稻脱粒的连枷声昼夜不停通宵达旦。

弘雅之美

元景①起自将帅，及当朝理务，虽非所长，而有弘雅之美②。时在朝勋要③，多事产业，唯元景独无所营。南岸有数十亩菜园，守园人卖得钱二万送还宅，元景曰："我立此园种菜，以供家中啖④尔，乃复卖菜以取钱，夺百姓之利邪。"以钱乞守园人。

《宋书·蔡廓传》

注：①元景：柳元景，南朝宋重要将领，孝武帝时官至尚书令。②弘雅之美：有气量，有风度。③勋要：功臣要员。④啖（dàn 淡）：食。

译：柳元景原是军队将帅，要论当朝政，理政务，并非他所擅长，但他有气量，有风度。当时朝中功臣要员，多兼营产业，只有他什么都没搞。他家在南岸有几十亩菜园，守园人贩卖得钱两万，送还府中。柳元景说："我建这个园子种菜，为的是供家中食用，现在却卖菜得钱，这不是侵夺百姓之利吗？"他把这笔钱给了守园人。

王政之本

农桑，王政之本也。太祖起朔方，其俗不待蚕而衣，不待耕而食，初无所事焉。世祖即位之初，首诏天下，国以民为本，民以食为本，衣食以农桑为本。于是分颁《农桑辑要》之书于民，俾民崇本抑末①……每岁种桑枣20株，土性不宜者听种榆柳等，其数亦如之；种杂果者，每丁10株，皆以生成为数，愿多种者听。

《元史·食货志》

注：①崇本抑末：本指事物的根本，特指农业生产。末，次要的事物，特指工商业。

译：耕织是统治的根本。元太祖于北方起家，那里的风俗是不需要蚕丝就有衣服穿，不需要耕种就有食物吃，没有什么事情要做。元世祖即位初年，首先诏告天下，国家以百姓为根本，百姓以衣食为生存之本，衣食问题以耕织为根本。于是政府分别颁布《农桑辑要》一书给百姓，使百姓重视农耕。每年种桑树或枣树20棵，土壤不适合的可以种榆树或柳树，也是20株；种其它果树的，每丁10株，这些都是以成熟的植株来计量，允许百姓多种。

爱民

诸有司不以修筑防堤，霖雨①既降，水潦②并志，溧③民序舍，溺民妻子，为民害者，本郡官吏各罚俸一月，县官各笞④二十七，典史各一十七，并计过名。

《元史·刑法志》

注：①霖雨：连绵大雨。②水潦：通"涝"，雨水成灾。③溧：寒冷。④笞：古代五刑之一，用荆条或竹板打人背、臀或腿部。

译：各有关机构如果不修筑堤防，致使大雨连降后发生水患，使百姓遭受寒冷、流离失所、家破人亡，那么本郡的官吏各罚一个月的俸禄，县级官吏各鞭笞二十七下，典史官各鞭笞十七下，并且给以记过。

农家

梨叶成阴杏子青，榴花相映可怜生①。林深不见人家住，道上微闻打麦声。

（金）王庭筠《中州集·河阴道中》

注：可怜生：可爱的样子。生，语助词，用于形容词之后。

译：梨树的叶子浓密成阴，杏子透出青的颜色，与石榴花相互映衬很是可爱。树林很深看不到居住的人家，却可以隐约听到打麦的声音。

考选

以五事考较而为升殿：户口增、田野辟、词讼简、盗贼息、赋役平，五事备者为上选，内三事而成者为中选，五事俱不举者黜①。

《元典章·圣政》

注：①黜：废，贬退，罢免。

译：以五个方面的事务考量来作为升迁的标准：使人口增加；使田野得到开辟；使刑事诉讼减少；使偷窃或劫夺的事停止；使赋税和杂役公平，这五个方面都具备的人作为首要选择对象；其中有三个方面都具备的人作一般考虑；五个方面都不具备的人则要罢免。

湖上买卖

大宋乾道淳熙年间，孝宗皇帝登极，奉高宗为太上皇。那时金邦和好，四郊安静，偃武修文，与民同乐。孝宗皇帝时常奉着太上乘龙舟来西湖玩赏。湖上做买卖的，一无所禁，所以小民多有乘着圣驾出游，赶趁生意。只卖酒的也不止百十家。

（明）冯梦龙《喻世明言》

译：在大宋乾道淳熙年间，孝宗皇帝登位，奉高宗为太上皇。那个时候民族之间和好团结，四面安宁，停止战乱，大力推行修学，与民同乐。孝宗皇帝常常陪着太上皇乘龙舟来西湖玩赏。湖上做买卖的，没有什么禁止的，所以人民经常趁着皇帝出游赶着做生意，仅卖酒的都不止百十家。

教化

李生曰:"伟哉!律设大法、礼顺人情之语也。夫以礼教汝,汝必无我怨恶;以律治汝,则一门之内,小可论,大可杀,将无所措手虽矣。奈之何为民父母者不念也。苟一日之间,三复斯语,安有不兴悯恻之念者,安有无所措手足之民也。然茂为密令,亦必数年之后,教乃大行。则非久任不迁,亦当以不及降调。疲软罢斥矣,乌能泽及密黎,声施后世乎。"

(明)李贽《藏书》

译: 李生说:"了不起啊!律设大法、礼顺人情这句话。用礼义来教导你,你一定不会怨恨我;用刑律来惩治你,那么一门之内,小错可以判罪,大恶可以杀头,你将不知如何放置手脚啊。做百姓父母官的人怎么能不考虑这些呢!如果一天之中,多次重温这些话,那么,哪里还有不起怜悯恻隐之心的人,哪里还会有不知如何放置手脚的百姓啊!然而卓茂做密县县令,也必须经数年之后,教化才能广泛生效。假如不是长久任职不调动,那他也会因为治理不力而降职迁调,被认为疲沓软弱而罢官啊,又如何能恩惠及密县黎民百姓,声名流传后世呢?"

封锁与流通

据地以拒敌,画疆以自守,闭米粟丝枲布帛盐茶于境不令外鬻者,自困之术也,而抑有害机伏焉。夫可以出市于人者,必其余于己者。此之有余,则彼固有所不足矣;而彼抑有其余,又此之不足也。天下交相灌输而后生之用全,立国之备裕。金钱者,尤百货之母,国之贫富所司也。物滞于内,则金钱拒于外,国用不赡,而耕织织纴采山煮海之成劳,委积于无用，民日以贫；民贫而赋税不给，盗贼内起，虽有有余者，不适于用，其困必也。

（清）王夫之《读通鉴论》卷二十七

译：占据土地来抵抗敌人，划分疆界来保卫自己，把米、粟、丝、枲、布、帛、盐、茶封锁在自己境内，不让卖往外地是使自己困顿的方法，并且还有危机隐蔽。可用来卖给别人的，一定对自己是多余的。这里有多余的，那么那里本来就有不足；然而他那里有多余的，又是这里所不足的。天下互相轮流运输之后，生活用品就全备了，立国的物资储备就富裕了。金钱首先是所有商品的根本，是国家贫富之所在。物资被封锁在国内，那么金钱就被关在国门之外了，国家财经用款不够，因而劳动者劳累不堪，生产的产品被积累起来而没有用处，百姓一天一天因此而贫困；百姓贫困赋税就会不充足，国内就会产生盗贼，就是有了多余的东西，也不适合使用，国家的贫困是必然的了。

君相调剂之法

使野无闲田，民无剩力，疆土之新辟者，移种民①以居之，赋税之繁重者，酌今昔而减之，禁其浮靡，抑其兼并，遇有水旱疾疫，则开仓廪，悉府库以赈之，如是而已，是亦君、相调剂之法也。

（清）洪亮吉《治平篇》

注：①种民：耕种的人。

译：让野外没有空闲的田地，百姓没有无法发挥的劳力，新开发的疆土使耕种的人来居住，田赋租税名目太多、税额太高，就参考现在的情况和以往的赋税标准来减少它。禁止不务实和浪费，抑制土地兼并，遇到有水灾、旱灾或疾病流行，就打开仓库，用官府仓库的全部物资来赈济。照这样办理就行了，这就是国君、臣相调剂富裕和贫瘠地方的方法。

第三章　人的心灵的和谐

　　文化的和谐，不仅仅指人与人、人与社会的和谐，还包括人内心世界的和谐。人的品行情操、道德伦理、心理素质、民主意识、法制观念，都存在着和谐与不和谐的因素。要达到人与人、人与社会的和谐，基本的前提是人的心灵和谐。如果一个人的人格不健全，精神不充实，道德不美好，身心不协调，心理不健康，又怎能与其他的人和谐相处？又怎能在社会上和谐相处？本节从心灵和谐的角度选择了古人的论述，对于我们建设精神文明是有益处的。

养正观颐

　　颐①，贞吉，养正则吉也。观颐，观其所养也。自求口实②，观其自养也。天地养万物，圣人养贤以及万民，颐之时大矣哉！

《周易·颐》

注：①颐：保养；面颊。②口实：口食。

译：颐卦象征着颐养，坚守正固可获吉祥。观察颐养，是观察如何颐养自身；自求口食，是观察它们如何养活自己。天地养育着万物，圣人养育贤能之士和天下百姓。可见，颐养的道理太伟大了。

圣人感人心

咸①，感也。柔上而刚下，二气感应以相与。止而说，男下女，是以"亨利贞，取女吉"也。天地感而万物化生，圣人感人心而天下和平。观其所感，而天地万物之情可见矣。

《周易·咸》

注：①咸：即感，古无感字，以咸代替。

译：咸的意思是交感。阴柔居上位而阳刚处下位，阴阳二气交相感应，二相亲和，止于相感而又悦其交感，就像男子以礼下求女子，所以"亨通顺利，利于坚守正固，娶妻吉祥"。天地交相感应，因而万物变化生成，圣人感化人心带来天下和平。观察这一感应的法则，就可以发现天地万物的真情。

吉凶以情迁

天地设位，圣人成①能。人谋鬼谋，百姓与能。八卦以象告，爻象以情言，刚柔杂居，而吉凶可见矣。变动以利言，吉凶以情迁。是故爱恶相攻而吉凶生，远近相取而悔吝生，情伪②相感而利害生。

《周易·系辞下》

注：①成：成就。②情伪：实情与虚伪。

译：天地各有位置，圣人仿效。谋于贤人，谋于鬼神，百姓参与。八卦以爻象告诉信息，爻辞和象辞以情态告诉信息，刚柔两爻，相互错杂于六位中，吉凶的征兆就显现出来了。变动是为了趋于有利，吉凶随情理变迁。所以爱与恶相攻而吉凶产生，远近相互感应而悔恨困吝产生，事情有真伪，相互感应而利害产生。

和顺于道德

昔者圣人之作《易》也，幽赞于神明而生蓍①，参天两地而倚数②，观变于阴阳而立卦，发挥于刚柔而生爻，和顺于道德而理于义，穷理尽性以至于命。

《周易·说卦》

注：①蓍：一种灵草。②倚数：指天与地都有数在其中，以此加以计算。

译：从前，圣人创作《易经》，是穷极幽深，参赞神明，而上天生出蓍草，参照天地而确定其数，观察阴阳变化而设立卦，发挥刚柔的道理，设置爻，和顺于道德，调理于合宜的事理，穷尽事物的道理，探讨天命的道理。

和乐且湛

呦呦鹿鸣，食野之芩①。我有嘉宾，鼓瑟鼓琴。鼓瑟鼓琴，和乐且湛②。我有旨酒，以燕乐嘉宾之心。

《诗经·鹿鸣之什》

注：①芩：草名，属蒿类植物。②湛：快活得长久。

译：野鹿嗷嗷不停叫，在那野外吃芩草。我有高贵的宾客，弹瑟奏琴勤相邀。弹瑟奏琴初相邀，融洽欢欣乐尽兴。我备美酒和佳肴，宴乐宾客心愉悦。

知美为美

天下皆知美之为美，斯①恶已；皆知善之为善，斯不善已。故有无相生，难易相成，长短相形，高下相倾，音声相和，前后相随。是以圣人处无为之事，行不言之教。万物作而不辞，生而不有，为而不恃，成功不居。夫唯弗②居，是以不去。

《老子》

注：①斯：这。②弗：不。

译：天下都知道美之所以为美，丑的观念就产生了；都知道善之所以为善，恶的观念就产生了。所以有和无相互转化，难和易相互形成，长和短相互显现，高和下相互充实，音与声相互谐和，前和后相互接随。因此圣人用无为的观点对待世事，用不言的方式施行教化，听任万物自然兴起而不为其创始，有所施为，但不加自己的倾向，功成业就而不自居。正由于不居功，就无所谓失去。

以百姓心为心

圣人无心，以百姓心为心。善者吾善之，不善者吾亦善之，得善。信者吾信之，不信者吾亦信之，得信。

《老子》

译：圣人没有偏见，以百姓的想法为想法。对善良的人，以善意对待。对不善良的人，我也善待他，因而得到善。对守信的人，我对他守信，对不守信的人,我也守信,因而得到信。

道德物势

道生之,德畜之,物形之,势成之。

《老子》

译:道生育万物,德蓄养万物,物质构成万物的形态,形象完成万物的品类。

唯尧则之

子曰:"大哉尧①之为君也!巍巍乎!唯天为大,唯尧则②之,荡荡③乎,民无能名④焉。巍巍乎其有成功也,焕⑤乎其有文章!"

《论语·泰伯》

注:①尧:中国古代传说中的圣君。②则:效法。③荡荡:广大的样子。④名:形容,称说,称赞。⑤焕:光辉。
译:孔子说:"真伟大啊!尧这样的君主。多么崇高啊!只有天最高大,只有尧才能效法天的高大。(他的恩德)多么广大啊,百姓们真不知道该用什么语言来表达对它的称赞。他的功绩多么崇高,他制定的礼仪制度多么光辉啊!"

克己复礼

颜渊问仁。子曰:"克己复礼①为仁。一日克己复礼,天下归仁焉②。为仁由己,而由人乎哉?"

《论语·颜渊》

注：①克己复礼：克己，克制自己；复礼，使自己的言行符合于礼的要求。②归仁：归，归顺；仁，即仁道。

译：颜渊问怎样做才是仁。孔子说："克制自己，一切都照着礼的要求去做，这就是仁。一旦这样做了，天下的一切都归于仁了。实行仁德，完全在于自己，难道还在于别人吗？"

和无寡

孔子曰："求，君子疾夫舍曰欲之而必为之辞。丘也闻有国有家者，不患寡而患不均；不患贫而患不安。盖均无贫，和无寡，安无倾。夫如是，故远人不服，则修文德以来之；既来之，则安之。今由与求也，相夫子，远人不服，而不能来也；邦分崩离析，而不能守也；而谋动干戈于邦内。吾恐季孙之忧，不在颛臾，而在萧墙①之内也。"

《论语·季氏》

注：①萧墙：照壁屏风；此指宫廷之内。

译：孔子说："冉求，君子痛恨那种不肯实说自己想要那样做而又一定要找出理由来为之辩解的做法。我听说，对于诸侯和大夫，不怕贫穷，而怕财富不均；不怕人口少，而怕不安定。由于财富平均了，也就没有了所谓的贫穷；大家和睦，就不会感到人少；安定了，也就没有倾覆的危险了。因为这样，所以如果远方的人还不归服，就用仁、义、礼、乐招徕他们；已经来了，就让他们安心住下去。现在，仲由和冉求你们两个人辅助季氏，远方的人不归服，而不能招徕他们；国内民心离散，你们不能保全，反而策划在国内使用武力。我只怕季孙的忧患不在颛臾，而在自己的内部呢！"

言不可不慎

子贡曰:"君子一言以为知,一言以为不知,言不可不慎也!夫子之不可及也,犹天之不可阶而升也。夫子之得邦家者,所谓立之斯立,道之斯行,绥之斯来,动之斯和。其生也荣,其死也哀,如之何其可及也?"

《论语·子张》

译:子贡说:"君子的一句话就可以表现他的知识,一句话也可以表现他的不智,所以说话不可以不慎重。夫子的高不可及,正像天是不能够顺着梯子爬上去一样。夫子如果得国而为诸侯或得到采邑而为卿大夫,就会像人们说的那样,教百姓立于礼,百姓就会立于礼;要引导百姓,百姓就会跟着走;安抚百姓,百姓就会归顺;动员百姓,百姓就会齐心协力。(夫子)活着是十分荣耀的,(夫子)死了是极其可惜的。我怎么能赶得上他呢?"

五美

子张曰:"何谓五美?"子曰:"君子惠而不费,劳而不怨,欲而不贪,泰而不骄,威而不猛。"子张曰:"何谓惠而不费?"子曰:"因民之所利而利之,斯不亦惠而不费乎?择可劳而劳之,又谁怨?欲仁而得仁,又焉贪?君子无众寡,无小大,无敢慢,斯不亦泰而不骄乎?君子正其衣冠,尊其瞻视,俨然人望而畏之,斯不亦威而不猛乎?"子张曰:"何谓四恶?"子曰:"不教而杀谓之虐。不戒视成谓之暴。慢令致期谓之贼。犹之与人也,出纳之吝,谓之有司。"

《论语·尧曰》

译： 子张问："五种美德是什么？"孔子说："君子要给百姓以恩惠而自己却无所耗费，使百姓劳作而不使他们怨恨，要追求仁德而不贪图财利，庄重而不傲慢，威严而不凶猛。"子张说："怎样叫要给百姓以恩惠而自己却无所耗费呢？"孔子说："让百姓们去做对他们有利的事，这不就是对百姓有利而不掏自己的腰包吗！选择可以让百姓劳作的时间和事情让百姓去做，这又有谁会怨恨呢？自己要追求仁德便得到了仁，又还有什么可贪的呢？君子对人，无论多少，势力大小，都不怠慢他们，这不就是庄重而不傲慢吗？君子衣冠整齐，目不邪视，使人见了就生敬畏之心，这不也是威严而不凶猛吗？"子张问："什么叫四种恶政呢？"孔子说："不经教化便加以杀戮叫做虐，不加告诫便要求成功叫做暴，不加监督而突然限期叫做贼，同样是给人财物，却出手吝啬，叫做小气。"

不忍人之心

孟子曰："人皆有不忍人之心。先王有不忍人之心，斯有不忍人之政矣。以不忍人之心，行不忍人之政，治天下可运之掌上。所以谓人皆有不忍人之心者，今人乍见孺子将入于井，皆有怵惕恻隐之心，非所以内交①于孺子之父母也，非所以要誉于乡党朋友也，非恶其声而然也。由是观之，无恻隐之心，非人也；无羞恶之心，非人也；无辞让之心，非人也；无是非之心，非人也。恻隐之心，仁之端也；羞恶之心，义之端也；辞让之心，礼之端也；是非之心，智之端也。人之有是四端也，犹其有四体也。"

《孟子·公孙丑上》

注： ①内交：结交。

译： 孟子说："人都有不忍伤害别人的心。先王有不忍伤害别人的心，才有不忍伤害别人的政治。用不忍伤害别人的心，施行不忍伤害别人的政治,那么治理天下就会像在手掌中转动它那么容易。之所以说人都有不忍伤害别人的心,(根据在于)假如现在有人忽然看到一个孩子要掉到井里去了,都会有惊恐同情之心——不是想借此同孩子的父母攀交情,不是要在乡邻朋友中博取名声,也不是讨厌那孩子惊恐的哭叫声才这么做的。由此看来,没有同情心的,不是人;没有羞耻心的,不是人;没有谦让心的,不是人;没有是非心的,不是人。同情心是仁的开端,羞耻心是义的开端,谦让心是礼的开端,是非心是智的开端。人有这四种开端,就像他有四肢一样。有这四种开端却说自己不行,这是自己害自己;说他的君主不行,这是害他的君主。凡自身有这四种开端的,就懂得扩大充实它们,(它们就会)像火刚刚燃起,泉水刚刚涌出一样,(不可遏止。)如果能扩充它们,就足以安定天下;如果不扩充它们,那就连侍奉父母都做不到。"

反求诸己

孟子曰:"爱人不亲,反其仁;治人不治,反其智;礼人不答,反其敬。行有不得者皆反求诸己,其身正而天下归之。《诗》云:'永言配命,自求多福。'"

《孟子·离娄上》

译:孟子说:"爱别人,别人不来亲近,就要反问自己仁的程度;治理别人却治理不好,就要反问自己智的程度;礼貌待人,别人却不理睬,就要反问自己恭敬的程度。行为有得不到预期效果的,都要反过来求问自己。自身端正了,天下的人就会来归附他。《诗经》说:'永远配合天命,自己求来众多的幸福。'"

诚者天之道

孟子曰:"居下位而不获于上,民不可得而治也。获于上有道,不信于友,弗获于上矣。信于友有道,事亲弗悦,弗信于友矣。悦亲有道，反身不诚，不悦于亲矣。诚身有道，不明乎善，不诚其身矣。是故诚者，天之道也。思诚者，人之道也。至诚而不动者，未之有也。不诚，未有能动者也。"

《孟子·离娄上》

译：孟子说："身居下位而又不被上司信任，是不可能治理好百姓的。要取得上司信任有办法：如果不被朋友信任，也就不会得到上司信任了。要被朋友信任有办法：如果侍奉父母得不到父母欢心，也就不会被朋友信任了。要父母欢心有办法：如果反省自己不诚心诚意，也就得不到父母欢心了。要使自己诚心诚意有办法：如果不明白什么是善行，也就不会使自己诚心诚意了。所以，诚是天然的道理，追求诚是做人的道理。极端诚心而不能使人感动，是从不会有的事；不诚心是没有谁会被感动的。"

观其眸子

孟子曰："存乎人者，莫良于眸子。眸子不能掩其恶。胸中正则眸子了焉，胸中不正则眸子眊焉。听其言也，观其眸子，人焉廋哉！"

《孟子·离娄上》

译：孟子说："观察一个人，最好的办法莫过于观察他的眼睛。眼睛掩藏不了他（内心）的邪恶。心胸正直，眼睛就明亮；心胸不正，眼睛就浊暗。听他说话，同时观察他的眼睛，这个人的善恶还能隐藏到哪里去呢？"

心服

孟子曰："以善服人者，未有能服人者也。以善养人，然后能服天下。天下不心服而王者，未之有也。"

《孟子·离娄下》

译：孟子说："靠善来使人心服，没有能使人心服的；靠善来教育感化人，才能使天下的人心服。天下的人不心服却能统治好天下的，是从来不会有的。"

声闻过情

徐子①曰："仲尼亟称于水，曰'水哉，水哉！'何取于水也？"孟子曰："源泉混混，不舍昼夜，盈科而后进，放乎四海。有本者如是，是之取尔。苟为无本，七八月之间雨集，沟浍皆盈，其涸也，可立而待也。故声闻过情，君子耻之。"

《孟子·离娄下》

注：①徐子：姓徐，名辟，孟子弟子。

译：徐子说："孔子多次称赞水，说道'水啊，水啊！'对于水，孔子取它哪一点呢？"孟子说："源头里的泉水滚滚涌出，日夜不停，注满坑洼后继续前进，最后流入大海。有本源的事物都是这样，孔子就取它这一点罢了。如果没有本源，像七八月间的雨水那样，下得很集中，大小沟渠都积满了水，但它们的干涸却只要很短的时间。所以，声望超过了实际情况，君子认为是可耻的。

以仁存心

孟子曰："君子所以异于人者，以其存心也。君子以仁存心，以礼存心。仁者爱人，有礼者敬人。爱人者，人恒爱之；敬人者，人恒敬之。有人于此，其待我以横逆，则君子必自反也：我必不仁也，必无礼也，此物奚宜至哉？其自反而仁矣，自反而有礼矣，其横逆由是也，君子必自反也，我必不忠。自反而忠矣，其横逆由是也。君子曰：'此亦妄人也已矣。如此，则与禽兽奚择哉？于禽兽又何难焉？'是故君子有终身之忧，无一朝之患也。乃若所忧则有之：舜，人也；我，亦人也。舜为法于天下，可传于后世，我由未免为乡人也，是则可忧也。忧之如何？如舜而已矣。若夫君子所患则亡矣。非仁无为也，非礼无行也。如有一朝之患，则君子不患矣。"

《孟子·离娄下》

译：孟子说："君子之所以不同于一般人，是因为他保存在心里的思想不同。君子把仁保存在心里，把礼保存在心里。仁人爱人，有礼的人尊敬人。爱人的人，别人就一直爱他；尊敬人的人，别人就一直尊敬他。假设有个人，他以粗暴蛮横的态度对待我，那么君子必定会反省自己：我（对他）一定还有不仁的地方，无礼的地方，不然这种态度怎么会冲着我来呢？反省后做到仁了，反省后有礼了，那人的粗暴蛮横仍然如此，君子必定再反省：我（待他）一定还没有尽心竭力。经过反省，做到了尽心竭力，那人的粗暴蛮横还是这样，君子就说：'这不过是个狂人罢了。像他这样，同禽兽有什么区别呢？对于禽兽又有什么可计较的呢？'因此君子有终身的忧虑，没有一时的担心。至于终身忧虑的事是：舜是人，我也是人；舜给天下的人树立了榜样，影响可以流传到后世，我却仍然不免是个平庸的人，这是值得忧虑的。忧虑了怎么办？像舜那样去做罢了。至于说到君子（一时）所担心的，那是没有的。不仁的事不干，不合礼的事不做。即使有一时的担心，君子也不认为值得担心了。"

不孝者五

孟子曰："世俗所谓不孝者五：惰其四支，不顾父母之养,一不孝也;博弈好饮酒,不顾父母之养,二不孝也;好货财,私妻子,不顾父母之养,三不孝也;从耳目之欲,以为父母戮,四不孝也;好勇斗狠,以危父母,五不孝也。章子有一于是乎?夫章子,子父责善而不相遇也。责善,朋友之道也。父子责善,贼恩之大者。夫章子,岂不欲有夫妻子母之属哉?为得罪于父,不得近,出妻屏子,终身不养焉。其设心以为不若是,是则罪之大者,是则章子已矣。"

《孟子·离娄下》

译: 孟子说:"世俗所说的不孝,有五种情况:四肢懒惰,不顾父母的生活,是一不孝;喜欢赌博喝酒,不顾父母的生活,是二不孝;贪图钱财,偏爱老婆孩子,不顾父母的生活,是三不孝;放纵于声色,使父母蒙受羞辱,是四不孝;逞勇好斗,危及父母,是五不孝。章子在这五种不孝中犯有哪一种吗?章子是因为父子之间互相责求善行而不能相处在一块的。责求善行,这是朋友相处的原则;父子之间责求善行,却是大伤感情的事。章子难道不想有夫妻母子的团聚?只是因为得罪了父亲,不能亲近他,(不得已)把妻子儿女赶出了门,终身不要他们侍奉。他心里设想,不这么做,就是更大的罪过。这就是章子罢了。"

圣之和者

孟子曰:"伯夷,目不视恶色,耳不听恶声。非其君不事,非其民不使。治则进,乱则退。横政之所出,横民之所止,不忍居也。思与乡人处,如以朝衣朝冠坐于涂炭也。当纣之时,居北海之滨,以待天下之清也。故闻伯夷之风者,顽夫廉,懦夫有立志……伯夷,圣之清者也;伊尹,圣之任者也;柳下惠,圣之和者也;孔子,圣之时者也。孔子之谓集大成。"

《孟子·万章下》

译：孟子说："伯夷,眼睛不看妖艳之色,耳朵不听淫靡之声。不是他中意的君主,不去侍奉,不是他中意的百姓,不去使唤。世道太平就入朝做官,世道混乱就辞官隐居。暴政施行的国家,暴民居住的地方,他不忍心居住。他觉得同乡人处在一起,就像穿着礼服戴着礼帽坐在泥土炭灰上一样。在纣王当政时,他隐居在北海边上,等待天下太平。所以听说了伯夷风尚节操的,贪心的人变廉洁了,懦弱的人能立志了……伯夷是圣人中清高的人,伊尹是圣人中有责任感的人,柳下惠是圣人中随和的人,孔子是圣人中重时势的人。孔子可以说是集大成者。"

交际之心

万章曰："敢问交际何心也?"孟子曰："恭也。"曰："'却之却之为不恭',何哉?"曰："尊者赐之。曰:'其所取之者义乎,不义乎?'而后受之,以是为不恭,故弗却也。"曰："请无以辞却之,以心却之,曰:其取诸民之不义也。而以他辞无受,不可乎?"曰："其交也以道,其接也以礼,斯孔子受之矣。"万章曰："今有御人于国门之外者,其交也以道,其馈也以礼,斯可受御与?"曰："不可。《康诰》曰:'杀越人于货,闵不畏死,凡民罔不谯。'是不待教而诛者也。殷受夏,周受殷,所不辞也。于今为烈,如之何其受之?"

《孟子·万章下》

译：万章问道："请问,同别人交往要抱什么样的心情?"孟子说:"恭敬的心情。"万章问:"(常言道:)'(对别人的礼物)拒绝了又拒绝是不恭敬的',为什么呢?"孟子说:"有地位的人赐给的礼物。(接受前暗自)说:'他得来这些东西是符合义的呢,还是不符合义的呢?'然后才接受。(人们)认为这是不恭敬的,所以不拒绝。"万章说:"如果不用言语拒绝,而在心里拒绝,(暗自)说:'他从百姓那里取来这些东西是不义的',然后用别的理由拒绝接受,不行吗?"孟子说:"他以正当的理由送礼,按礼节规定送礼,这样,便是孔子也会接受的。"万章说:"如果有个在城外拦路抢劫的人,他以正当理由送礼,按礼节赠送,这样也可以接受他抢来的东西吗?"孟子说:"不行。《康诰》上说:'杀人抢劫,强横不怕死的人,人们没有不痛恨的。'这种人是不必等候教育就可以处死的。(这种规定,)殷朝从夏朝继承下来,周朝从殷朝继承下来,没有拒绝继承的;到现在更是要继承它,怎么还能接受他的东西呢?"

生于忧患

孟子曰:"舜发于畎亩之中,傅说①举于版筑之间,胶鬲举于鱼盐之中,管夷吾②举于士,孙叔敖举于海,百里奚举于市。故天将降大任于是人也,必先苦其心志,劳其筋骨,饿其体肤,空乏其身,行拂乱其所为,所以动心忍性,曾益其所不能。人恒过,然后能改。困于心,衡③于虑,而后作。征于色,发于声,而后喻。入则无法家拂士,出则无敌国外患者,国恒亡。然后知生于忧患而死于安乐也。"

《孟子·告子下》

注:①傅说:商武丁时的贤臣。②管夷吾:齐国贤相管仲。③衡:横塞。

译:孟子说:"舜是从田野中被发现的,傅说是从筑墙的工作中被发现的,胶鬲是从鱼盐的工作中被发现的,管夷是从狱官的手里被发现的,孙叔敖是从海边被发现的,百里奚是从买卖场所被发现的。所以,天将把重大任务落在某人身上,一定要先使他的内心痛苦,劳动他的筋骨,饥饿他的肠胃,穷困他的身子,他的每一行为总是不能如意,这样,便可以震动他的心意,增强他的忍性,增加他的能力。人常有过错,有过错就要能改。人只有心意受困，思虑受阻，才能有所发奋。表现于面色，发吐于声音，才能被人了解。一个国家，如果国内没有懂得法治的耿介之士，国外没有邻国的抗衡，就容易灭亡。这样，就可以知道忧患足以使人生存，安乐足以使人死亡。"

尽其心

孟子曰："尽其心者，知其性也。知其性，则知天矣。存其心，养其性，所以事天也。殀寿不贰①，脩身以俟②之，所以立命也。"

《孟子·尽心上》

注：①不贰：人都不可能回避。②俟：等待。
译：孟子说："充分扩张善良的本心，这就是知道了人的本性。知道了人的本性，就知道了天命。保存人的本心，培养人的本性，这就是对待天命。人有短命或长寿，修身以待，这就是安身立命。"

反身而诚

孟子曰："万物皆备于我矣。反身而诚，乐莫大焉。强恕①而行，求仁莫近焉。"

《孟子·尽心上》

注：①强恕：执着地推行宽恕的理念。
译：孟子说："一切我都具备了。反躬自问，自己是忠诚的，便是最大的乐。不断推行宽恕的行为，这是达到仁的捷径。"

执中

孟子曰:"杨子取为我,拔一毛而利天下,不为也。墨子兼爱,摩顶放踵利天下,为之。子莫①执中。执中为近之。执中无权,犹执一也"。

《孟子·尽心上》

注:①子莫:传说中的鲁国贤人。

译:孟子说:"杨子主张为我,拔一根汗毛而有利于天下,都不肯干。墨子主张兼爱,摩秃头顶,走破脚跟,只要对天下有利,一切都干。子莫主张中道。主张中道就差不多了。如果执中而不能权变,如同执着偏一。

寡欲

孟子曰:"养心莫善于寡①欲。其为人也寡欲,虽有不存焉者,寡矣;其为人也多欲,虽有存焉者,寡矣。"

《孟子·尽心下》

注:①寡:减少。

译:孟子说:"修养心性最好是减少欲望。他的为人,如果欲望不多,虽然善性有所丧失,也不会多;如果他多欲,虽然有善性保存,但也很少。"

以乐为和

圣有所生,王有所成,皆原于一。不离于宗①,谓之天人;不离于精,谓之神人;不离于真,谓之至人。以天为宗,以德为本,以道为门,兆于变化,谓之圣人。以仁为恩,以义为理，以礼为行，以乐为和，薰然②慈仁，谓之君子。

《庄子·天下》

注： ①宗：本。②薰然：温和的样子。

译： 神圣有所以成就的原因，明王有所以成就的原因，其根源在于一个道。不离开道的人，称为天人；不离开道的本真的人，称为神人；不离开本真的人，称为至人。以自然为主宰的人，以德为根本的人，以道为门户的人，能预知各种变化的人，称为圣人。以仁来爱人，以义来治政，以礼来约束，以乐来陶冶，以温情来表达慈仁，称为君子。

乐以道和

诗以道志，书以道事，礼以道行，乐以道和，易以道阴阳，春秋以道名分。

《庄子·天下》

译： 《诗》是用来表达情志的，《书》是用来表达政事的，《礼》是用来表达行为准则的，《乐》是用来表达陶冶情操的，《易》是用来表达阴阳的，《春秋》是用来表达名分的。

游心乎德之和

鲁有兀者王骀①，从之游者与仲尼相若……仲尼曰："自其异者视之，肝胆楚越也；自其同者视之，万物皆一也。夫若然者，且不知耳目之所宜，而游心乎德之和；物视其所一而不见其所丧，视丧其足犹遗土也。"

《庄子·德充符》

注： ①王骀：庄子假设的一个人物。

译：鲁国有个被砍断一只脚的人，名叫王骀，跟他学习的人与跟孔子学习的人一样多……孔子说："从事物的差别看，肝和胆同处人体就像楚国和越国那样；从事物的相同方面看，万物都是同一的。像这种人，将不知道耳目适宜于什么颜色，只求自己的心灵游荡于浑然同一的德境之中；从万物相同的方向看，就看不见有什么丧失，因而看见自己断一只脚，就好像失落了一块泥土一样。"

和理出其性

古之治道者，以恬①养知；知生而无以知为也，谓之以知养恬。知与恬交相养，而和理出其性。夫德，和也；道，理也。

《庄子·缮性》

注：①恬：恬静。

译：古代研究道术的人，凭借恬静来修养心智。生成心智而不用智巧行事，这称为用心智修养恬静，心智与恬静交相修养，而和谐的情理从本性顺应而生。德，要和谐。道，要在理。

和乃自成

凡心之刑①，自充自盈，自生自成。其所以失之，必以忧乐喜怒欲利。能去忧乐喜怒欲利，心乃反济。彼心之情，利安以宁，勿烦勿乱，和乃自成。

《管子·内业》

注：①刑：通"形"。

译：心的形体，它本身就能自然充实，自然生成。它之所以有所损伤，必然是由于忧、乐、喜、怒、嗜欲、贪利。能去掉忧、乐、喜、怒、嗜欲、贪利，心就回到原来的状态。这样的心情，利于安静，不烦不乱，和谐就形成了。

执一

一物能①化谓之神，一事能变谓之智。化不易气，变不易智，唯执一之君子能为此乎！执一不失，能君万物。君子使物，不为物使，得一之理。治心在于中，治言出于口，治事加于人，然则天下治矣。一言得而天下服，一言定而天下听，公之谓也。

《管子·内业》

注：①能：能够掌握。

译：一概听任于物而能掌握物的变化叫做神，一概听任于事而能掌握事的变化叫做智。变化而不变气，变化而不变智，只有坚持专一的君子才能做到！专一而不失，能掌控万物。君子掌控物，不被物掌控，是因为得到了一的道理。治心在于心中，治言出于口，治事加于人，这样天下就好治了。一言得而天下服，一言定而天下听，就是讲的公的道理。

浩然和平

精存自生，其外安荣，内藏以为泉原①，浩然和平，以为气渊。

《管子·内业》

注：①原：通"源"。

译：精存于心中，人就自然生长，表现在人体外面就安适而颜色光鲜，掩藏在内部就是不竭的泉源，浩大而和平，形成气的渊源。

得和

任①势守数以为常，周听近远以续明。皆要审则法令固，赏罚必则下服度。不备②待而得和，则民反素也。

《管子·七臣七主》

注：①任：信任。②备：警戒。

译：顺应大势遵循事理以建立常规常法，普遍了解远近情况以加深明察国事。国计收支明审，法令稳定，赏罚坚决，臣民遵守，不用戒备和等待，人民就和睦，回到朴实之中。

调和

恭敬，礼也；调和，乐也；谨慎，利也；斗怒，害也。故君子安礼乐利，谨慎而无斗怒，是以百举①不过也。小人反是。

《荀子·臣道》

注：①百举：所有的举动。

译：恭敬，就是礼仪；调和，就是音乐；谨慎，就是利益；斗怒，就是祸害。所以，君子安守礼乐，悦爱谨慎，禁止斗怒，因而一切举动都不犯错误。小人就与这相反。

和而不发

亲亲故故、庸庸①劳劳，仁之杀②也；贵贵、尊尊、贤贤、老老、长长，义之伦也。行之得其节，礼之序也。仁，爱也，故亲。义，理也，故行。礼，节也，故成。仁有里，义有门。仁非其里而虚③之，非礼也；义非其门而由之，非义也。推恩而不理，不成仁；遂理而不敢，不成义；审节而不和，不成礼；和而不发，不成乐。故曰：仁、义、礼、乐，其致一也。君子处仁以义，然后仁也；行义以礼，然后义也；制礼反本成末，然后礼也。三者皆通，然后道也。

《荀子·大略》

注：①庸：功。②杀：差等。③虚：同"墟"，释为居。

译：亲故，就看做是亲故；有功劳，就看做是有功劳，这是符合仁爱的等差的。尊贵，就看做是尊贵；尊贤，就看做是尊贤；长老，就看做是长老，这是符合正义的伦理的。这样的施行，得到其中的节度，这是符合了礼的秩序。仁，就是爱，所以相互亲近。义，就是理，所以见之实行。礼，就是节，所以助成事情。仁有布施的所在，义有通行的门户。仁如果不是它布施的所在而安处，就不合仁礼；义如果不是它通行的门户而顺从，便不符合义。推施恩惠而不得条理，就不能成仁；顺适条理而不敢去做，就不能成为义；精审节文而不和顺，就不成礼；调和于内而不能抒发于外，就不能成乐。所以说：仁、义、礼、乐，它们的归宿都是一样的。君子用仁来守义，然后才成为仁；行义而成为礼，然后成为义；制礼返回本源，完成末流，然后成为礼。三者相通，然后才符合道。

柔之以调和

治气养心之术：血气刚强，则柔之以调和；知虑渐深，则一①之以易良；勇胆猛戾，则辅之以道顺；齐给便利，则节之以动止；狭隘褊小，则廓之以广大；卑湿②、重迟、贪利，则抗之以高志；庸众驽散③，则劫之以师友；怠慢僄弃，则照之以祸灾；愚款端悫④，则合之以礼乐，通之以思索。凡治气养心之术，莫径由礼，莫要得师，莫神一好。夫是之谓治气养心之术也。

《荀子·修身》

注：①一：正。②卑湿：此指失意者。③庸众驽散：指下等人才。④悫：拘谨之人。

译：理气养心的方术：血气刚强的人，就用心平气和来柔化他；深思熟虑的人，就用平易善良来纠正他；勇猛刚戾的人，就用顺情合理来辅助他；性急嘴快的人，就用举止安详来节制他；气量狭隘的人，就用宽宏大量来开导他；卑鄙、迟钝、贪利的人，就用志向高大来抵制他；庸俗散漫的人，就用良师益友来强迫他；怠慢暴弃的人，就用招祸引灾来晓喻他；愚鲁拘谨的人，就用礼文乐歌来调和他，用善于思索来导通他。大凡理气养心的方法，莫不由礼，莫不要得到导师，莫不比纯一爱好神速。这就叫做理气养心的方术。

喜则和而理

君子大①心则敬天而道，小心则畏义而节；知则明通而类，愚则端悫而法；见由则恭而止，见闭则敬而齐；喜则和而理，忧则静而理；通则文而明，穷则约而详。

《荀子·不苟》

注：①大：心志开阔。

译：君子在心志开阔时就敬天而守道，在心志微弱时就守义而重节；在明智时就通理而善良，在敦厚时就谨慎而守法；在被用时就恭敬而知止，在不被用时就警惕而庄严；在欢喜时就和蔼而平顺，在忧伤时就安静而合理；在顺达时就文采而鲜明，在穷困时就简约而安详。

荣辱之大分

荣辱之大分①，安危利害之常体：先义而后利者荣，先利而后义者辱；荣者常通，辱者常穷；通者常制人，穷者常制于人：是荣辱之大分也。

《荀子·荣辱》

注：①大分：大的区别。
译：光荣、耻辱的最大界限，安危、利害的正常情况：正义在先而私利在后的，光荣；私利在先而正义在后的，耻辱；光荣的，经常通达，耻辱的，经常穷困；通达的人经常统治人，穷困的人经常受制于人：这是光荣与耻辱的最大区分。

先顺民心

先王先顺民心，故功名成。夫以德得民心以立大功名者，上世多有之矣。失民心而立功名者，未之曾有也。得民必有道，万乘之国，百户之邑，民无有不说①。取民之所说而民取矣，民之所说岂众哉？此取民之要也。

《吕氏春秋·顺民》

注：①说：同"悦"。
译：先王首先要顺应民心，所以功成名就。以恩德得民心而建立大功名的，上古之世有许多这样的人。失掉民心而建立功名的人，还没有听说过。赢得民心必有一定的方法，无论是万乘之国，还是百户之邑，民众无不有自己所喜欢的。选取民众所喜欢的，就得到了民心。民众所喜欢的难道很多吗？这是得到民心的关键。

和同以听

郑人闻有晋师,使告于楚,姚句耳与往。楚子救郑,司马将中军,令尹①将左,右尹子辛将右。过申,子反入见申叔时,曰:"师其何如?"对曰:"德、刑、详、义、礼、信,战之器也。德以施惠,刑以正邪,详以事神,义以建利,礼以顺时,信以守物②。民生厚而德正,用利而事节,时顺而物成。上下和睦,周旋不逆,求无不具,各知其极。故《诗》③曰:'立我烝④民,莫匪尔极。'是以神降之福,时无灾害,民生敦庞,和同以听,莫不尽力以从上命,致死以补其阙。此战之所由克也。今楚内弃其民,而外绝其好,渎齐盟,而食话言,奸时以动,而疲民以逞。民不知信,进退罪也。人恤所底,其谁致死?子其勉之!吾不复见子矣。"⑤

《左传·成公十六年》

注:①令尹:楚国高级官员,在司马之上。②物:泛指万物。③《诗》:此处指《诗·周颂·思文》。④烝:众民。⑤不复见子:申叔时预见到楚国必败,子反必死。

译:郑国人听到晋国出兵,就派使臣报告楚国,姚句耳一同前往。楚王救援郑国,司马子反率中军,令尹子重率左军,右尹子辛率领右军。路过申地,子反进见申叔,说:"这次出兵会何如?"申叔回答:"德行、刑罚、和顺、道义、礼法、信用,这是战争的手段。德行用来施予恩惠,刑罚用来纠正邪恶,和顺用来侍奉神灵,道义用来建立利益,礼法用来适合事宜,信用用来守护事物。民众生活丰厚而德行端正,举动有利而事情有节,时间顺宜而万物有成。上下和睦,相处没有矛盾,有所需求,无所不备,各人就知道事物的准则。所以《诗》说:'安置民众,无不合乎标准。'这样,神灵就降福,四时没有灾害,民众生活敦厚,和谐地听从,莫不尽力以服从上面的命令,牺牲生命以补空缺。这就是战争所以能取胜(的道理)。现在楚国内部丢弃其百姓,而外面断绝其友好,违背盟约,自食其言,逆时而动,而民众疲劳。民众不知什么是信用,进退都是罪过。人们为结局而担心,还有谁肯牺牲?请您自勉!我不会再见到您了。"

如乐之和

晋侯以乐之半赐魏绛,曰:"子教寡人和诸戎狄,以正诸华。八年之中,九合诸侯,如乐之和,无所不谐。请与子乐之。"辞曰:"夫和戎狄,国之福也;八年之中,九合诸侯,诸侯无慝,君之灵也,二三子①之劳也,臣何力之有焉?抑臣愿君安其乐而思其终也!《诗》曰:'乐只君子,殿天子之邦。乐只君子,福禄攸同。便蕃左右,亦是帅从。'②夫乐以安德,义以处之,礼以行之,信以守之,仁以厉之,而后可以殿邦国,同福禄,来远人,所谓乐也。《书》曰:'居安思危。'思则有备,有备无患,敢以此规。"

《左传·襄公十一年》

注:①二三子:指中军帅佐以上的人。②《诗》曰句:出自《诗·小雅·采菽》。

译:晋侯把乐队的一半赐给魏绛,说:"您教寡人与各个戎狄媾和,以为华夏诸国的榜样。八年之中,九合诸侯,好像音乐的和美,没有不协调的。请与您一起享用。"魏绛辞谢说:"同戎狄和谐,这是国家之福;八年之中,九合诸侯,诸侯没有变心,这是君王的威灵,那几个大臣的功劳,下臣我有何功劳?我希望国君能安享快乐而思考最终的结果!《诗》说:'快乐的君子,镇抚天下。快乐的君子,福禄共同。治理好附近的小国,使他们服从。'音乐用来巩固德行,道义用来处置,仪礼用来实行,信用用来护守,仁爱用来勉励,然后可以镇抚邦国,同享福禄,召来远方之人,这就是所说的乐。《尚书》说:'居安思危。'思虑到了就有防备,有备无患,谨以此规劝。"

七情十义

何谓人情？喜怒哀惧爱恶欲，七者，弗学而能。何谓人义？父慈，子孝，兄良，弟弟，夫义，妇听，长惠，幼顺，君仁，臣忠，十者，谓之人义。讲信修睦，谓之人利。争夺相杀，谓之人患。故圣人所以治人七情，修十义，讲信修睦，尚辞让，去争夺，舍礼何以治之？饮食男女，人之大欲存焉。死亡贫苦，人之大恶存焉。故欲恶者，心之大端①也。人藏其心，不可测度也，美恶皆在其心不见其色也，欲一以穷之，舍礼何以哉？故人者，其天地之德，阴阳之交，鬼神之会，五行之秀②气也。故天秉阳。垂日星；地秉阴，窍于山川。播五行于四时，和而后月生也。

《礼记·礼运》

注： ①端：头绪。②秀：秀异。

译： 什么是人情？喜、怒、哀、惧、爱、恶、欲，这七情不学就会。什么是仁义？父慈，子孝，兄良，弟弟，夫义，妇听，长惠，幼顺，君仁，臣忠，这十种叫做人义。讲究诚信，重视和睦，叫做人利。争夺而互相残杀，称做人患。所以圣人要协调人的七情、十义，讲信修睦，崇尚辞让，摒弃争夺，舍弃礼制，用什么去治？人们的强烈欲望存在于饮食男女之中。人们最畏惧的存在于死亡贫苦之中。因此人们的欲望和畏惧是人们的心理内容。人们藏着自己的心思，别人无法猜测，美恶都在心里而不表现在神情上。要想整个穷尽人们的心理，舍弃礼制有什么用？人类是天地的客观规律造就的，是阴阳交错，鬼神相会，五行的秀气。因此天秉持阳气。日月星辰照临，地秉持阴性，负载着山川。把五行分散到四季，阴阳交和而后生出各种月形。

乐以和其声

先王慎①所以感之者。故礼以道其志,乐以和其声,政以一②其行,刑以防其奸。礼乐刑政,其极一③也,所以同民心而出治道也。凡音者,生人心者也。情动于中,故形于声。声成文,谓之音。是故,治世之音安以乐,其政和。

《礼记·乐记》

注:①慎:谨慎地处置。②一:划一、统一。③一:一个目标。

译:古代的圣王重视引起人们内心感应的事情。所以,就用礼来引导人们的志向,以乐来调和人们的声音,以政令统一人们的行为,以刑罚来防止人们的奸邪。礼、乐、刑、政的目的只有一个,就是统一民众的思想而实行国家的治理。声音生自人们的内心。情感是内心的外露,表现为声音。声成文,称为音。因此,太平盛世的音乐安详而快乐,其政治是宽和的。

同异

乐者为同,礼者为异。同则相亲,异则相敬。

《礼记·乐记》

译:乐的功用在于统同,礼的功用在于辨异。统同就会相亲,辨异就会相敬。

和顺积中

君子反情以和其志,广乐以成其教。乐行,而民乡方①,

可以观德矣。德者性之端也；乐者，德之华也。金石丝竹，乐之器也。诗言其志也。歌咏其声也，舞动其容也。三者②本于心，然后乐气从之。是故情深而文明，气盛而化神。和顺积中而英华发外，唯乐不可以为伪。

《礼记·乐记》

注：①乡：通"向"。②三者：此指诗、歌、舞。

译：君子反省自己的情欲以调和自己的兴趣，推广乐教以施行教化。乐教施行了，民众就会向往道义，由此可以见到君子之德。德行是本性的端正；乐是德行的光华。金石丝竹是制乐的器物。诗是抒发心志的，歌是吟唱心志的，舞是心志在姿容上的表现。这三方面发自内心，然后用乐器伴奏。所以表达的情意深厚而文化鲜明，志气旺盛而变化通神。和顺的情感蓄积在心中而英华显露在外面，只有乐不可以作假。

内和而外顺

致礼以治躬则庄敬，庄敬则严威。心中斯须①不和不乐，而鄙诈之心入之矣，外貌斯须不庄不敬，而易慢之心入之矣。故乐也者，动于内者也；礼也者，动于外者也。乐极②和，礼极顺。内和而外顺，则民瞻③其颜色而弗与争也，望其容貌而民不生易慢焉。

《礼记·乐记》

注：①斯须：片刻。②极：最。③瞻：目睹。

译：追求礼就要修身，使举止庄重恭敬，庄敬就严肃威重。内心稍有不和不乐，就会有鄙诈的想法乘机进入思想；外貌片刻不庄不敬，就会有轻慢的想法进入思想。所以，乐是调节内心的，礼是调节外表的。乐最畅和，礼最恭敬。如果内心和畅而外表恭顺，那么人们看见他的仪容就不敢与他相争，看见他的外表就不敢有轻慢。

中和之纪

乐在宗庙之中，君臣上下同听之，则莫不和敬；在族长乡里之中，长幼同听之，则莫不和顺；在闺门之内，父子兄弟同听之，则莫不和亲。故乐者，审一以定和，比物以饰节；节奏合以成文。所以合和父子君臣，附亲万民也，是先王立乐之方也。故听其雅颂之声，志意得广焉；执其干戚①，习其俯仰诎伸，容貌得庄焉；行其缀兆，要其节奏，行列得正焉，进退得齐焉。故乐者，天地之命，中和之纪，人情之所不能免也。

《礼记·乐记》

注：①干戚：盾和斧。

译：乐在宗庙中演奏，君臣上下同时听到，无不和谐恭敬；在宗族乡里演奏，长幼同时听到，无不和谐顺从；在家中演奏，父子兄弟同时听到，无不和谐亲密。所以，奏乐要审定一个基准来决定乐器的和声，配合乐器来文饰节奏；配合节奏再合成乐曲。以此使父子君臣合和，万民归附为一体，这就是先王立乐的原则。所以，听雅颂的乐声，使人志趣高远；拿着干戚，练习俯仰屈伸，容貌得以庄重；进退有据，合于节奏，行列得以整齐，进退得以一致。所以，乐是天地的和同，中和的条理，是人情不可缺少的。

三无私

子夏曰："三王①之德，参于天地，敢问：何如斯可谓参于天地矣？"孔子曰："奉三无私以劳天下。"子夏曰："敢问何谓三无私？"孔子曰："天无私覆，地无私载，日月无私照。

奉斯三者以劳天下,此之谓三无私。"

《礼记·孔子闲居》

注: ①三王:禹、汤、文王。

译: 子夏说:"三代的圣王有其德性,依据于天地,请问:如何才可以算是与天地相配合?"孔子说:"要奉行三无私来安抚天下。"子夏说:"请问什么是三无私?"孔子说:"像天覆盖下土一样无私心,像地承载万物一样无私心,像日月普照大地一样无私心。奉行这三种无私的精神以对待天下,这就叫做三无私。"

富润屋

富润①屋,德润身,心广体胖,故君子必诚其意。

《大学》

注: ①润:滋润,引申为修饰。

译: 财物可以修饰房屋,道德可以修饰身心,心胸宽广,身体舒坦,所以君子一定要意念诚实。

正其心

所谓修身,在正其心者。身有所忿懥①,则不得其正;有所恐惧,则不得其正;有所好乐,则不得其正;有所忧患,则不得其正。心不在焉,视而不见,听而不闻,食而不知其味。此谓修身在正其心。

《大学》

注: ①忿懥:愤怒。

译：所谓修身，就在于端正心思。如果身心愤怒，就不能端正；如果有所恐惧，就不能端正；如果有所偏好逸乐，就不能端正；如果心有忧患，就不能端正。心思不端正，看到了像没看见，听到了像没听见，吃了而不知味道。这就是说修身的关键在端正心思。

致中和

天命①之谓性，率②性之谓道，修道之谓教。道也者，不可须臾离也，可离非道也。是故君子戒慎乎其所不睹，恐惧乎其所不闻。莫见乎隐，莫显乎微③，故君子慎其独也。喜怒哀乐之未发，谓之中；发而皆中节，谓之和；中也者，天下之大本也；和也者，天下之达道也。致中和，天地位焉，万物育焉。

《中庸》

注：①天命：天理。②率：遵循。③微：细小的事情。

译：上天把天理赋予人而形成的品德就是性，遵循本性发展的原则就是道，圣人把道加以修明并推广就是教。道是不可以片刻离开的，否则就不是道。因此，有德行的人就是在别人看不到的地方谨慎检点，就是在别人耳朵听不到的地方怀着恐惧心理加以注意。没有比在幽暗之中更为显著的，没有比置于细微之处更为明显的，所以君子在独处时要十分谨慎。人们的喜怒哀乐没有表露出来时，称为中；表露出来而合乎规律的称为和；中是天下的根本；和是天下的大道。追求中和，天地就各在其位，万物就生长发育。

圣人法天顺情

古未有天地之时，惟像无形，窈窈冥冥①，芒芠漠闵②，澒濛鸿洞③，莫知其门。有二神混生，经天营地，孔乎④莫知其所终极，滔乎莫知其所止息，于是乃别为阴阳，离为八极，刚柔相成，万物乃形，烦气⑤为虫，精气⑥为人。是故精神，天之有也；而骨骸者，地之有也。精神入其门，而骨骸反其根，我尚何存？是故圣人法天顺情，不拘于俗，不诱于人，以天为父，以地为母，阴阳为纲，四时为纪。天静以清，地定以宁，万物失之者死，法之者生。

《淮南子·精神训》

注：①窈窈冥冥：深远的样子。②芒芠漠闵：广大无边的样子。③澒濛鸿洞：混沌不分的样子。④孔乎：深远的样子。⑤烦气：混杂之气。⑥精气：指元气中精微细致的部分，是生命的根源。

译：古代没有出现天地的时候，只有无形的形象。深远幽深，广大无边，混沌不分，没有人知道它的大门。有阴、阳二神一起产生，治理天地，深远而没有办法知道它终极的地方，广大而没有办法知道它所止息的处所。在这个时候，便自然分为天地，离散为八极。阴、阳二气相互作用，万物便形成了。杂乱之气成为虫类，精微之气变成人类。因此说，精神是上天所有的；而骨骸是大地所有的。精神无形，可以进入天门；骨骸有形，只能归根大地。人死各有所归，我还有什么存留的呢？所以圣人取法于天而顺着情性，不被世俗所拘束，不被他人所诱惑。把天作为父亲，把地作为母亲，把阴阳作为纲领，把四季变化作为准则。上天安静而洁净，大地安定而宁静。万物失掉它就会死去，效法它就能生存。

安静淡漠

夫静漠者，神明之宅①也；虚无者，道之所居也。是故或求之于外者，失之于内；有守之于内者，失之于外。譬犹本与末也,从本引之,千枝万叶,莫不随也。夫精神者,所受于天也;而形体者,所禀于地也。故曰:一生二,二生三,三生万物。万物背阴而抱阳,冲气以为和。

《淮南子·精神训》

注:①宅:安置之地。

译:安静淡漠,是使精神清明的住所;虚无寂静,是"道"的安居之处。因此有人在外部索求的,会在内部失掉;有人在内部坚守的,会在外部失去。就像本和末的关系一样。从根本上牵引它,千枝万叶,没有不跟随而来的。精神是由天授予的,而形体是由地给予的。正如《老子》所说,"一"产生了"二","二"又产生了"三","三"产生了万物。万物的背面是阴气,正面是阳气。阴气、阳气交流便成为和气。

安然自若

雄少而好学,不为章句,训诂①通而已,博览无所不见。为人简易佚荡,口吃不能剧谈,默而好深湛之思,清静亡②为,少耆③欲,不汲汲于富贵,不戚戚于贫贱,不修廉隅以徼④名当世。家产不过十金,乏无儋⑤石之储,晏如也。自有下度:非圣哲之书不好也;非其意,虽富贵不事也。

《汉书·扬雄传》

注:①训诂:用通行的话解释古代语言文字或方言字义。②亡:同"无"。③耆:同"嗜"。④徼:求。⑤儋:同"单"。

译:扬雄年少的时候就爱好学习,读书不沉溺于分章断句的枝节,只求弄通文字把握大意而已,博览群书,无所不读。为人随意舒缓,患口吃不能快速说话,因而静默喜欢深思,清静无为,嗜好和欲望很少,不苦苦追求富贵,不因贫穷而忧愁不安,不有意显露锋芒以追求当世的名声。虽然家中产业不超过十金,贫困得缸里存粮不到一石,却安然自若。胸怀大志,不是圣贤哲人的书就不喜欢读;不合自己的心意,即使是富贵的人也不侍奉。

委之自然

朝闻夕死①,孰云其否。逆顺还周②,乍没乍起③。无造福先,无触祸始;委之自然④,终归一矣!

《史记·悲士不遇赋》

注:①朝闻夕死:《论语·里仁》:"子曰:'朝闻道,夕死可矣。'"意思是早晨知道了真理,晚上就死去也可以呀。这里也可理解为与上文的"没世无闻"相应,即把"闻"解为"闻名"。②还周:循环。还,通"环"。③乍:忽而。(按,清严可均编《全上古三代秦汉三国六朝文》据《文选》江淹《诣建平王上书》注,在此句下补入"理不可据,智不可恃"句)。④委:托付。

译:早晨知道了真理晚上就死去,谁能说不该如此。逆与顺循环往复,忽而没落忽而兴起。没有人事先就造下洪福,也没有人起始就遇到大祸;委身于自然,最终还是归为一体啊!

唱歌应和

相舍后园近吏舍,吏舍日饮歌呼。从吏恶①之,无如之何,乃请参游园中,闻吏醉歌呼,从吏幸相国召按②之。乃反取酒张③坐饮,亦歌呼与相应和④。

《史记·曹相国世家》

注：①恶：厌恶。②幸：希望。按：讯问追究。③张：陈设，摆开。④和：以声应答，跟着唱。

译：丞相府后园离吏舍很近，吏舍每天唱歌喝酒。其他的官吏对此很厌恶，又没有办法阻止，于是请曹参来园子里玩，听到有人喝醉了在唱歌，从吏希望相国追究这件事。曹参反而也拿来酒摆开了坐下就喝，也跟着那人应和着唱起歌来。

适情不求余

圣人食足以接气①，衣足以盖形，适情不求余。无天下不亏其性，有天下不羡②其和。有天下无天下一实③也。今赣④人敖仓⑤，予人河水，饥而餐之，渴而饮之，其入腹者，不过箪食瓢浆，则身饱而敖仓不为之减也，腹满而河水不为之竭也。有之不加饱，无之不为之饥。

《淮南子·精神训》

注：①气：水谷之气。②羡：超过。③实：等同。④赣：赐给。⑤敖仓：古大仓，在今河南荥阳北。

译：圣人吃的食物只能够接续体内的水谷之气，穿的衣服只能够遮住形体，适宜自己的性情而不贪求其余的东西。没有天下的权力，对性情没有损害；有了天下的权位，不超过自己合适的要求。占有天下和没有天下是相同的。这就像现在送给别人一个敖仓，并把黄河水送给他，饥了来吃它，渴了来饮它，它们进入肚子里的，不过一竹篮食物和一瓢水。那么肚子饱了而敖仓不因此而减少，河水也不因之枯竭。有它们不能够增饱，没有它们不致受饥。

性合于道

所谓真人①者。性合于道也。故有而若无，实而若虚。处其一,不知其二。治其内,不识其外。明白太素,无为复朴,体本抱神,以游于天地之樊②,芒然③仿佯于尘垢之外,而消摇于无事之业。浩浩荡荡乎,机械④之巧,弗载于心。是故死生亦大矣,而不为变。虽天地覆育,亦不与之抮抱⑤矣。审乎无瑕⑥,而不与物糅。见事之乱,而能守其宗。

《淮南子·精神训》

注: ①真人:指存养本性得道的人,如伏羲、黄帝、老子等。②樊:藩篱。③芒然:无知无识的样子。④机械:巧诈。⑤抮抱:鸟类以体孵卵。⑥瑕:通"假"。无瑕,即无所假借。

译: 所谓"真人",是指性命与"道"相合的人。所以"有形"时像"无形","充实"时像"空虚"。他居于一,不知其二。只注重锻炼内心品德,而不知道妄发好憎。思虑纯洁,一尘不染,淡泊无为,回到原始的古朴。体察到了真性,坚守自己的精神,来优游于天地的藩篱之内。茫茫然徘徊在污浊的尘世之外,自由自在地生活在无所事事的境地。心胸广大无边呵,巧诈虚伪,不存在于自己的胸中。因此说死、生也是大事了,却能同死生,不会使他变化。即使像天地抚育万物,也不强求和它们共同孵抱。他仔细审查利欲借以来临的环境,而不和外物杂乱相处。看到外事的混乱,能够制止,自己能独守根本。

怀无心之心

夫以一人之身,去心则危者复宁,用心则安者将亡,而况乎奉道德,顺神明,承天心,养群生者哉!是以圣人,建无身之身,怀无心之心,有无有之有,托无存之存,上含道德之化,下包万民之心;无恶无好,无爱无憎,不与凶人为雠,不与吉人为亲,不与诚人为媾①,不与诈人为怨;载之如地,覆之如天,明之如日,化之为神,物无大小,视之如身;为之未有，治之未然，绝祸之首，起福之元；去我情欲，取民所安，去我智虑，归之自然；动之以和，导之以冲，上含道德之意，下得神明之心；光动天地，德连万民；民无赋役，主无职员；俱得其性，皆有其神，视无所见，听无所闻；遗精忘志，以主为心；与之俯仰，与之浮沉；随之卧起，放之屈身，不言而天下应，不为而万物存；四海之内无有号令，皆变其心：善者至于大善，日深以明；恶者性变，浸以平和；信者大信，至于无私；伪者情变，日以至诚；残贼反善，邪伪反真；善恶信否，皆归自然。

《老子指归卷·圣人无常心篇》

注：①媾：交结。

译：作为一个人的身体，去掉心意则危殆的恢复安宁，使用心意则安宁的走向危亡，何况遵奉道德、顺应神明、承接天心、养育群生的人呢！所以，圣人立无身之身，怀无心之心，有无有之有，依无存之存，上含道德的变化，下包万民的心意；没有好恶，没有爱憎，不与恶人结仇，不与善人结亲，不与诚人结缘，不与诈人结怨；像地一样托载，像天一样覆盖，像日一样光明，像神一样变化，物不分大小，看待它们犹如看待自己本身；做在未有之前，治在未成之先，断绝灾祸的苗头，开启祥福的泉源；消除我的情欲，引导人民趋向安全，消除我的智虑，回归于自然；举动遵循和谐，并以虚空为向导，上含道德之意，下得神明之心；光明感动天地，恩德泽及万民，人民没有赋役，君主没有职责；都保持本性，都含有其神，视而无有所见，听而无有所闻；遗弃精明，忘却志向，以君主为核心；随他俯仰，随他浮沉；随他起卧，仿他屈伸，不言说而天下响应，不妄为而万物安存；四海之内没有号令，而都变易其心：善人趋向大善，日益深邃明晓；恶人性情变化，渐渐趋于平和；守信的人达到大信，以至于无私；虚伪的人情性变化，日益诚恳；强贼回归于善良，奸诈回归于纯真；善恶与否，归于自然。

悠悠我心

对酒当歌,人生几何?譬如朝露,去日苦多。慨当以慷,忧思难忘。何以解忧,唯有杜康①。青青子衿,悠悠我心。但为君故,沉吟至今。呦呦鹿鸣,食野之苹。我有嘉宾,鼓瑟吹笙。明明如月,何时可掇。忧从中来,不可断绝。越陌度阡,枉用相存。契阔谈䜩,心念旧恩。月明星稀,乌鹊南飞。绕树三匝,何枝可依?山不厌高,海不厌深。周公吐哺,天下归心。

(魏)曹操《短歌行》

注:①杜康:酒。

译:面对美酒应该高歌,人生短促日月如梭。好比晨露转瞬即逝,失去的时日实在太多!席上歌声激昂慷慨,忧郁长久填满心窝。靠什么来排解忧闷?唯有狂饮方可解脱。那穿着青领衣衫的学子哟,你们令我朝夕思慕。正是因为你们的缘故,我至今低唱着《子衿》歌。阳光下鹿群呦呦欢鸣,悠然自得啃食在绿坡。一旦四方贤才光临舍下,我将奏瑟吹笙宴请宾客。当空悬挂的皓月哟,你运转着,永不停止。我久蓄于怀的忧愤哟,突然喷涌而出汇成长河。远方宾客踏着田间小路,一个个屈驾前来探望我。彼此久别重逢谈心宴饮,争着将往日的情谊诉说。明月升起,星星闪烁,一群寻巢乌鹊向南飞去。绕树飞了三周却没敛翅,哪里才有它们栖身之所?高山不辞土石才见巍峨,大海不弃涓流才见壮阔。只有像周公那样礼待贤才,才能使天下人心都归向于我。

养怡之福

神龟虽寿①,犹有竟时②。腾蛇乘雾,终为土灰。老骥伏枥,志在千里;烈士暮年③,壮心不已。盈缩之期,不但在天;养怡之福,可得永年。幸甚至哉,歌以咏志。

(魏)曹操《龟虽寿》

注：①神龟：古人以为龟通灵长寿，神龟为最灵的一种。②犹：还。竟：终了。这里指死。③烈士：刚强而有所作为的人。

译：神龟的寿命虽然十分长久，但也还有生命终了的时候。尽管能乘雾飞行，终究也会死亡化为土灰。年老的千里马伏在马棚里，它的雄心壮志仍然是一日驰骋千里。有远大志向的人士到了晚年，奋发思进的雄心不会止息。人的寿命长短，不只是由上天决定的。只要自己保养得好，也可以益寿延年。真是幸运极了，用歌唱来表达自己的思想感情吧。

己之不安

初，亮①所乘马有的颅②，殷浩③以为不利于主，劝亮卖之。亮曰："岂有己之不安而移之于人！"浩惭而退。

《晋书·庾亮传》

注：①亮：庾亮。东晋大臣。②的颅：马名。③殷浩：东晋将领。

译：东晋初，庾亮的坐骑名叫的颅，殷浩认为的颅会对庾亮有所不利，所以劝庾亮卖掉。庾亮说："将对自己不利的东西转嫁到别人身上，哪有这样的道理呢！"殷浩听后，惭愧地退下了。

申罔极之志

叶延①年十岁，其父为羌酋羌聪所害，每旦缚草为羌聪之象，哭而射之，中之则号泣，不中则瞋目大呼。其母谓曰："羌聪，诸将已屠鲙之矣，汝何为如此？"叶延泣曰："诚知射草人不益于先仇，以申罔极②之志耳。"性至孝，母病，五日不食，叶延亦不食。

《晋书·四夷传》

注：①叶延：东晋时鲜卑族人，为土谷浑王朝首领，在位23年。②罔极：犹言远大。

译：叶延十岁的时候，他的父亲被羌族首领羌聪杀害了。叶延每天早上把羌聪扎成草人，边哭边对草人射击。射中了就哭泣，射不中则是瞪大了眼睛大叫。叶延的母亲对他说："羌聪已经被将士们剁成碎块了，你怎么还这样呢？"叶延哭着对母亲说："我扎草人射击不是因为仇恨，而是为了显示远大的志向。"叶延为人很孝顺，他母亲病了，五天没吃东西，叶延也跟着不吃东西。

不尚华丽

刘实字子真，平原高唐①人也……少贫苦，卖牛②衣以自给。然好学，手约绳，口诵书，博通古今。清身洁己，行无瑕玷……及望显通，每崇俭素，不尚华丽。尝诣石崇家，如厕，见有绛纹帐，裀褥甚丽，两婢持香囊。实便退，笑谓崇曰："误入卿内。"崇曰："是厕耳。"实曰："贫士未尝得此。"乃更如他厕。

《晋书·刘实传》

注：①高唐：今山东高唐县。②牛衣：亦称"牛被"，给牛御寒的覆盖物。

译：刘实字子真，是高唐县人……刘实少年时家境非常贫苦，就靠卖给牛御寒的覆盖物来挣钱养家。但是他非常爱学习，手上牵着牛绳，口里背诵着诗书。他博通古今，廉洁自爱，品行端庄……后来他身居高位，威望尊贵，也总是崇尚朴素，不追求奢侈华丽。有一次他去造访石崇家，进到他家厕所，看见里面挂着红色的花帐子，床垫和被褥都很华丽，还有两个奴婢手捧香炉，刘实便退出来了，笑着对石崇说："错进了你家的内室。"石崇回答说："是厕所。"刘实说："我这个清贫之士可从来没有见过这样的厕所。"说完后又改上其他的厕所。

均适寒暄

若其爱养神明①，调护气息②，慎节起卧，均适寒暄③，禁忌食饮④，将饵⑤药物，遂其所禀⑥，不为夭折者，吾无间然⑦。

《颜氏家训·养生篇》

注：①神明：指人的精神、心思。②调护气息：气息即呼吸。道教认为调节好呼吸可以延长生命以至不死，这当然是主观的说法。③暄：暖。④禁忌食饮：我国古代对饮食有种种禁忌，有的合乎科学，有的出于习惯并不科学。⑤将：将养，调养。饵：食，服用。⑥遂其所禀：指顺着达到上天所赋予的自然年限。⑦间然：找空子，找毛病。无间然就是没有什么可批评的了。

译：如果是爱惜保养精神，调理护养气息，起居有规律，穿衣冷暖适当，饮食有节制，吃些补药滋养，顺着本来的天赋，保住元气，而不至夭折。这样，我也就没有什么可批评的。

神理共契

民生而志，咏歌所含，兴发皇①世，风流《二南》②。神理共契，政序相参。

（南朝）刘勰《文心雕龙·明诗》

注：①皇：美好的，兴盛的。这里指上古时代。②《二

南》：指《诗经》中的《周南》、《召南》。这里统指《诗经》。

译： 人们生来都有情志，然后在诗歌的咏唱中将它表达出来，诗歌产生在上古时期，其形式发展到《诗经》。它应该和自然之道所一致，并和政治秩序相互结合。

生前生后

人生在世，望于后身①似不相属；及其殁后，则与前身似犹老少朝夕耳。

《颜氏家训·归心篇》

注： ①后身：佛教认为人死要转生，所以有前身、后身的说法。

译： 人活在这个世界上，远看死后的事，似乎生前与死后毫不相干。等到死后，你的灵魂与你前身之间的关系，就像老人与小孩，早晨与晚上一般关系密切。

心以理应

神用象①通，情变所孕，物心貌求，心以理应，刻镂声律，萌芽比兴，结虑②司契，垂惟制胜。

（南朝）刘勰《文心雕龙·神思》

注： ①象：物象。②结虑：构思。

译： 作家的精神活动和万物的形象相结合，从而构成作品的各种内容。外界事物以它们不同的形貌来打动作家，作家内心就根据一定的法则而产生相应的活动；然后推敲作品的音节，运用比兴的方法，倘能掌握构思的法则，创作一定能够成功。

兼解

奇正虽反，必兼解以俱通；刚柔虽殊，必随时而适用。

（南朝）刘勰《文心雕龙·定势》

译：正常的和奇特的文章虽然相反，但总可以融会贯通；刚的和柔的作品虽然互异，也应该根据不同的情况灵活应用。

杂比

五色杂而成黼黻，五音比①而成《韶》、《夏》，五性发而为辞章，神理之数也……故情者文之经，辞者理之纬；经正而后纬成，理定而后辞畅。

（南朝）刘勰《文心雕龙·情采》

注：①比：编辑。

译：各种颜色相互错杂，构成鲜艳的花纹；各种声音相互调合，构成动听的乐章；各种性情表达出来，构成优美的作品……所以思想内容犹如文辞的经线，文辞好比是内容的纬线；必须首先确定了经线，然后才能织上纬线。

不离辞情

夫百节成体，共资荣卫，万趣会文，不离辞情。

（南朝）刘勰《文心雕龙·声律》

译：成百的骨节组成整个身体，都靠气血流畅，万千种意思写成一篇文章，离不开文辞与内容的配合。

恬澹寡欲

右千牛卫将军安平王武攸绪，少有志行，恬澹寡欲①，扈从封中岳还，即求弃官，隐于嵩山之阳。太后疑其诈，许之，以观其所为。攸绪遂优游岩壑②，冬居茅椒，夏居石室，一如山林之士。太后所赐及王公所遗野服器玩，攸绪一皆置之不用，尘埃凝积。买田使奴耕种，与民无异。

《资治通鉴》

注：①恬澹寡欲：淡泊不贪图名利。②优游岩壑：悠然自得于山水之间。

译：右千牛卫将军安平王武攸绪，少年时就有志向品行，淡泊不贪图名利，随从太后封中岳回来后，即要求抛弃官爵，隐居于嵩山南麓。太后怀疑他有诈，同意他的请求，以观察他的行动。武攸绪于是悠然自得于山水之间，冬天居住在茅椒作墙的屋子里，夏天居住于石室，和山林隐士一样。太后的赏赐，王公赠给的衣服玩物，武攸绪一概闲置不用，上面积满灰尘。他买田让家奴耕种，和普通百姓没有区别。

心无所私

上召天台山道士司马承祯，问以阴阳数术，对曰："道者，损之又损，以至于无为，安肯劳心①以学术数乎！"上曰："理身无为则高矣，如理国何？"对曰："国犹身②也，顺物自然而心无所私③，则天下理矣。"上叹曰："广成之言，无以过也。"承祯固请还山，上许之。

《资治通鉴》

注：①劳心：耗费心力。②身：修身养性。③心无所私：内心之中没有任何私心杂念。

译：唐睿宗召见天台山道士司马承祯，向他请教关于阴阳术数的学问，司马承祯回答说："所谓'道'，应当是损之又损，以至于达到无为的境界，我怎么肯耗费心力去研究阴阳术数的学问呢！"唐睿宗又问道："对于修身养性来说，无为是最高的境界，那么治理国家的最高境界又是什么呢？"司马承祯回答说："治理国家与修身养性道理一样，只要能够做到顺乎世间万物发展的自然之理，内心之中没有任何私心杂念，那么国家就可以趋于大治。"唐睿宗感慨地说："广成子所说的话，没有人可以超过。"司马承祯坚决请求返回天台山，唐睿宗同意了他的要求。

同心戮力

崇，唐之贤相，怀慎与之同心戮力①，以济明皇太平之政，夫何罪哉！秦誓曰："如有一介臣，断断猗，无他技；其心休休②焉，其如有容；人之有技③，若己有之，人之彦圣，其心好之，不啻如自其口出，是能容之，以保我子孙黎民，亦职有利哉。"怀慎之谓矣。

《资治通鉴》

注：①同心戮力：齐心协力。②休：吉庆，欢乐。③技：本事。

译：姚崇是唐朝的贤相，卢怀慎与他齐心协力，以成就唐明皇太平盛世的基业，对他有什么可以责备的呢！《尚书·秦誓》说："如果有一位臣子，一心守善而没有什么其他的本领，他的心地宽广休美，能够容人容物。别人有了本事，就好像是他自己的本事一样；别人才能出众，他能做到不仅口中常常加以称道，而且真正能从内心喜欢上这个人。这是能容人的人，用他安定我的子孙臣民，则我的子孙臣民是能得到好处的啊。"这段话所说的就是像卢怀慎这样的人。

沉厚宽恕

师德在河陇,前后四十余年,恭勤不怠,民夷安之。性沉厚宽恕,狄仁杰之入相也,师德实荐之;而仁杰不知,意颇轻①师德,数挤之于外。太后觉之,尝问仁杰曰:"师德贤乎?"对曰:"为将能谨守边陲,贤则臣不知。"又曰:"师德知人乎?"对曰:"臣尝同僚,未闻其知人也。"太后曰:"朕之知卿,乃师德所荐②也,亦可谓知人矣。"仁杰既出,叹曰:"娄公盛德,我为其所包容久矣,吾不得窥其际③也。"

《资治通鉴》

注:①轻:轻视。②荐:推荐。③际:边际。

译:娄师德在河陇,前后四十多年,谦恭勤奋,毫不懈怠,百姓和夷族都安定。他秉性朴实稳重,宽宏大量,狄仁杰入朝任宰相,实际上是他推荐的;而狄仁杰不知道,心里很轻视娄师德,一再排挤他到外地。太后发觉后,曾问狄仁杰:"娄师德有道德才能吗?"回答说:"作为将领能谨慎守卫边疆,是否有道德才能我不知道。"太后又说:"娄师德善于识别人才吗?"回答说:"我曾经与他同事,没有听说他善于识别人才。"太后说:"皇上之所以知道你,便是由于娄师德的推荐,他也可以称得上是善于识别人才了。"狄仁杰退出后,感叹说:"娄公有盛德,我受到他的包涵宽容已经很久了,我看不到他盛德的边际。"

但用此心

大师告众曰:善知识①!菩提自性,本来清净。但用此心,直了成佛。

《六祖坛经》

注：① 善知识：能够引导众生离恶修善，入于佛道的人，都可称为善知识。这里代指听讲者。

译：六祖对大众说：善知识！每个人的菩提自性本来就是清净的；只要用此清净的菩提心，当下就能了悟成佛。

消遣世虑

公退之暇，披鹤氅①，戴华阳巾，手执《周易》一卷，焚香默坐，消遣世虑。江山之外，第见风帆沙鸟、烟云竹树而已。待其酒力醒，茶烟歇，送夕阳，迎素月，亦谪居之胜概也。彼齐云、落星，高则高矣；井幹、丽谯，华则华矣，止于贮妓女，藏歌舞，非骚人②之事，吾所不取。

（宋）王禹偁《黄冈竹楼记》

注：①氅：外套。②骚人：风雅之士。

译：公务办完后的空闲时间，披着鹤氅，戴着华阳巾，手执一卷《周易》，焚香默坐于楼中，能排除世俗杂念。这里江山形胜之外，但见风帆，沙鸟，烟云竹树罢了。等到酒醒之后，茶炉的烟火已经熄灭，送走落日，迎来皓月，此亦是谪居生活中的一大乐事。那齐云、落星两楼，高是算高的了；井幹、丽谯两楼，华丽也算是非常华丽了，可惜只是用来蓄养妓女，安顿歌儿舞女，那就不是风雅之士的所作所为了，我是不赞成的。

超然

凡物皆有可观。苟有可观，皆有可乐，非必怪奇伟丽者也。铺糟啜醨①，皆可以醉，果蔬草木，皆可以饱。推此类也，吾安往而不乐？

夫②所谓求福而辞祸者，以福可喜而祸可悲也。人之所欲无穷,而物之可以足吾欲者有尽。美恶之辨战乎中,而去取之择交乎前,则可乐者常少,而可悲者常多,是谓求祸而辞福。夫求祸而辞福,岂人之情也哉!物有以盖之矣。彼游于物之内,而不游于物之外;物非有大小也,自其内而观之,未有不高且大者也。彼其高大以临我,则我常眩乱反复,如隙中之观斗,又焉知胜负之所在?是以美恶横生,而忧乐出焉;可不大哀乎!

余自钱塘移守胶西③,释舟楫之安,而服车马之劳;去雕墙④之美,而蔽采椽⑤之居;背湖山之观,而适桑麻之野。始至之日,岁比不登,盗贼满野,狱讼充斥;而斋厨索然,日食杞菊,人固疑余之不乐也。处之期年,而貌加丰,发之白者,日以反黑。余既乐其风俗之淳,而其吏民亦安予之拙也,于是治其园圃,洁其庭宇,伐安丘、高密之木,以修补破败,为苟全之计。而园之北,因城以为台者旧矣;稍葺而新之,时相与登览,放意肆志焉。南望马耳、常山⑥,出没隐见,若近若远,庶几有隐君子乎?而其东则卢山,秦人卢敖之所从遁也。西望穆陵⑦,隐然如城郭,师尚父、齐桓公之遗烈,犹有存者。北俯潍水,慨然太息,思淮阴之功,而吊其不终。台高而安,深而明,夏凉而冬温。雨雪之朝,风月之夕,余未尝不在,客未尝不从。撷⑧园蔬,取池鱼,酿秫⑨酒,瀹⑩脱粟而食之,曰:乐哉游乎!

方是时,余弟子由适在济南,闻而赋之,且名其台曰"超然",以见余之无所往而不乐者,盖游于物之外边。

(宋)苏轼《超然台记》

注: ①餔:吃。②夫:发语词。③胶西,泛指胶州湾畔海滨地区的西部,实指密州,治所在今山东诸城县。④雕墙:

用彩画装饰墙壁。⑤采椽：采即栎木，以栎木为椽，言其朴素。⑥马耳山：在今山东诸城县西南五十里，峰如马耳。常山：在今山东诸城县南二十里。传说秦、汉时期很多清高的人在这里居住。⑦穆陵：关名，故址在今山东临朐县东南大岘山上。⑧撷：采摘。⑨秔：粘稻。⑩瀹：煮。

译： 凡是事物都有可观赏的地方。如有可观赏的地方，就一定有快乐，不必一定是奇险伟丽之景。吃酒糟、喝薄酒，都可以使人醉，水果蔬菜草木，都可以使人饱。类推开去，我到哪儿会不快乐呢？

人们之所以求福避祸，是因为福能带来快乐，祸会引起悲伤。人的欲望是无穷的，而能满足我们欲望的外物却是有限的。孰美孰丑，在心中争论不已，取此舍彼，又在眼前选择不停，这样可乐之处常常很少，可悲之处常常很多，这叫做求祸避福。求祸避福，难道是人之常情吗！这是外物蒙蔽人呀！他们只游心于事物的内部，而不游心于事物的外面；事物本无大小之别，如果人拘于其内部而来看待它，那么没有一物不是高大的。它以高大的形象临视着我，那么我常常会眼花缭乱犹豫反复了，如同在隙缝中看人争斗，又哪里能知道谁胜谁负？因此，美丑交错而生，忧乐夹杂并出，这不是很大的悲哀么！

我从钱塘调任到胶西地方来做知州，舍去坐船的安逸，而承受坐车骑马的劳累；放弃墙壁雕绘的漂亮住宅，而蔽身在粗木造的居室里；离开了湖山的景观，而行走在种植桑麻的野地里。刚到之时，连年收成不好，盗贼到处都有，案件也多不胜数；而厨房内空空如也，每天只吃枸杞菊花，人们一定都怀疑我会不快乐。过了一年，我面腴体丰，头发白的地方，也一天天变黑了。我既喜欢这里的风俗淳厚，而这里的官吏百姓也习惯于我的笨拙质朴，因此，在这里修整花园菜圃，打扫干净庭院屋宇，砍伐安丘、高密的树木，来修补破败之处，作为苟且求安的法子。在园子的北面，靠着城墙而造的台已经很旧了，稍稍修葺使它焕然一新，常常与众人一起登台观赏。放开心意，尽展情志。从台上向南望去，是马耳山、常山，它们忽出忽没，时隐时现，若近若远，也许有隐士住在那里吧？而东面是卢山，秦人卢敖就是在那里隐遁的。向西望去是穆陵关，高高地如同城郭一般，姜太公、齐桓公的遗风，尚有留存。向北俯视潍水，不禁慨叹万分，想起了淮阴侯韩信的赫赫战功，又哀叹他不得善终。这台高大而又平稳，进深而又明亮，夏凉冬暖。雨雪纷飞的早晨，微风明月的夜晚，我没有不在那里的，客人们没有不跟从着我的。采摘园子里的蔬菜，钓取池塘里的游鱼，酿米酒，煮糙米，大家吃喝着，说道："游玩真痛快啊！"

当时，我的弟子由适在济南，听说了这件事，写了一篇赋，并且把这台命名为"超然"，以表示我到哪儿都快乐的原因，在于我的心能超出于事物之外啊！

为快也哉

士生于世，使其中不自得，将何往而非病；使其中坦然不以物伤性，将何适而非快！今张君不以谪为患，窃会计①之余功，而自放山水之间，此其中宜有以过人者。将蓬户瓮牖②，无所不快；而况乎濯长江之清流，挹西山之白云，穷耳目之胜以自适也哉！不然，连山绝壑，长林古木，振之以清风，照之以明月，此皆骚人思士之所以悲伤憔悴而不能胜③者，乌睹其为快也哉！

（宋）苏辙《黄州快哉亭记》

注：①会计：征收钱谷等事。②蓬户：用蓬草编的门；瓮牖：用破瓮做的窗。③胜：担当，承受。

译：世人生活在世间，假如他心中不坦然自乐，那么到哪里不都会感到痛苦和不满吗？假如他达观坦荡，不因外物的影响而伤害自己的性情，那么到哪里不都会感到快乐吗？如今，张梦得君不把贬官当做忧患，利用办理公务的余暇，在山水之间纵情游玩，这表明他的心胸应该有超过常人的地方。即令用蓬草编门，用破瓮作窗，他生活其中也不会有什么不快乐的，更何况在长江的清流中洗濯，览观西山的白云，让耳目尽情感受美好的景色,以求得舒心快意呢!如果不是这样,峰峦连绵,沟壑幽绝,森林成片,古木参天,清风回旋其间,明月当空朗照,这些都是使失意的人们悲伤憔悴而感到不能忍受的景色,哪里看得出它们是令人畅快的呢?

知止而后定

爱问:"'知止而后有定',朱子以为'事事物物皆有定理'①,似与先生之说相戾。"先生曰:"于事事物物上求至善,却是义外也。至善是心之本体。只是明明德到至精至一处便是。然亦未尝离却事物。本注所谓'尽夫天理之极,而无一毫人欲之私'者,得之。"

(明)王阳明《传习录》

注:①"朱子以为"句:见朱熹《大学或问》:"能知所止,则方寸之间,事事物物皆有定理。"

译:徐爱问:"《大学》的'知止而后有定',朱子认为是说'事事物物皆有定理',这好像与您的看法相反。"先生说:"到事物中去求至善,这样把义看成是外在的了。至善是心的本体,只要'明明德'达到至精至一的程度就是至善了。当然,至善并未脱离具体事物。朱子《大学章句》所讲的'尽夫天理之极,而无一毫人欲之私',就是这一意思。"

和气

《礼记》言:"'孝子之有深爱者,必有和气。有和气者,必有愉色。有愉色者,必有婉容。'①须是有个深爱做根,便自然如此。"

(明)王阳明《传习录》

注：①见《礼记·祭义》。

译：《礼记》说："'孝子之有深爱者，必有和气。有和气者，必有愉色。有愉色者，必有婉容。'必须有一个深爱的心做根本，便自然会如此。"

道心

爱问："'道心常为一身之主，而人心每听命。'①以先生精一之训推之，此语似有弊。"先生曰："然。心一也。未杂于人谓之道心，杂以人伪谓之人心。人心之得其正者即道心，道心之失其正者即人心。初非有二心也。程子谓人心即人欲，道心即天理。②语若分析，而意实得之。今曰'道心为主，而人心听命'，是二心也。天理人欲不并立。安有天理为主，人欲又从而听？"

（明）王阳明《传习录》

注：①"道心常为"句：见朱熹的《中庸章句序》。②"程子谓"句：程伊川认为，"人心，私欲也。道心，正心也"（《二程遗书》卷十九）。

译：徐爱问："'道心常为一身之主，而人心每听命。'从您对精一的解释来看，这话似乎不妥。"先生说："是这样。心就是一个心。没有搀杂人为因素的叫做道心，搀杂了人为因素的叫做人心。人心内外能够守正不偏即道心，道心不能守正就是人心。并非人本来就有两个心。程子认为人心就是人欲，道心就是天理。好像是把人心与道心分开了，但用意还是好的。而朱子说道心为主，人心听命于道心，硬是把心分为二了。天理人欲不能并存，怎么会有天理为主而人欲服从天理的情况呢？"

存心

问："宁静存心时，可为未发之中否？"先生曰："今人存心，只定得气。当其宁静时，亦只是气宁静。不可以为未发之中。"曰："未便是中。莫亦是求中功夫？"曰："只要去人欲，存天理，方是功夫。静时念念去人欲，存天理。动时念念去人欲，存天理。不管宁静不宁静。若靠那宁静，不惟渐有喜静厌动之弊。中间许多病痛，只是潜伏在。终不能绝去，遇事依旧滋长。以循理为主，何尝不宁静？以宁静为主，未必能循理。"

（明）王阳明《传习录》

译：陆澄问："在宁静养心的时候，可以是未发之中吗？"先生说："现在人的存心，也只是安定了气。当它宁静时，也只是气的宁静。不能认为这就是未发之中。"陆澄说："未发便是中，宁静是不是求中的功夫？"先生说："只要去人欲，存天理，就是功夫。静时念念不忘去人欲、存天理，动时也念念不忘去人欲、存天理，不管宁静不宁静。如果依靠那宁静，不仅逐渐会有喜静厌动的毛病，而且其中的许多毛病，只是潜伏下来了，终究不能根除，遇事依旧滋长。如果以依循天理为主，怎么会不宁静呢？而以宁静为主，却不一定能够依循天理了。"

心外无理

心外无理，心外无事。

（明）王阳明《传习录》

译：（略）

心即性

或问："晦庵先生曰'人之所以为学者，心与理而已'①。此语如何"？曰："心即性，性即理。下一'与'字，恐未免为二。此在学者善观之。"

（明）王阳明《传习录》

注：①见朱熹《大学或问》。

译：有人问："晦庵先生（朱子）说'人之所以为学者，心与理而已'，这话对吗？"先生说："心即性，性即理，说一个'与'字，恐难免把心理分为二，这需要学者善于体会。"

体用一源

不可谓未发之中常人俱有。盖体用一源①。有是体，即有是用。有未发之中，即有发而皆中节之和。今人未能有发而皆中节之和。须知是他未发之中亦未能全得。

（明）王阳明《传习录》

注：①盖体用一源：见《伊川易传》序。

译：不能说未发之中常人都有。因为体用一源，有这个体，就有这个用。有未发之中，即有发而皆中节的和。如今人不能有发皆中节的和，须知是它未发之中还未全有。

大中至正

先生曰："所论大略亦是。但谓上一截，下一截，亦是人见偏了如此。①若论圣人大中至正之道，彻上彻下，只是一贯。"

（明）王阳明《传习录》

注：①见《周易·系辞上》。

译：先生说："所说大致也是对的。然而，上一截与下一截的区分，也是因为人们对于道作了片面的理解。至于说圣人的大中至正之道，彻上彻下，是上下贯通的。"

中和

喜怒哀乐，本体自是中和的。才自家看些意思，便过不及，便是私。

（明）王阳明《传习录》

译：喜怒哀乐，本体原本是中和的。如果自己有了别的想法，便有过与不及，这便是私。

成就自家心体

问："名物度数。亦须先讲求否？"先生曰："人只要成就自家心体，则用在其中。如养得心体果有未发之中，自然有发而中节之和。自然无施不可。苟无是心，虽预先讲得世上许多名物度数，与己原不相干。只是装缀临时，自行不去。亦不是将名物度数全然不理。只要'知所先后，则近道'。"①又曰："人要随才成就，才是其所能为。如夔②之乐，稷③之种，是他资性合下便如此。成就之者，亦只是要他心体纯乎天理。其运用处，皆从天理上发来，然后谓之才。到得纯乎天理处，亦能不器。使稷易艺而为，当亦能之。"又曰："如'素富贵，行乎富贵。素患难，行乎患难'，皆是不器。此惟养得心体正者能之。"

（明）王阳明《传习录》

注：①见《大学》。②夔：舜时乐官。③稷：农官。

译：问："名物度数，也要先去研究吗？"先生说："人只能成就自己的心体，用也就在其中，如果把心体修养得真有一个未发之中，自然有发而中节之和，自然是做什么都没有问题。如果没有这个心，及时预先讲得许多的名物度数，与自己并不相干，只是一时的装饰，自然不能处事应物。当然，并不说完全不理会名物度数，只是要知道'知所先后，则近道'。"先生又说："人要根据自己的才能来成就自己，才是他所能做的。比如夔擅长音乐，稷精于耕种，是他们的资质禀性自然就能如此。成就一个人，也就是要他的心体纯粹是天理。应事处物，都是从天理上发生出来的，然后叫做'才'。达到纯是天理，也就能成为'不器'。只有修养心体达到纯粹天理的人才能做到。"

去得人欲

澄问："喜怒哀乐之中和。其全体常人固不能有。如一件小事当喜怒者，平时无喜怒之心。至其临时，亦能中节。亦可谓之中和乎？"先生曰："在一时之事，固亦可谓之中和。然未可谓之大本达道。①人性皆善。中和是人人原有的。岂可谓无？但常人之心既有所昏蔽，则其本体亦时时发见，终是暂明暂灭，非其全体大用②矣。无所不中，然后谓之大本。无所不和，然后谓之达道。惟天下之至诚，然后能立天下之大本。"曰："澄于中字之义尚未明。"曰："此须自心体认出来。非言语所能喻。中只是天理。"曰："何者为天理？"曰："去得人欲，便识天理。"曰："天理何以谓之中？"曰："无所偏倚。"曰："无所偏倚，是何等气象？"曰："如明镜然。全体莹彻，略无纤尘染着。"曰："偏倚是有所染着。如着在好色好利好名等项上，方见得偏倚。若未发时，美色名利皆未相看。何以便知其有所偏倚？"曰："虽未相着，然平日好色好利好名之心,原未尝无。既未尝无,即谓之有。既谓之有,则亦不可谓无偏倚。譬之病疟之人,虽有时不发,而病根原不曾除,则亦不得谓之无病之人矣。须是平日好色好利好名等项一应私心,扫除荡涤,无复纤毫留滞。而此心全体廓然,纯是天理。方可谓之喜怒哀乐未发之中。方是天下之大本。"

(明)王阳明《传习录》

注:①语见《中庸》:"中者也,天下之大本也。和者也,天下之达道也。"②全体大用:源于朱熹《大学章句》第五章的补传,即心的全体作用。

译:陆澄问:"在喜怒哀乐方面的未发之中与发而中节之和,就全体而言,常人不能都具有。遇到一件小事该喜该怒时,平时没有喜怒的心,到时也能发而中节。这也能叫做中和吗?"先生说:"在一时一事,固然也可以叫做中和。但不能说能体认大本,致达大道。人性皆善。中和是每个人都有的,岂能说没有呢?然而常人的心有所昏暗遮蔽,虽然心的本体也能不时显现,终究是时明时暗,不是心的全体大用。无所不中,然后叫做大本;无所不和,然后叫做达道。只有天下的至诚,然后才能确定天下的大本。"陆澄说:"我对中的字义还不明白。"先生说:"这需要从心上体认出来,不是语言所能说清的,中只是一个天理。"陆澄问:"什么是天理?"先生说:"抛开了人欲,就可以识得天理。"陆澄问:"天理怎样才称为中?"先生说:"天理无所偏倚。"陆澄问:"无所偏倚,是何等气象?"先生说:"如明镜一样,是全体纯净莹彻,没有任何一点污染。"陆澄问:"偏倚是因有了污染,如染上了好色、好利、好名等毛病,才能看出偏倚。如果心未发时,美色、名利都还没有显现让人执着,但平时好色、好利、好名的心也并非没有,既然不是没有,就可叫做有。既然是有,就不能说是无偏倚。比如患了疟疾的人,虽然有时不犯病,但病根未去,因而也不能说他是无病之人。必须把平时的好色、好利、好名等私心全部扫除荡涤,不再有纤毫留存,使此心全体纯净空廓,纯是天理,才可以叫做喜怒哀乐未发之中,才是天下的大本。"

吾心

问:"知至善即吾性。吾性具吾心。吾心乃至善所止之地。则不为向时之纷然外求,而定则不扰,不扰而静。静而不妄动则安。安则一心一意只在此处。千思万想,务求必得此至善。①是能虑而得矣。如此说是否?"先生曰,"大略亦是。"

(明)王阳明《传习录》

注:①《大学》原文:"知止而后有定,定而后能静,静而后能安,安而后能虑,虑而后能得。"

译:问:"如果认为至善是我的性,我性又在我心之中,我心是至善所存留的地方,我就不会像从前那样纷然向外求取,而后志就能定了。志定了,就不会有烦扰,就能静。静而不妄动就能安。能安,就会一心一意只在至善处。千思万虑都是为了求达这至善。所以思虑能得达至善。这样解释,对吗?"先生说:"大体如此。"

良知

天地无人的良知,亦不可为天地矣。盖天地万物与人原是一体,其发窍之最精處,是人心一点灵明,风、雨、露、雷,日、月、星、辰,禽、兽、草、木,山、川、土、石,与人原只一体。故五谷、禽兽之类皆可以养人,药石之类皆可以疗疾,只为同此一气,故能相通耳。

(明)王阳明《传习录》

译:天地没有人的良知也不能成其为天地了。天地万物与人本是一体。天地万物最精妙的开窍处是人心的一点灵明。风雨露雷、日月星辰、禽兽草木、山川土石与人本来只是一体。所以五谷禽兽之类都可以养活人,药石之类都可以治病。因为气是相同的,所以能够相通。

人心和平

先生曰:"古人为治,先养得人心和平,然后作乐。比如在此歌诗,你的心气和平,听者自然悦怿兴起,只此便是元声之始。《书》云:'诗言志',志便是乐的本;'歌永言',歌便是作乐的本;'声依永,律和声',律只要和声,和声便是制律的本:何尝求之于外?"曰:"古人制候气法,是意何取?"先生曰:"古人具中和之体以作乐,我的中和原与天地之气相应,候天地之气,协凤凰之音①,不过去验我的气果和否:此是成律已后事,非必待此以成律也。今要候灰管,必须定至日。然至日子时恐又不准,又何处取得准来?"

(明)王阳明《传习录》

注:①凤凰之音:《吕氏春秋·古乐》:"听凤皇之鸣,以别十二律,其雄鸣为六,雌鸣为六,以此黄钟之宫适合,黄钟之音皆可以生之,故曰黄钟之宫,律吕之本。"

译:先生说:"古人治理天下总是先培养得人心平和,然后才作乐。比如在这里咏诗,如果你心平气和,听者自然会感到愉快兴奋。这便是元声得起始处。《尚书·舜典》说'诗言志',志便是乐的根本;'歌永言',歌便是作乐的根本;'声依永,律和声',律只需要声音和谐,声音和谐便是制定音律的根本。何曾要到心外去找呢?"德洪问:"古人用律管候气的方法,又是根据什么呢?"先生说:"古人有中和的心体后才去作乐,我的心体本来是与天地的气相应的。候测天地之气,与凤凰的鸣叫相谐和,只不过是为了验证我的气是否真的中和。这是制成律之后的事,并非要以此为根据才能制律。现在通过律管吹灰候气,首先要确定冬至,但是,到了冬至子时,恐怕又不准,从哪里才能找到标准呢?"

过与不及

问:"良知原是中和的,如何却有过不及?"先生曰:"知得过、不及处,就是中和。"

(明)王阳明《传习录》

译:问:"良知本是中和的,为什么有了过与不及?"先生说:"知道了过与不及就是中和。"

无思无怍

"人一日间,古今世界都经过一番,只是人不见耳。夜气清明时,无视无听,无思无怍,淡然平怀,就是羲皇世界。平旦时,神清气朗,雍雍穆穆,就是尧、舜世界;日中以前,礼岩交会,气象秩然,就是三代世界;日中以后,神气渐昏,往来杂扰,就是春秋、战国世界;渐渐昏夜,万物寝息,景象寂寥,就是人消物尽世界。学者信得良知过,不为气所乱,便常做个羲皇已上人。"

(明)王阳明《传习录》

译:"人在一天内,把古今的世界都重新经历了一遍,只是人们没有意识到而已。在夜气清朗时,人无视无听、无思无虑、不言不动、淡泊恬静,这就是羲皇的世界。在正午以前,人之间礼仪来往,气象井然,这就是三代的世界。在正午以后,人的神气渐昏,往来杂扰,这就是春秋战国的世界。在夜幕降临时,万物安息,空静寂寥,这就是人消物尽的世界。学者如果能充分信任良知,不被气所左右,就能做一个羲皇时代的人。"

人心与物同体

问:"人心与物同体,如吾身原是血气流通的,所以谓之同体;若于人便异体了,禽、兽、草、木益远矣。而何谓之同体?"先生曰:"你只在感应之几上看;岂但禽、兽、草、木,虽天、地也与我同体的,鬼、神也与我同体的。"请问。先生曰:"你看这个天、地中间,什么是天、地的心?"对曰:"尝闻人是天地的心。"曰:"人又什么叫做心?"对曰:"只是一个灵明。"曰:"可见充天塞地中间,只有这个灵明。人只为形体自间隔了。我的灵明,便是天、地、鬼、神的主宰。天没有我的灵明,谁去仰他高?地没有我的灵明,谁去俯他深?鬼、神没有我的灵明,谁去辩他吉、凶、灾、祥?天、地、鬼、神、万物,离却我的灵明,便没有天、地、鬼、神、万物了;我的灵明,离却天、地、鬼、神、万物,亦没有我的灵明。如此,便是一气流通的,如何与他间隔得?"

(明)王阳明《传习录》

译:问:"人心与物同体。比如我的身体本来是血气流通的,所以叫做同体。至于我与他人,就是异体了。与禽兽草木,就离得更远了,又为什么叫做同体?"先生说:"你只要在感应的征召上看,何止禽兽草木,即使天地也与我同体,鬼神也与我同体。"请问如何理解。先生说:"你看这个天地中间,什么是天地的心?"回答说:"曾听说人是天地的心。"先生说:"人又把什么叫做心?"回答说:"只是一个灵明。"先生说:"可见弥漫在天地中的只有我这个灵明,人是为了形体,把自己与其他间隔开了。我的灵明便是天地鬼神的主宰。天没有我的灵明,谁去发现它的高大?地没有我的灵明,谁去辨别它的吉凶祸福?天地鬼神万物离开了我的灵明,就没有天地鬼神万物了。我的灵明离开了天地鬼神万物,也没有了我的灵明。如此就是一气贯通的,又怎么能分开呢?"

人灵于物

东陵侯既废,过司马季主而卜焉。季主曰:"君侯何卜也?"东陵侯曰:"久卧者思起,久蛰者思启,久懑者思嚏。吾闻之:蓄极则泄,闷极则达,热极则风,壅极则通。一冬一春,靡屈不伸;一起一伏,无往不复。仆窃有疑,愿受教焉。"季主曰:"若是,则君侯已喻之矣,又何卜为?"东陵侯曰:"仆未究其奥也,愿先生卒教之。"季主乃言曰:"呜呼!天道何亲?惟德之亲;鬼神何灵?因人而灵。夫蓍,枯草也;龟,枯骨也:物也。人灵于物者也,何不自听,而听于物乎?且君侯何不思昔者也?有昔者必有今日。是故碎瓦颓垣,昔日之歌楼舞馆也;荒榛断梗,昔日之琼蕤玉树也;露蛬风蝉,昔日之凤笙龙笛也;鬼燐萤火,昔日之金釭华烛也;秋荼春荠,昔日之象白驼峰也;丹枫白荻,昔日之蜀锦齐纨也。昔日之所无,今日有之不为过;昔日之所有,今日无之不为不足。是故一昼一夜,华开者谢;一秋一春,物故者新。激湍之下,必有深潭;高丘之下,必有浚谷。君侯亦知之矣,何以卜为?"

(明)刘基《诚意伯文集·司马季主论卜》

译:东陵侯被废弃以后,往司马季主那儿去占卜。季主说:"您要占卜什么事呢?"东陵侯说:"躺卧时间长了就想起来,闭门独居久了就想出去,胸中积闷久了就想打喷嚏。我听说:积聚过多就要宣泄,烦郁之极就要开畅,闷热太甚就会起风,堵塞过分就会流通。有一冬就有一春,没有只屈而不伸的;有一起就有一伏,没有只去不来的。我私下有所怀疑,希望得到你的指教。"季主说:"既然这样,那么您已经明白了,又何必要占卜呢?"东陵侯说:"我未能深入理解其中的高深微妙,希望先生能指点究竟。"季主于是说道:"唉!天道和什么人亲?只和有德的人亲。鬼神怎么会灵?靠着人相信才灵。蓍草不过是枯草,龟甲不过是枯骨,都是物。人比物灵敏聪明,为什么不听从自己,却听命于物呢?而且,您为什么不想一下过去呢？有过去就必然有今天。所以，现在的碎瓦坏墙，就是过去的歌楼舞馆；现在的荒棘断梗，就是过去的琼花玉树；现在在风露中哀鸣的蟋蟀和蝉，就是过去的凤笙龙笛；现在的鬼火萤光，就是过去的金灯华烛；现在秋天的苦菜、春天的荠菜，就是过去的象脂驼峰；现在红的枫叶、白的荻草，就是过去的蜀产美锦、齐制细绢。过去没有的现在有了，不算过分；过去有过的现在没有了，也不能算不足。所以从白昼到黑夜，盛开的花朵凋谢了；从秋天到春天，凋萎的植物又发出新芽。激流旋湍下面，必定有深潭；高峻的山丘下面，必定有深谷。这些道理您也已经知道了，何必还要占卜呢？"

童心

龙洞山农①叙《西厢》，末语云："知者勿谓我尚有童心可也。"夫童心者，真心也。若以童心为不可，是以真心为不可也。夫童心者，绝假纯真，最初一念之本心也。若失却童心，便失却真心；失却真心，便失却真人。人而非真，全不复有初矣。童子者，人之初也；童心者，心之初也。夫心之初，曷可失也？然童心胡然而遽失也。盖方其始也，有闻见从耳目而入，而以为主于其内而童心失。其长也，有道理从闻见而入，而以为主于其内而童心失。其久也，道理闻见日以益多，则所知所觉日以益广，于是焉又知美名之可好也，而务欲以扬之而童心失。知不美之名之可丑也，而务欲以掩之而童心失。夫道理闻见，皆自多读书识义理而来也。古之圣人，曷尝不读书哉。然纵不读书，童心固自在也；纵多读书，亦以护此童心而使之勿失焉耳，非若学者反以多读书识义理而反障之也。夫学者既以多读书识义理障其童心矣，圣人又何用多著书立言以障学人为耶？童心既障，于是发而为言语，则言语不由衷；见②而为政事，则政事无根柢；著而为文辞，则文辞不能达。非内含于章美也，非笃实生辉光也，欲求一句有德之言，卒不可得,所以者何?以童心既障,而以从外入者闻见道理为之心也。

(明)李贽《童心说》

注：①龙洞山农：或认为是李贽别号,或认为是颜钧,字山农。实甫的《西厢记》。②见：通"现"。

译：龙洞山农在为《西厢记》写的序文末尾说："有识之士不以为我还有童心的话,就知足了。"童心,实质上是真心,如果认为不该有童心,就是以为不该有真心。所谓童心,其实是人在最初未受外界任何干扰时一颗毫无造作、绝对真诚的本心。如果失掉童心,便是失掉真心;失去真心,也就失去了做一个真人的资格。而人一旦不以真诚为本,就永远丧失了本来应该具备的完整的人格。儿童,是人生的开始;童心,是心灵的本源。心灵的本源怎么可以遗失呢!那么,童心为什么会贸然失落呢?在人的启蒙时期,通过耳闻目睹会获得大量的感性知识,长大之后,又学到更多的理性知识,而这些后天得来的感性的见闻和理性的道理一经入主人的心灵之后,童心也就失落了。久而久之,懂得的道理、得来的闻见日益增多,所能感知、觉察的范围也日益扩大,从而又明白美名是好的,就千方百计地去发扬光大;知道恶名是丑的,便挖空心思地遮盖掩饰,这样一来,童心也就不复存在了。人的见闻、道理,都是通过多读书、多明理才获得的。可是,古代的圣贤又何尝不是读书识理的人呢!关键在于,圣人们不读书时,童心自然存而不失,纵使多读书,他们也能守护童心,不使失落,绝不像那帮书生,反会因为比旁人多读书识理而雍塞了自己的童心。既然书生会因为多读书识理而雍蔽童心,那么圣人又何必要热衷于著书立说以至于迷人心窍呢?童心一旦雍塞,说出话来,也是言不由衷;参与政事,也没有真诚的出发点;写成文章,也就无法明白畅达。其实,一个人如果不是胸怀美质而溢于言表,具有真才实学而自然流露的话,那么从他嘴里连一句有道德修养的真话也听不到。为什么呢?就是因为童心已失,而后天得到的见闻、道理却入主心灵的缘故。

贵相知心

人之相知，贵相知心。①光武知严光之不能屈②，而不绳以君臣之法；献子③有友五人，皆无献子之家。故士之自负也愈大，则其自待也愈重。抱杰出之才，逢破格之赏识，而即欲顺从求悦者，是不以道义自处，而又以世俗之心待君子也。

（清）刘开《知己说》

注：①这两句话出自汉代文章《李陵答苏武书》。②光武知严光之不能屈：光武，汉代光武帝刘秀。严光，字子陵，东汉初会稽余姚（今属浙江）人。严光曾与刘秀同学，刘秀即位后，他改名隐居。刘秀召他到京师，想任他为谏议大夫，他不肯受，归隐富春山，刘秀也不再勉强，两人始终以同学相处。③献子：春秋时鲁国贵卿孟献子。《孟子·万章下》载，孟献子与乐正裘等五人交朋友，这五个人心里都没有把献子当做显贵的百乘之家（大夫）看待。

译：人与人的了解，所贵之处在于思想上的了解。光武帝知道严光不愿屈身侍君，就不用君臣间的法规来束缚他。孟献子有五个朋友，都没有把孟献子当显贵之家看待。所以士越自负，就越严格要求自己。（士）拥有超出一般的才干，遇见超出常规的赏识，就想顺从他人求得别人喜欢，这就不是按照道德礼仪要求自己，反而按照世俗心态来对待君子。

利己之心

夫利己之心，虽贤士大夫咸不免。然利己者必损人，种种机械，因是而生，种种冤愆，因是而造；甚至贻臭万年，流毒四海，皆此一念为害也。

（清）纪昀《阅微草堂笔记》

译： 利己的心，即使贤明的士大夫都不能免除。但是利己的事情一定损害他人，各种各样的勾心斗角，因为这种原因而产生，各种各样的冤情罪愆，因为这种原因而造就；甚至于遗臭万年，流毒四海，都是这（利己）一种念头造成的危害。

善事与善心

世间善事，也有做得来的，也有做不来的：做得来的，就要全做，做不来的，也要半做。半做者，不是叫在十分之中定要做了五分，就像天平弹过的一般，方才叫做半做，只要权其轻重，拣那最要紧的做得一两分，也就抵过一半了。留那一半以俟将来，或者由渐而成，充满了这一片善心，也未见得。

（清）李渔《十二楼》

译： 世上的好事，也有做得到的，也有做不到的：做得到的，就要全部做完，做不到的，也要做一半。做一半不是规定死了在十分之中一定要做五分，准确得就像用天平称过一样，才叫做了一半，只要衡量一下事情的轻重，拣那最重要的做好一两分，也就抵得过做了一半。留下那一半等将来再做，或许慢慢就做成了。只要心中有一片善心，也未必做不到。

原心

古语云："立法不可不严，行法不可不恕。"古人既有诛心之法，今人就该有原心之条。

（清）李渔《十二楼》

译： 古人说："制定法律不能不严格，执行法律不能不宽恕。"古人既然有诛心的说法，现代人就应该有从动机上宽容人的条律。

存怜天下之心

威仪欲庄整,出语贵开明。取人勿求备,看人勿太刻。存怜天下之心,定独行不惧之志。事必矫俗则人不亲,行少随俗则品不立,二者善用之,其惟君子乎!

(清)颜元《颜习斋先生言行录》

译:威严的外表要做到庄重整洁,说出的话可贵在开通明达。选取人才不要责备求全,看待他人时不要太苛刻。保持着热爱天下的心态,立定单独行事不惧一切的志向。做事一定不同于世俗,那么人们不会亲近,行为稍微随和世俗,那么品行就难建立,(矫俗和随俗)要善于运用,大概只有君子能够做到吧!

真意

凡与人晋接周旋,若无真意,则不足以感人;然徒有真意而无文饰以将之,则真意亦无所托之以出,《礼》所称无文不行也。

(清)曾国藩《家书》

译:只要与人交往周旋,如果没有真情实意,就不足以使人感动;但是只有真情实意却没有文采装饰来包装真情实意,那么真情实意也就没有依托表现出来了,这就是《礼》中所说的没有文采是行不通的。

圣人无我

或曰:圣人无我。吾不知其奚以云无也。我者,德之主,性情之所持也。必挟其有我之区,超然上之而用天,夷然忘之而用物，则是有道而无德，有功效而无性情矣。……呜呼！言圣人而亡实，则且以圣人为天地之应迹，而人道废矣！

（清）王夫之《诗广传》

译：有人说：圣人没有个人的自我。我不知道他们是根据什么说这个没有。个人的我，是个人道德的主体，性格和感情的依仗。必须拥有他个人自我的躯体，从自然界提升出来，发挥作用，从狭义的动物界剔除出来，使用外物，那么这就是有天性却没有德的主体，会产生作用却没有性情的依仗。……唉！谈到圣人却失去了圣人的真实状况，进一步认为圣人是大自然的表现，因而人性消失了！

安其心故其事成

其大小之罪均，法之加必自贵者始。盖任重而责①之者厚，厚不为刻也；任轻而责之者薄，薄不为私也。夫如是，贵者难②其事，而不敢有以位为乐之心；贱者量其力，而无皇皇③于冒进之意。乐其职，故其心安，安其心，故其事成。

（清）梅增亮《臣事论》

注：①责：责罚。②难：慎重。③皇皇：同"遑遑"，匆忙，急切。

译：那大大小小的罪行惩罚要平等，刑法加重一定要从身份尊贵的人开始。因为他们负有重任，就要严格地要求他们，严格不是苛刻；对责任轻的惩罚也要宽松，宽松不是出于私心。照这样办，地位尊贵的人就会慎重对待自己的职务，就不敢把地位高当成使自己开心的事；地位低下的人衡量自己的能力，就没有急切冒进的打算。以自己的职务为欢乐，所以他的内心安定，因为他的内心安定，所以能够成就他的事业。

以天下群生之乐为乐

一举笔而安天下,一矢口而遂群生,以天下群生之乐为乐,何快如之?

(清)李渔《闲情偶寄》

译:拿起一支笔就使天下安定,说一句话就满足了所有人的心愿,将天下所有人的欢乐作为自己的欢乐,什么样的欢乐像这样呢?

平坦忠厚

世情任其险阻,君子惟持之以平坦;世情任其刻薄,君子惟将之以忠厚。

(清)颜元《颜习斋先生言行录》

译:社会上的人情不管它怎样险恶坎坷,有道德有学问的人只应该保持平和坦荡的心态;社会上的人情不管它怎样尖酸刻薄,有道德有学问的人只应该保持忠诚厚道的心态。

善者

见一善者则痛誉之,见一不善者则浑藏而不露一字。久久善者劝,而不善者亦潜移而默转矣。

(清)曾国藩《家书》

译:看到一个善人就大力赞誉他,看到一个不善的人就藏在内心一个字也不说。长此以往善人更加向善,并且不善的人也潜移默化地转变了。

强毅与刚愎

至于强毅之气，决不可无，然强毅与刚愎有别。古语云自胜之谓强。曰强制，曰强恕，曰强为善，皆自胜之义也。如不惯早起，而强之未明即起；不惯庄敬，而强之坐尸立斋；不惯劳苦，而强之与士卒同甘苦，强之勤劳不倦。是即强也。不惯有恒，而强之贞恒，即毅矣。舍此而求以客气胜人，是刚愎而已矣。二者相似，而其流相去霄壤，不可不察，不可不谨慎。

（清）曾国藩《家书》

译：至于刚强坚毅的气概，一定不能缺少，但是刚强坚毅和刚愎自用是有区别的。古话说，战胜自己才叫做刚强。叫做强制自我，叫做强制宽恕，叫做强制行善，都是战胜自己的意思。像不习惯早起，就强迫自己天没有亮就起来；不习惯庄严肃穆，就强迫自己坐着，身体立着像灵牌一样；不习惯辛苦劳作，就强迫自己和士兵同甘共苦，强迫自己勤劳而不知疲倦。这就是刚强。不习惯持之以恒，就强迫自己持之以恒，就是坚毅了。抛弃这些却追求以气势压倒别人，这是刚愎自用罢了。两者外表相似，但是他们的结果有天地之间的距离，不能够不明察，不能够不谨慎。

生命

将贵其生，生非不可贵也；将舍其生，生非不可舍也。将远其名，名固不可辱也；将全其名，名固不可沽也。生以载义，生可贵；义以立生，生可舍。名以成实，名不可辱；实以主名，名不可沽。

（清）王夫之《尚书引义》

译：要珍惜他的生命，生命不是不应该珍惜的；要舍弃他的生命，生命不是不可以舍弃的。要使他的名声传得远，名声本来就不能受到侮辱；要保全他的名声，名声本来就不可购买。生命用来承载道义，生命才值得珍贵；因为道义成为立身之本，生命可以舍弃。名声用来显示人的内在，名声不可以被侮辱，人的内在主宰着名声，名誉不可以被购买。

常寻欢喜

凡人处世，惟当常寻欢喜。欢喜处自有一番吉祥景象。盖喜则动善念，怒则动恶念。是故古语云："人生一善念，善虽未为，而吉神已随之；人生一恶念，恶虽未为，而凶神已随之。"开诚至理也夫？

（清）爱新觉罗·玄烨《庭训格言》

译：人活在世上，只应该经常追求内心的喜悦安详。内心的喜悦安详是一种非常美好的境界。心中充满喜悦，就会产生善良美好的念头；心中充满愤怒，就会产生凶险的念头。所以有句古话这样说："一个人只要产生一个善念，即使还没有去付诸实践，吉祥之神已经在伴随他了。如果他产生了一个恶念，即使还没有付诸实践，凶神已经跟随他了。"这句话真是至理名言啊！

胜其私心

凡人不能无好恶，但能胜其私心则善。诚见善而好之，见恶而恶之，是不能牵累吾心矣。

（清）爱新觉罗·玄烨《庭训格言》

译：大凡是人，就不可能没有喜好、厌恶的感情，但是能够战胜自己的私心就是好的。如果人们见到善的就爱好它，见到坏的就厌恶它，那么这个人的好恶就不会再牵累内心思想了。

身安而泽长

尝谓四肢之安佚①也,性也。天下宁有不好逸乐者,但逸乐过节②则不可。故君子者勤修不敢惰,制欲不敢纵,节乐不敢极,惜福不敢侈,守分不敢僭③,是以身安而泽长也。

(清)爱新觉罗·玄烨《庭训格言》

注: ①佚:同"逸",安逸,安乐。②节:适度,法度。③僭:超越本分。指超越身份,冒犯上司的职权而行事。

译: 我曾经说过,人的四肢贪图安逸,这是由人的天性所决定的。天下哪有不喜欢安逸快乐的人,但是安逸、快乐如果超越了一定的限度那就是不可以的了。所以君子勤奋学习,遵守道德规范,不敢有一点懈怠;节制自己的欲望,不敢有一点放纵;节制自己的快乐,不敢有一点过分;珍惜自己的福分,不敢随意浪费;恪守自己的本分,不敢超越自己的职权。只有这样才能安身于社会,享受长久的恩泽。

退一步法

穷人行乐之方,无他秘巧,亦止有退一步法。我以为贫,更有贫于我者;我以为贱,更有贱于我者;我以妻子为累,尚有鳏寡孤独之民,求为妻子之累而不能者;我以胼胝为劳,尚有身系狱廷,荒芜田地,求安耕凿之生而不可得者。以此居心,则苦海尽成乐地。如或向前一算,以胜己者相衡,则片刻难安,种种桎梏幽囚之境出矣。

(清)李渔《闲情偶寄》

译: 穷困者寻求欢乐的方法,没有其他的秘密和奥妙,也只有退一步想想这一种方法:我认为我贫穷,还有比我更贫穷的人;我认为我地位低下，还有地位比我更低下的人；我认为妻子儿女是我的拖累，还有鳏夫寡妇孤儿独老的人，想受到妻子儿女的拖累却不能得到；我认为脚上长茧是劳累过度，还有关在监狱里面，家中田地荒芜，想过安居耕作却不能得到的人。心中这样想，那么苦海都成了欢乐的土地。如果有人朝前面考虑，拿超过自己的人相比较，那么片刻也难以安宁，各种各样痛苦的景象都会在脑海里出现。

好仁

好仁恶不仁，便是用力于仁。真好仁者必"无以尚"；真恶不仁者必其为皆仁，"不使不仁加身"。人人具有此力，只不用耳。

（清）颜元《四书正误》卷三

译：喜爱仁这种品德的人，厌恶不仁的人，这就是大力在推行仁。真正喜爱仁这种品德的人，一定认为"没有什么在仁之上"；真正厌恶不仁的人，他的作为一定都符合仁德，"不让不仁德的行为加在别人身上"。每个人都具有这样的能力，只是没有用上罢了。

随心所欲事

世上无论何事，若人力未尽，从无坐在家中，就能平空落下随心所欲事来。

（清）李汝珍《镜花缘》

译：世界上无论什么事，如果人没有尽到努力，从来就不会有坐在家中，能够从空中落下来让自己称心如意的事。

迁善改过

凡人一身,只有"迁善改过"四字可靠;凡人一家,只有"修德读书"四字可靠。此八字者,能尽一分,必有一分之庆;不尽一分,必有一分之殃。

(清)曾国藩《家书》

译:(略)

存心渐厚

敬则无骄气,无怠惰之气;恕则不肯损人利己,存心渐趋于厚。

(清)曾国藩《家书》

译:懂得尊敬就不会有骄傲之气,不会有懒惰之气;懂得宽恕就不肯损人利己,内心逐渐变得忠厚。

第四章　人与自然的和谐

谈到人与自然的和谐关系，先哲有许多论述。

先哲认识到人与自然有密不可分的关系，人是环境的一部分，环境对人产生直接或间接的影响。天地万物是一个整体，人是其中的一部分。天影响地，地影响天，天地影响人，人影响天地。《荀子·王霸》提出："上不失天时，下不失地利，中得人和，而百事不废。"在天、地、人三者之间，人的因素很重要，天时不如地利，地利不如人和。人的取舍、奢俭都对自然发生作用。天道自然无为而有为，天地变化自有其理。《管子·五辅》说："天时不祥，则有水旱；地道不宜，则有饥馑；人道不顺则有祸乱。"人如果顺应天时地利，就不会有麻烦。反之，天可以降灾于人，夏末和商末都有天降之灾。《尚书·汤誓》说："有夏多罪，天命殛之。"《尚书·泰誓》说："商罪贯盈，天命诛之。"

先哲认识到生态之间"相食养"的链接关系。《荀子·富国》注意到万物的相生关系，提出了"相食养"的生物链思想，"今是土之生五谷也，人善治之，则亩数盆，一岁而再获之。然后瓜桃枣李一本数以盆鼓。然后荤菜百蔬以泽量……然后飞鸟凫雁若烟海，然后昆虫万物生其间，可以相食养者不可胜数也"。这段话意味着先哲已经悟出了一个道理：生态是链接的，当人类伤害了一种生物时，另一种或一大类生物也会直接或间接地受到伤害。当生物被破坏以后，人的生存资源就没有了。因此，人类必须保护生态环境。

先哲认识到人应以伦理情操对待自然。王守仁在《大学问》中主张以仁厚之心对待鸟兽草木瓦石，"是故见孺子之入井，而必有怵惕恻隐之心焉，是其仁之与孺子而为一体也；孺子犹同类者也，见鸟兽之哀鸣觳觫而必有不忍之心焉，是其仁之与鸟兽而为一体也；鸟兽犹有知觉者也，见草木之摧折而必有悯恤之心焉，是其仁之与草木而为一体也；草木犹有生意者也，见瓦石之毁坏而必有顾惜之心焉，是其仁之瓦石而为一体也"。这就是说，大人、孺子、鸟兽、草木都有同一性，共生共荣，以仁厚之心达成和谐。

先哲认为人们应当根据生态环境而选择适当的发展方式。齐国的姜尚就是楷模，《史记·货殖列传》记载："太公望封于营丘，地潟卤，人民寡，于是太公劝其女功，极技巧，通鱼盐，则人物归之，繦至而辐凑。"各地的自然条件不同，经济模式不必雷同，人们应居楚而楚，居越而越，因天材，就地利，有特色地发展社会经济文化。先哲特别重视时间观念，认为在万物生长期必须予以保护。《尚书·尧典》记载尧执政时，"乃命羲和……敬授民时"。《周易·泰卦象传》也有类似的论述："天地交，泰。后以裁成天地之道，辅相天地之宜，以左右民。"意为君王应当依据天地四时的变化和宜忌，正确引导民众。

保合大和

大哉乾元①，万物资②始，乃统天。云行雨施③，品物④流形。大明⑤终始，六位⑥时成⑦。时乘六龙以御⑧天。乾道变化，各正性命。保合⑨大和，乃利贞。首出庶物，万国咸宁。

《周易·乾》

注：①乾元：气之始也。②资：赖。③施：降。④品物：众物，繁殖万物。⑤大明：太阳。⑥六位：上下四方。⑦时成：按时节行成。⑧御：行。⑨保合：保持符合。

译：伟大啊，象征万物创始的乾卦。万物依赖它而初生，它是统帅万物之根源。它使云彩运动，雨水施洒，各类事物流变而形成。太阳反复运转，乾卦各爻由此按不同的时位组成，恰如六条龙驾御天地自然。天地自然变化，万物各自有性有命，保持太和元气。如此则有利，守正坚固。天道创造万物，天下邦国井然安宁。

元亨利贞

"元"者，善之长也；"亨"者，嘉①之会也；"利"者，义②之和也；"贞"者，事之干③也。君子体④仁，足以长人；嘉会，足以合礼；利物，足以和义；贞固⑤，足以干事。君子行此四德⑥者，故曰"乾：元、亨、利、贞。"

《周易·乾》

注：①嘉：完美。②义：宜。③干：主干。④体：履行。

⑤固：坚。⑥四德：体仁、嘉会、利物、贞固。

译：元始是百善的尊长。亨通是完美的聚合。有利是道义适宜的和合。正固是处身行事的根本。因此君子体认实践仁德，就能成为众人头领；使美好聚合，才能够合于礼仪；施利万物，才足以使道义达到和谐；能够坚持固守节操，才能办理各类事务。君子唯有施行这四种美德，所以说："乾卦象征天，具有万物创始的伟大根源，亨通畅达，祥和有益，贞正坚固。"

同声相应

同声相应，同气相求。①水流湿，火就燥，云从龙，风从虎，圣人作而万物睹。本乎天者亲上，本乎地者亲下，则各从其类也。"

《周易·乾》

注：①本句讲述了感应与类别的思想。

译：同类的声音产生共鸣，同样的气息，彼此交感吸引；水向低洼潮湿处流，火往干燥处烧；彩云随着龙飞而聚散，谷风随着虎跃而产生；圣贤之兴起使世间万物各显其灵性；因而，依从于天的向上发展，依存于地的向下扎根，这就是说一切事物各依其类别互相聚合。

与天地合其德

夫"大人"者①，与天地合其德，与日月合其明，与四时合其序，与鬼神合其吉凶，先天而天弗违，后天而奉天时。天且弗违，而况于人乎？况于鬼神乎？

《周易·乾》

注：①本句说的是乾卦九五爻辞。

译：大人的德行像天地一样覆载万物，他的圣明像日月一样普照大地，他的进退像四时一样井然有序，他的吉凶要与鬼神的吉凶契合。他的作为，先于天象而行动，天也不违背他，后于天象而处事，仍然奉行天道运行的规律。上天尚不违背他，更何况人呢？更何况鬼神呢？

至哉坤元

至哉坤元，万物资生，乃顺承①天。坤厚载物，德合无疆②。含弘光大，品物咸亨。牝马地类，行地无疆，柔顺利贞。君子攸行，先迷失道，后顺得常。西南得朋，乃与类行。东北丧朋，乃终有庆。安贞之吉，应地无疆。

《周易·坤》

注：①承：蒙受。②疆：边界。

译：伟大啊，坤卦！广阔的大地，万物都靠它而生成，它顺承天道的法则。大地深厚而载育万物，德性无穷；它含藏了弘博、光明、远大，使万物都顺利地成长。雌马属地上的类别，具有在大地上无限奔驰的能力，它的性情柔顺，利于守正。君子行动，先迷失，后顺随就能找到常规。往西南可以遇到朋友，是因为与同类同行；往东北方向将丧失朋友，但最终也仍然有吉庆。安顺守正则有吉祥，正应合了大地的无边之德。

承天而时行

坤至柔而动也刚，至静而德方，后得主而有常，含万物而化光。坤道其顺乎，承天而时行。积善之家必有余庆，积不善之家必有余殃①。臣弑其君，子弑其父，非一朝一夕之故，其所由来者渐矣，由辩②之不早辩也。

《周易·坤》

注：①殃：灾难。②辩：明辨。

译：大地的法则是极为柔顺的，但变动时则显示出刚强；是极为安静的，但柔美的品德却传布四方。随从人后，就会找到主人，保持常道，能包容万物，并使其生长光大。大地的法则是多么的柔顺啊！它秉承天的意志而顺时运行。修积善行的人家，必定有很多吉庆；累积恶行的人家，必然有很多的殃祸。臣下杀死君王，儿子刺杀父亲，这都不是一朝一夕偶然产生的，而是日积月累逐渐演成的，是由于君王、父亲们没能早日辨明其情。

与时消息

丰①，大也。明以动，故丰。"王假之"，尚大也。"勿忧宜日中"，宜照天下也。日中则昃，月盈则食，天地盈虚，与时消息，而况于人乎，况于鬼神乎？

《周易·丰》

注：①丰：盛大。

译：丰的意思是丰盈盛大，就像道德光明而后施于行动，所以能获得丰盛的成果。"君王可达丰盈盛大的境界"，说明王者崇尚盛大的美德；"不用忧虑，宜于像太阳居正中一样保持充盈的光辉"，说明应该将美德照彻天下，泽被生民。日正当中必然开始西斜，月亮盈满自然会开始消蚀。天地自然的盈满虚亏，都是随着一定的时节消亡生息的，更何况人呢？更何况鬼神呢？

天下之理

天尊地卑，乾坤①定矣。卑高以陈，贵贱位矣。动静有常，刚柔断矣。方以类聚，物以群分，吉凶生矣。在天成象，在地成形，变化见矣。是故刚柔相摩，八卦相荡②，鼓之以雷霆，润之以风雨；日月运行，一寒一暑。乾道成男，坤道成女。乾知大始，坤作成物。乾以易知，坤以简能；易则易知，简则易从；易知则有亲，易从则有功；有亲则可久，有功则可大；可久则贤人之德，可大则贤人之业。易简而天下之理得矣。天下之理得，而成位乎其中矣。

《周易·系辞上》

注：①乾坤：古人以乾坤象征天地。②荡：鼓荡。

译：天尊贵，地卑微，乾天坤地的位置就确定了。卑下和高大杂然并陈，万物贵贱不同的地位就排定了。天动地静循着一定的规律，阳刚阴柔的性质就断明了。世间各种观念以门类相聚合，各种生物以群体相区分，彼此间利害的调和冲突而产生了吉凶。在天上的有日月星辰雨雷之象，在地上的有山泽草木鸟兽之形，事物变化的道理就从中显现了出来。因此，阳刚与阴柔相互摩擦交感（形成八卦），八卦又相互推演变动（而衍成六十四卦）。就像用雷霆鼓动，以风雨滋润，随着日月的运行，寒暑季节交替循环。乾道构成男性，坤道象征女性。乾的功能在于掌握万物伟大的创始，坤的作用在于承继乾的创始而生成万物。乾的作为昭然易知，坤的作为以简约为其功能。平易就容易了解，简约就容易使人遵从，容易了解就有人相亲附，平易遵从就可以建功立业；有人亲附就会长久处世，可以建功立业就能壮大；处世长久是贤人的美德，建功壮大是贤人的事业。明白平易简约的乾坤大理，就可懂得天下的道理；懂得了天下的道理，就能在天地间居处适中妥当的位置。

《易》与天地准

《易》与天地准①，故能弥纶②天地之道。仰以观于天文，俯以察于地理，是故知幽明之故；原始反终，故知死生之说；

精气为物,游魂为变,是故知鬼神③之情状。与天地相似,故不违;知周乎万物,而道济天下,故不过;旁行而不流,乐天知命,故不忧;安土敦乎仁,故能爱。范围天地之化而不过,曲成万物而不遗,通乎昼夜之道而知,故神无方而《易》无体。一阴一阳之谓道,继之者善也,成之者性也。仁者见之谓之仁,知者见之谓之知,百姓日用而不知,故君子之道鲜④矣。

《周易·系辞上》

注:①准:准则。②弥纶:统贯。③鬼神:《周易》所述鬼神与世俗所云鬼神是有区别的。④鲜:少。

译:《易经》是以天地为准则的,所以能够将天地间的道理普遍包容在内。(用《易经》的法则)仰头观察天上日月星辰的纹彩,俯视可察看大地河山的理则,因此可知晓光明与黑暗的事理;追溯万物的初始,反求事物的终结,就可以了解死生的规律。精气凝聚成为形物,气魂游散产生变化,由此可知晓"鬼神"的实际情状。知晓《易经》的道理,与天地类似,所以行为便不会违背天地的规律;能周知万物的情态,而其道德又足以匡济天下,所以致用不会有偏差;能遍行天下而没有流弊,乐其天然,知其命数,所以不会有忧愁;安于所处之环境,而敦厚仁道,故能博爱天下。《易经》道之范围包括了天地万物的一切变化,不会有偏失;足以曲尽细密地成全万物,不会有遗漏;能通明昼夜、阴阳的病理,而尽知其中奥妙,所以说神奇奥妙之道无所不在,而《易经》的变化也没有一定的形式。一阴一阳的相反相生的矛盾变化就叫做"道"。承继天的这一法则的是"善",蔚成这一法则的是"性"。仁者看到天道法则说是"仁",智者看到天道法则说是"智",寻常百姓在日常生活中经常应用此道却毫不知晓,所以君子之道的全部意义就很少有人知道了。

类万物之情

古者包牺氏之王①天下也，仰则观象于天，俯则观法于地，观鸟兽之文②与地之宜，近取诸身，远取诸物，于是始作八卦，以通神明之德，以类万物之情。

《周易·系辞下》

注： ①王：统治。②文：羽毛的纹彩。

译： 古时包牺氏治理天下，上观天上的现象，下察地上的法则，又观察鸟兽羽毛的纹彩与山川水土的地利，近的取象于人身，远的取象于万物，于是创作八卦，以融会贯通神明的德性，以比类万物的情状。

万物相生

有天地，然后万物生焉。盈天地之间者唯万物，故受之以《屯》。屯者，盈也。屯者，物之始生也。物生必蒙，故受之以《蒙》。蒙者，蒙也，物之稚也。物稚不可不养也，故受之以《需》。需者，饮食之道也。饮食必有讼，故受之以《讼》。讼必有众起，故受之以《师》。师者，众也。众必有所比，故受之以《比》。比者，比也。比必有所畜，故受之以《小畜》。物畜然后有礼，故受之以《履》。履而泰，然后安，故受之以《泰》。泰者，通也。物不可以终通，故受之以《否》。物不可以终否，故受之以《同人》。与人同者，物必归焉，故受之以《大有》。有大者，不可以盈，故受之以《谦》。有大而能谦必豫，故受之以《豫》。豫必有随，故受之以《随》。以喜随人者必有事，故受之以《蛊》。蛊者，事也。有事而后可大，故受之以《临》。临者，大也。物大然后可观，故受之以《观》。

可观而后有所合，故受之以《噬嗑》。嗑者，合也。物不可以苟合而已，故受之以《贲》。贲者，饰也。致饰然后亨则尽矣，故受之以《剥》。剥者，剥也。物不可以终尽剥，穷上反下，故受之以《复》。复则不妄矣，故受之以《无妄》。有无妄，物然后可畜，故受之以《大畜》。物畜然后可养，故受之以《颐》。颐者，养也。不养则不可动，故受之以《大过》。物不可以终过，故受之以《坎》。坎者，陷也。陷必有所丽，故受之以《离》。离者，丽也。

《周易·序卦》

译：先有天地，然后产生万物。充满天地之间的只有万物，所以设定了象征万物初生的屯卦；"屯"是充满盈溢的意思，是万物开始萌生的意思。万物创始初生，必然蒙昧，所以接着设立了蒙卦；"蒙"的意思是蒙昧幼稚。事物蒙昧幼稚就不能不养育，所以接着是需卦；"需"的意思是需要饮食的道理。饮食时必起争讼，所以接着是讼卦。争讼必然要依靠众力的兴起，所以是师卦。"师"的意思是兵士众多。众多必然就相互亲附，所以接着是比卦。"比"的意思是相亲相辅。相亲相辅必然有所畜积，所以接着是小畜卦。事物相畜积，然后就要以礼仪加以节制，所以接着是履卦。循礼小心行走而致通泰，然后就会万事安泰，所以接着是泰卦。"泰"的意思是安泰亨通。事物不能长久通泰，所以接着是否卦。事物不可以终久否塞不通，所以接着是同人卦。与人和同，万物必将纷纷归附，所以接着是大有卦。大有收获的人不应当盈满自傲，所以接着是谦卦。大获所有而且谦逊的人必然愉乐，所以接着是豫卦。与人共乐者必然有人追随，所以接着是随卦。以喜悦追随人后必然会引发事端，所以接着是蛊卦；"蛊"的意思是拯治事端。能够拯治事务而后可创建大业，所以接着是临卦，"临"的意思是盛大。事物尊高盛大而可以被观仰，所以接着是噬嗑卦；"嗑"是交合的意思。事物不能苟且求合，所以接着是贲卦；"贲"是文饰的意思。过分文饰就会使亨通的道理穷尽，所以接着是剥卦；"剥"是剥落的意思。事物不可以始终剥落，剥落至极上，则必定返回下位，所以接着是复卦。回复正道就不会妄为，所以接着是无妄卦。不妄为然后可以大量畜积，所以接着是大畜卦。事物大有畜积然后可以用来养育，所以接着是颐卦；"颐"的意思是颐养。不充分颐养就不能行动，所以接着是象征"大为过甚"的大过卦。事物不能终久过越，所以接着是坎卦；"坎"是重重险陷的意思。遭遇险陷必然要有所附丽才能获援脱险，所以接着是离卦；"离"的意思是附丽。

有万物然后有男女

有天地然后有万物，有万物然后有男女，有男女然后有夫妇，有夫妇然后有父子，有父子然后有君臣，有君臣然后有上下，有上下然后礼义有所错。夫妇之道不可以不久也，故受之以《恒》。恒者，久也。物不可以久居其所，故受之以《遯》。遯者，退也。物不可以终遯，故受之以《大壮》。物不可以终壮，故受之以《晋》。晋者，进也。进必有所伤，故受之以《明夷》。夷者，伤也。伤于外者必反于家，故受之以《家人》。家道穷必乖，故受之以《睽》。睽者，乖也。乖必有难，故受之以《蹇》。蹇者，难也。物不可以终难，故受之以《解》。解者，缓也。缓必有所失，故受之以《损》。损而不已必益，故受之以《益》。益而不已必决，故受之以《夬》。夬者，决也。决必有遇，故受之以《姤》。姤者，遇也。物相遇而后聚，故受之以《萃》。萃者，聚也。聚而上者谓之升，故受之以《升》。升而不已必困，故受之以《困》。困乎上者必反下，故受之以《井》。井道不可不革，故受之以《革》。革物者莫若鼎，故受之以《鼎》。主器者莫若长子，故受之以《震》。震者，动也。物不可以终动，止之，故受之以《艮》。艮者，止也。物不可以终止，故受之以《渐》。渐者，进也。

进必有所归，故受之以《归妹》。得其所归者必大，故受之以《丰》。丰者，大也。穷大者必失其居，故受之以《旅》。旅而无所容，故受之以《巽》。巽者，入也。入而后说之，故受之以《兑》。兑者，说也。说而后散之，故受之以《涣》。涣者，离也。物不可以终离，故受之以《节》。节而信之，故受之以《中孚》。有其信者必行之，故受之以《小过》。有过物者必济，故受之以《既济》。物不可穷也，故受之以《未济》，终焉。

《周易·序卦》

译：有了天地之后，然后产生了万物；有了万物，然后才有了男性女性，有了男性女性然后才能配成夫妇；有了夫妇然后才有父子；有了父子，然后人类才有君臣的名分；有了君臣，然后才有了上下尊卑的名分；有了上下尊卑的名分，然后才建立和实施礼义。夫妇的道理不可以不长久存在，所以接着是恒卦；"恒"的意思是恒久。事物都不能长久安居一处，所以接着是遁卦；"遁"的意思是退避。事物不可以终久地退避，所以接着是大壮卦。事物不可能终久壮盛而无所进取，所以接着是晋卦；"晋"的意思是长进。往前进取必然有所损伤，所以接着是明夷卦；"夷"的意思是损伤。在外遭受损伤的人必然要返回家中，所以接着是家人卦。家道困穷的话必定会乖违，所以接着是睽卦；"睽"的意思是乖离。事物乖离必然导致灾难，所以接着是蹇卦；"蹇"是灾难的意思。事物不可能始终陷于灾难中，所以接着是解卦；"解"是解除缓和的意思。过于缓和必然有所损失，所以接着是损卦。能够自我减损必然也受人增益，所以接着是益卦。不断增益必然会致决溃，所以接着是夬卦；"夬"是决去的意思。决去必然有所遭遇，所以接着是姤卦；"姤"的意思是邂逅。事物相遇之后就会聚合起来，所以接着是萃卦；"萃"是聚集的意思。聚集而上进，叫做上升，所以接着是升卦。上升不止必然导致穷困，所以接着是困卦。受困于上必然返归于下，所以接着是井卦。水井的道理不能不革去污，所以接着是革卦。变革事物没有比鼎器更好的了，所以接着是鼎卦。主持鼎器的人没有比长子更适当的了,所以接着是震卦;"震"是奋动的意思。事物不可能长久的奋动,须要进行抑止,所以接着是艮卦;"艮"是抑止的意思。事物不可能长久停止,所以接着是渐卦;渐是逐渐前进的意思。渐进必定有所归宿,所以接着是归妹卦。事物获得归宿必然强大,所以接着是丰卦;"丰"是丰盈盛大的意思。穷极盛大的人必定失去其处所,所以接着是旅卦。旅行而无处容身(就要设法进入容所),所以接着是巽卦;"巽"的意思是顺逊而入。进入之后心中喜悦,所以接着是兑卦;"兑"的意思是喜悦。心中喜悦而后能推散其所悦,所以接着是涣卦;"涣"的意思是散离。事物不可能终久散离,所以接着是节卦。有所节制就能使人相信,所以接着是象征心中诚信的中孚卦。坚守诚信的人必然果决地履行职责,所以接着是小过卦。能够过越常情而能成就大事,所以接着是既济卦。事物发展不可能穷尽,所以接着是未济卦,《易经》六十四卦至此而终。

八音克谐

帝曰:"夔①!命汝典乐,教胄子②,直而温,宽而栗,刚而无虐,简而无傲。诗言志,歌永言,声依永,律和声。八音克谐,无相夺伦,神人以和。"夔曰:"於!予击石拊石,百兽率舞。"

《尚书·舜典》

注:①夔(kuí 奎):尧舜时的乐官。②胄子:长子。

译:帝舜说:"夔!命令你主管音乐,教导嫡子正直而温和,宽厚而谨慎,刚强而不暴虐,简易而不狂傲。诗用来表达思想感情,歌是吟咏语言,乐声依咏唱而定,音律可使乐声和谐。八音有序悦耳,不相互干扰,神人听后都会心平气和。"夔曰:"啊!我演奏石器音乐,各种野兽都起舞。"

既景乃冈

笃公刘,既溥既长。既景乃冈,相①其阴阳,观其流泉。其军三单②,度其隰原。彻田为粮,度其夕阳。豳居允荒。

《诗经·公刘》

注:①相:观看。②三单:相袭。

译:诚实忠厚的公刘,土地既广又长。测定日影在山冈,勘察南北阴阳,观看流泉的方向,轮流当兵三军旺。量好那些低平地,整治田土好种粮。测量西山夕阳,豳地真是又大又广。

降福孔皆

丰年多黍多稌,亦有高廪①,万亿及秭。为酒为醴,烝畀祖妣②。以洽百礼,降福孔皆。

《诗经·丰年》

注:①廪:粮仓。②畀(bì 币):给予。

译:丰收的年成有许多黍稻,仓廪高又大,积粮万亿斤。酿出美酒,进献先祖先妣。用以祭祀行百礼,降福都很大。

不如守中

天地不仁,以万物为刍狗①;圣人不仁,以百姓为刍狗。天地之间,其犹橐籥②。虚而不屈,动而俞出。多言数穷,不如守中。

《老子》

注：①刍狗：草扎的狗。②橐龠（tuó yuè 陀月）：古代的助燃器具，有风袋与送风管。

译：天地不存在仁爱之心，它将万物看做草扎的狗；圣人也不存在仁爱之心，他将百姓看做草扎的狗。天地之间，不正像风箱一样吗？其中空虚而不穷尽，愈鼓动风就愈多。增广见识会加速困穷，不如保持内心的清静。

上善若水

上善①若水。水善利万物，又不争。处众人之所恶，故几于道。居善地，心善渊，与善人，言善信，政善治，事善能，动善时。夫唯不争，故无尤。

《老子》

注：①善：最佳。

译：最佳的选择就好像水，水善于利用万物，又不与万物争。处在人人都厌恶的低地，几乎接近道。居于善地，心胸深深地善良，待人友善，言辞善良有信用，从政有善治，处事有善能，行动顺天时。与万物不争，所以没有怨恨。

道法自然

有物混①成，先天地生。寂兮寥兮，独立而不改，周行而不殆，可以为天地母。吾不知其名，强字②之曰：道，吾强为之名曰：大。大曰逝，逝曰远，远曰反。故道大，天大，地大，人迹大。域中有四大，而人居其一焉。人法地，地法天，天法道，道法自然。

《老子》

注：①混：浑然一体。②字：取个名字。

译：有个东西浑然一体，在天地形成之前就产生了。无声无形，独立存在而不改变，循环运行而不知休息，可以作为万物的根本。我不知道它的名字，称之为道。我勉强替它取个名字，叫做大。它无边无际地运行，运行遥远，返回本源。所以说道大，天大，地大，人也大。宇宙中有四大，而人居其中之一。人效法地，地效法天，天效法道，道效法自然。

得一

昔之得一①者：天得一以清，地得一以宁，神得一以灵，谷得一以盈，万物得一以生，侯王得一以为天下正。

《老子》

注：①一：道。天地混而为一，是为道。

译：过去得道的，天得道才清明，地得道才安宁，神得道才灵验，河谷得道才满盈，万物获得道而生长，侯王得道因而就能做天下的准绳。

冲气以为和

道生一，一生二，二生三，三生万物。万物负阴而抱阳，冲气以为和。

《老子》

译：道生混元之气，元气生阴阳二气，二气生阴气、阳气、和气。三气产生成物。万物负阴气，抱阳气，化合为和气。

知和曰常

知和曰常，知常曰明，益生曰祥①，心使气曰强。物壮则老，谓之不道，不道早已。

《老子》

注：①祥：释为不祥。

译：知道和谐是自然的常道，知道常道是明智，贪求生活则不祥，任性使气是逞强。万物极盛就衰老，称为不合道，不合道就早亡。

善下

江海所以能为百谷王，以其善下①之，故能为百谷王。是以圣人欲上人，必以言下之；欲先人，必以身后之。是以圣人处上而人不重，处前而人不害，是以天下乐推而不厌。以其不争，故天下莫与之争。

《老子》

注：①下：活用为动词，相当于"在……下"。

译：江海所以能够汇集溪流成为百谷之王，是因为它善于处在溪谷的下游，因此能总汇溪流而成为百谷之王。所以，圣人想要处在百姓之上而统治，必须用言语对百姓表示谦和。想要处在百姓的前面作为领导，必须把自身利益放在百姓之后。因此，圣人处在百姓之上而百姓不认为是负重，圣人处在百姓的前面而百姓不认为有妨碍，所以天下乐于推戴而不讨厌。正因为他不争，所以天下没有人能与他争。

乐山乐水

子曰："知①者乐②水，仁者乐山；知者动，仁者静；知者乐，仁者寿。"

《论语·雍也》

注：①知：同"智"。②乐：古音 yào，喜爱的意思。

译：孔子说："聪明人喜爱水，有仁德者喜爱山；聪明人活动，仁德者沉静。聪明人快乐，有仁德者长寿。"

天何言哉

子曰："天何言哉？四时行焉，百物生焉，天何言哉？"

《论语·阳货》

译：孔子说："我想不说话了。"子贡说："你如果不说话，那么我们这些学生还传述什么呢？"孔子说："天何尝说话呢？四季照常运行，百物照样生长。天说了什么话呢？"

和之以天倪

化声①之相待，若其不相待，和之以天倪，因之以曼衍，所以穷年也。何谓和之以天倪？曰：是不是，然不然。是若果是也，则是之异乎不是也，亦无辩；然若果然也，则然之异乎不然也亦无辩。忘年忘义②，振于无竟，故寓诸无竟。"

《庄子·齐物论》

注：①化声：变化的声音。②忘年忘义：指忘生死，忘是非。

译：化声是相待而成的，如果不相待，就要以天然的方法来调和它，因之而散漫流行，悠游无尽。什么是以天然的方法来调和它？回答：也是也不是，有然也有不然。是果真是是，就和不是有区别，这就不必辩论；然果真是然，就和不然有区别，这就不必辩论；忘掉生死，忘掉是非，荡游于无穷的境域，这样就能寄寓于无穷的境域。

庖丁解牛

庖丁为文惠君解牛，手之所触，肩之所倚，足之所履，膝之所踦，砉①然响然，奏刀騞②然，莫不中音。合于桑林之舞，乃中经首③之会。文惠君曰："嘻，善哉！技盖至此乎？"庖丁释刀对曰："臣之所好者道也，进乎技矣。始臣之解牛之时，所见无非全牛者。三年之后，未尝见全牛也。方今之时，臣以神遇而不以目视，官知止而神欲行。依乎天理，批大郤，导大窾④，因其固然。技经肯綮之未尝，而况大軱⑤乎！良庖岁更刀，割也；族庖月更刀，折也。今臣之刀十九年矣，所解数千牛矣，而刀刃若新发于硎。彼节者有间，而刀刃者无厚：以无厚入有间，恢恢乎其于游刃必有余地矣，是以十九年而刀刃若新发于硎。虽然，每至于族，吾见其难为，怵然为戒，视为止，行为迟，动刀甚微，謋然已解，如土委地。提刀而立，为之四顾，为之踌躇满志，善刀而藏之。"文惠君曰："善哉！吾闻庖丁之言，得养生焉。"

《庄子·养生主》

注：①砉（huō 花）：象声词，形容骨肉相离声。②騞（huō 或）：象声词，形容刀砍物声。③经首：传说是尧时的乐曲。④窾（kuǎn 款）：空。⑤軱（gū 孤）：大骨。

译：庖丁替文惠君宰牛，手所触及，肩所倚着，足所踩着，膝所抵住，都发出砉然响声。进刀騞然，没有不合于音节的，合于桑林舞曲的节奏，合于经首的韵律。文惠君说："啊，好极了！技艺怎样到了如此地步？"庖丁放下刀回答："我所爱好的是道，已经超过了技术。开始，我分解牛时，所见到的无非是整个牛。三年之后，就没有再见到整个牛了。到现在，我以心神来领会而不是以眼睛看，器官的作用停止而心神有运行。顺着自然之理，劈开筋肉的间隙，导向骨节之中，顺着自然结构，不曾碰到阻塞的部位,何况是大骨头!好的厨师是每年换一把刀,他们用的是割的方法;普通的厨师是每月换一把刀,他们是用刀砍骨头。我这把刀已有十九年了,所宰杀的牛无计其数,而刀刃像刚磨过的。牛的骨节之间是有间隙的,而刀刃是没有厚度的,以没有厚度进入间隙,当然是游刃有余,所以十九年而刀刃像刚磨过的。虽然每遇到筋骨盘结,我知道有难下手之处,但我小心谨慎,眼神专注,行为缓慢,动刀之际,牛就解体,如泥散落在地。我提刀而立,张望四方,踌躇满志,擦干净刀子而收藏。"文惠君说:"好啊!我听庖丁的话,得到了养生的道理。"

天和人和

夫明白于天地之德者,此之谓大本大宗①,与天和者也;所以均调天下,与人和者也。与人和者,谓之人乐;与天和者,谓之天乐。

《庄子·天道》

注:①大本大宗:根本,宗原。此处以无为为天地的德性。

译:明白天地的德性,这就叫做把握了根本的宗原,与自然冥合;用此来均平天下,这就是与人冥合,称做人乐;与自然冥合,称为天乐。

阴阳调和

吾①奏之以人,征之以天,行之以礼义,建之以大清②。夫至乐者,先应之以人事,顺之以天理,行之以五德,应之以自然,然后调理四时,太和万物。四时迭起,万物循生;一盛一衰,文武伦经;一清一浊,阴阳调和,流光其声;蛰虫始作,吾惊之以雷霆;其卒无尾,其始无首;一死一生,一偾③

一起；所常无穷，而一不可待。

《庄子·天运》

注：①吾：这是托言于黄帝的一段话。②大清：天道。③债：仆下。

译： 我以人情来弹奏乐曲，以天理来伴演，以仁义来运行，以天道来确立。乐声如同四季相继而起，万物遵循这一变化栖息生长，忽而茂盛而衰败，生杀循环，一清一浊，阴阳调和，声光交流，蛰虫解除冬眠开始活动，我用雷霆之声惊动他们；乐声终结而寻不着结尾，乐声开始而寻不着起头；一会儿消逝，一会儿兴作，一会儿停止，一会儿升起，变化的方式无穷无尽，皆不可期待。

应物而不穷

夫水行莫如用舟，而陆行莫如用车。以舟之可行于水也而求推之于陆，则没世不行寻常①。古今非水陆与？周鲁非舟车与？今蕲行周于鲁，是犹推舟行于陆也，劳而无功，身必有殃。彼未知夫无方之传，应物而不穷者也。

《庄子·天运》

注：①寻常：指短距离，古代以八尺为寻，一丈六尺为常。

译： 水上行进没有比船更好的，而陆上行走没有比车更好的。因为船可以行于水而推断船也可以行于陆地，那么终身也行走不多远。古和今不就是水上和陆上的关系么？周和鲁不就像船和车么？现在设法将周朝的制度推行到鲁国，这就好像在陆地上行船，劳而无功，自身必遭殃。他们不知道变化是没有限定的，只能无穷地与外界的情势相适应。

天下一气

故万物一①也,是其所美者为神奇,其所恶者为臭腐。臭腐复化为神奇,神奇复化为臭腐。故曰通天下一气耳。故圣人贵一。

《庄子·知北游》

注:①一:此指气。

译:所以万物归根结底是一样的,人们把认为是美好的东西当做神奇,把认为是丑陋的东西作为臭腐。臭腐可以变为神奇,神奇又可以变为臭腐。所以说整个天下不过是一种气罢了。因而圣人看重一。

好和而恶奸

徐无鬼曰:"天地之养也一①,登高不可以为长,居下不可以为短。君独为万乘②之主,以苦一国之民,以养耳目鼻口,夫神者不自许③也。夫神者,好和而恶奸;夫奸,病也,故劳之。"

《庄子·徐无鬼》

注:①一:一样,相同。②万乘:大国的代称。③许:与,或作自得。

译:徐无鬼说:"天地对人的养育是一样的,居于高位的,不比别人高;居于下位的不比别人矮。您现在是大国的君主,却使一国的民众辛苦,用老百姓的财富来养您的耳目鼻口。圣明的人不多给自己什么东西,喜好和一般人一样,讨厌自私自利。自私自利是一种病,所以我前来慰劳您。"

同焉者和

关尹曰:"在己无居,形物自著。其动若水,其静若镜,其应若响。芴①乎若亡,寂乎若清。同焉者和,得焉者失。未尝先人而常随人。"

《庄子·天下》

注:①芴:亡。

译:关尹曰:"在主观上不存在任何偏见,那么外物的形体就会自然显露。在行动时如同水,在静止时如同镜,在反应时如同声音相和。对外物的飘逝,从不放在心上。和万物混同,顺应万物。得到的东西,也一定会丧失。从不在人家的前面,而经常跟随在人家的后面。"

有可有不可

天能覆之而不能载之,地能载之而不能覆之,大道能包之而不能辩①之。知万物皆有所可,有所不可,故曰选则不遍,教则不至,道则无遗者矣。

《庄子·天下》

注:①辩:治理。
译:天能覆盖万物而不能承载万物,地能承载万物而不能覆盖万物,大道能包举万物而不能治理万物。知道万物有可以的一方面,也有不可能的一方面。所以说:对人有所选择,就不能周全;对人进行教育,就会有教育不到的地方。完全按法办事,就不会有什么疏忽。

吾以天地为棺椁

庄子将死,弟子欲厚葬之。庄子曰:"吾以天地为棺椁,以日月为连璧①，星辰为珠玑，万物为赍②送。吾葬具岂不备邪？何以如此！"弟子曰："吾恐乌鸢之食夫子也。"庄子曰："在上为乌鸢食，在下为蝼蚁食，夺彼与此，何其偏也！"

《庄子·列御寇》

注：①连璧：并列在一起的两块璧。②赍（jī机）：以物送人。

译：庄子将死的时候，弟子们打算为他实行厚葬。庄子说："我把天地当做棺椁，把太阳月亮当做连璧，把星辰当做珍珠，把万物当做陪葬。我的葬礼所用的东西，还有什么不齐备？为什么还要加这些东西呢！"弟子们说："我们恐怕乌鸦和老鹰吃掉先生的遗体。"庄子说："把遗体放在地上被乌鸢吃掉，放在地下被蝼蚁吃掉，从乌鸢嘴里夺过来送蝼蚁，你们为什么这样偏心！"

知和

知和曰："知者之为，故动以百姓，不违其度，是以足而不争，无以为故不求。不足故求之，争四处而不自以为贪；有余故辞之，弃天下而不自以为廉。廉贪之实，非以迫外也，反监之度①。势为天子而不以贵骄人，富有天下而不以财戏人。计其患，虑其反，以为害于性，故辞而不受也，非以要②名誉也。尧、舜为帝而雍③，非仁天下也，不以美害生也；善卷、许由得帝而不受，非虚辞让也，不以事害己。此皆就其利，辞其害，而天下称贤焉，则可以有之，彼非以兴名誉也。"

《庄子·盗跖》

注：①度：气度。②要：通"徼"，求取。③雍：和睦。

译：知和说："有智慧的人做事，他行动的时候，不违背一定的法度，所以民众富足而不争夺，无所作为因而也就没有什么希求。不富足便有所寻求，四处争夺而自以为不是贪婪；有所剩余，因而也就拒不接受，虽然抛弃了天下，而自己也不认为是清廉。清廉的贪婪，实质上是不受外物影响的，反过来考查一下内心，则是由于襟怀、气度的不同。地位高到做了天子，也不拿这种高贵的地位对待别人；富足到了据有天下，也不拿财物戏弄别人。计算一下患害，考虑一下反面，以为这样做对于自然本性是有害的，所以拒绝而不接受，并不是以这种行为来沽名钓誉。尧和舜做天子时，天下臣民能够和睦，并不是推行仁政，而是不因为追求美好而损害那自然的本性；善卷、许由得到帝位却拒不接受，并不是虚伪地相让，而是不以操劳政务损害自己。这些都是接近利，拒绝害的做法，因而天下的人都称他们为贤人，就是说他们虽然有就利避害的思想，实际上并没有沽名钓誉的心意。"

平均和调

地者政之本也，是故地可以正①政也。地不平均和调，则政不可正也；政不正，则事不可理也。春秋冬夏，阴阳之推移也；时之短长，阴阳之利用也；日夜之易，阴阳之化也。然则阴阳正矣，虽不正，有余不可损，不足不可益也。天地，莫之能损益也。然则可以正政者，地也；故不可不正也。正地者，其实必正。长亦正，短亦正，小亦正，大亦正，长短大小尽正。正不正则官不理，官不理则事不治，事不治则货不多。

《管子·乘马》

注： ①正：用为动词，使端正、正确。

译： 土地是政事的根本。所以，土地可以调整政事。土地制度不公平合理，政事活动就无法正确。没有正确的政事活动，各种经济活动就无法正常进行。春夏秋冬是阴阳的推移，农时长短是阴阳的作用，白天黑夜的更替是阴阳的变化。阴阳的运动是有常度的。即使有时失去常度，多的不能减少，少的也无法增加。天地是非人力所能损益的。可以用来调整政事的，只有土地。所以，对土地不可以不加以整顿。整顿土地，其实际可耕的数字，一定要进行核正。长的要核正，短的要核正，大的要核正，小的要核正，长短大小都要核正准确。土地不核正，官府就无法治理，官府无法治理，农事就不好办。农事办不好，物资就不会丰富。

了解规制

根①天地之气，寒暑之和，水土之性，人民鸟兽草木之生，物虽甚多；皆均有焉，而未尝变也，谓之则……错仪画制，不知则不可；论材审用，不知象不可；和民一众，不知法不可；变俗易教，不知化不可；驱众移民，不知决塞不可；布令必行，不知心术不可；举事必成，不知计数不可。

《管子·七法》

注：①根：根究，探索。

译：探索天地的元气，寒暑的协调，水土的性质，人类、鸟兽、草木生长繁殖，事物虽多，但都有一个共同性，而且是不变的，这就叫做规律……立法定制，不了解规律不行；量才用人，不了解形象不行；治理人民，统一群众，不了解规范不行；移风易俗，不了解教化不行；驱使和调遣人民，不了解决塞之术不行；发布命令，保证必行，不了解心术不行；举办大事，保证必成，不了解计数不行。

治和气

治和气，用五数。

《管子·幼官》

译：调治和谐之所，采用五行之数。

五味和

五味不同物而能和。

《管子·宙合》

译：五种味道不同物却能调和。

必有和之

夫天地一险一易，若鼓之有桴，擿挡则击。言苟有唱之，必有和之，和之不差，因以尽天地之道。景①不为曲物直，响不为恶声美，是以圣人明乎物之性者，必以其类来也。

《管子·宙合》

注：①景：同"影"。

译：天地有险有易，如同用桴击鼓，根据音乐而有节奏。如果有人唱，必有人应和，应和没有差别，因而尽了天地之道。影子不因为曲物而变直，声响不因为恶声而表现为美声，因此圣人明白物的属性，必因它们的类别。

和于水

济于舟者和于水矣，义于人者祥其神矣。

《管子·白心》

译：能渡船的自然会适应水性，能行仁义的自然会得福于鬼神。

和以反中

道之大如天,其广如地,其重如石,其轻如羽……和以反①中,形性相葆。一以无贰,是谓知道。

《管子·白心》

注: ①反:通"返"。

译: 道,其大如天,其广如地,其重如石,其轻如鸿毛……和协而返于正中,使形体与心情相保。专一而无二意,这就叫做道。

星掌和

日掌阳,月掌阴,星掌和。阳为德,阴为刑,和为事。

《管子·四时》

译: 太阳掌阳气,月亮掌阴气,星辰掌调和。以阳为德,以阴为刑,以调和处事。

动静顺然后和

故春仁、夏忠、秋急、冬闭,顺天之时,约地之宜,忠①人之和,故风雨时,五谷实,草木美多,六畜蕃息,国富兵强,民材而令行,内无烦扰之政,外无强敌之患也。夫动静顺然后和也,不失其时然后富,不失其法然后治。

《管子·禁藏》

注: ①忠:通"中",符合。

译: 春天实行仁慈,夏天实行忠厚,秋天实行严峻,冬天实行封闭,顺天时，管地宜，再合乎人和，就可以风调雨顺，五谷丰登。草木茂盛，国富兵强，人民富裕而法令通行，国内没有扰民，外部没有祸患。举措得宜国事才能协调，不误农时国家才能富强，不失法度国家才能治好。

五行无常胜

故兵无常势，水无常形，能因敌变化而取胜者，谓之神。故五行无常胜，四时无常位，日有短长，月有死生。

《孙子·虚实》

译：作战没有固定的方式，就像水没有固定的形态一样。能根据敌情变化而取胜的，就叫做用兵如神。五行相生互制，没有哪一个能常胜；四时相接相代，没有哪一个固定不移。昼有长短，月有圆缺。

为宫室之法

古之民未知为宫室时，就陵阜①而居，穴而处。下润湿伤民，故圣王作为宫室。为宫室之法，曰：高足以辟润湿，边足以圉②风寒，上足以待雪霜雨露，宫墙之高足以别男女之礼。谨此则止。凡费财劳力不加利者，不为也。

《墨子·辞过》

注：①陵阜：山丘。②圉：围挡。

译：古代人民在还不知道如何修建宫室时，就依傍着陵阜居住，在穴洞居住。后来因为土地润湿伤身，所以圣王修建了宫室。修建宫室的规则，说：高度以防止湿润为准，周围以防止风寒为准，上面以防止雪霜雨露为准，宫墙的高度用以维系男女的礼节。谨此而已。凡是耗费财力、劳力而没有益处的，全都不做。

芬香之和

古者圣王制为饮食之法，曰：足以充虚继①气，强股肱，使耳目聪明，则止。不极五味之调、芬香之和，不致远国珍怪异物。何以知其然？古者尧治天下，南抚交阯②，北降幽都③，东、西至日所出入，莫不宾服。

《墨子·节用中》

注：①继：增。②交阯：泛指五岭以南地区。③幽都：古十二州之名，在今河北、辽宁一带。

译：古代的圣王创制饮食的办法，说：食物足以补充虚损，增益血气，增强体力，耳聪眼明，就可以了。不极力追求食品的五味调和、气息芬香，不取远国的珍怪异物。如何知道他们是这样？古代的尧治天下，南边到达交阯，北边到达幽都，东边和西边到达太阳出入的地方，没有不臣服的。

天德

夫爱人利人，顺天之意，得天之赏者，谁也？曰：若昔三代圣王尧、舜、禹、汤、文、武者是也。尧、舜、禹、汤、文、武焉①所从事？曰：从事兼，不从事别。兼者，处大国不攻小国，处大家不乱小家，强不劫弱，众不暴寡，诈不谋愚，贵不傲贱。观其事，上利乎天，中利乎鬼，下利乎人，三利无所不利，是谓天德②。

《墨子·天志中》

注：①焉：何。②天德：有功德于天。

译：爱人利人，顺天之意，得到天的赏赐，是谁呢？回答：像过去的三代圣王尧、舜、禹、汤、周文王、周武王就是的。尧、舜、禹、汤、周文王、周武王是怎样处理事情的？回答：从事兼爱，不搞差别。所谓兼爱，就是大国不攻小国，大家不扰乱小家，强者不劫弱者，人多的不强迫人少的，有智的不算计愚笨的，贵人不傲慢低贱的人。观察他们处事，对上有利于天，对中间有利于鬼神，对下有利于人民，这三利等于无所不利，这就是天德。

不失天时

农夫朴力而寡能，则上不失天时，下不失地利，中得人和，而百事不废。

《荀子·王霸》

译：农夫勤劳耕作而很少从事其他行业，这样就上不失天时，下不失地利，中得人和，而百事不荒废。

明于天人之分

天①行有常，不为尧存，不为桀亡。应之以治则吉，应之以乱则凶。强本②而节用，则天不能贫；养备而动时，则天不能病；修道而不贰③，则天不能祸。故水旱不能使之饥，寒暑不能使之疾，祆④怪不能使之凶。本荒而用侈，则天不能使之富；养略而动罕，则天不能使之全；倍⑤道而妄行，则天不能使之吉。故水旱未至而饥，寒暑未薄而疾，祆怪未至而凶——受时与治世同，而殃祸与治世异，不可以怨天，其道然也。故明于天人之分，则可谓至人矣。

《荀子·天论》

注：①天：指自然界。②本：指农业。③贰：违背、不专一。④袄：同"妖"。⑤倍：同"背"。

译：自然界运行有一定的规律。这种规律，不因为社会上有了尧，它才存在；也不因为社会上出现了桀，它才消亡。遵循规律治理，就会好；不遵循规律治理，就会坏。加强农业，重视节用，那么，天就不能使人贫穷；衣食充足，适应天时，天不能使人生病；遵循道而又坚定不移，天不能加给人灾祸。所以水旱不能使人饥饿，寒暑不能使人患病，妖怪不能呈凶。如果农业荒废而用度奢侈，自然不能使人富裕；营养不足而劳动少，天不能使人健全；背道而胡作非为，天不能使人吉利。所以没有水旱也会饥饿，寒暑不严重也会生疾病，妖怪没有到来也会有凶。所处的天时，与太平时期没有什么两样，而遇到的殃祸与太平时期没有差异，不可以怨天，而是自己的治道出了问题。只有明辨天与人的职能，才称得上是至人。

万物各得其和以生

天有其时，地有其财，人有其治，夫是之谓能参①。舍其所以参，而愿其所参，则惑矣。列星随旋，日月递照，四时代御，阴阳大化，风雨博②施，万物各得其和以生，各得其养③以成，不见其事，而见其功，夫是之谓神。皆知其所以成，莫知其无形，夫是之谓天功。

《荀子·天论》

注：①能参：能够配合天地的化育。②博：同"溥"，普遍。③养：滋养。

译：天有四时的变化，地有蕴藏的财富，人有治理的办法，这就是能够配合天地的化育。如果放弃了人的努力，期望自然的恩赐，那就糊涂了。天上的众星随时运旋，日月轮流照耀，四季交替运行，阴阳化育，风雨普遍布施，万物各自得到相适宜的条件配合而生存，各自得到滋养而成长，看不见它是怎样做的,却见到了功效,这就是神。都知道成就万物的原因,却不知道成就万物的方法,这就是天功。

同宇而异体

万物同宇而异体①,无宜而有用为人,数②也。人伦并处,同求而异道,同欲而异知,生③也。皆有可也,知愚同;所可异也,知愚分。执同而知异,行私而无祸,纵欲而不穷,则民心奋而不可说也。如是,则知者未得治也,知者未得治则功名未成也,功名未成则群众未县也,群众未县则君臣未立也。无君以制臣,无上以制下,天下害生纵欲。

《荀子·富国》

注:①异体:形体不同。②数:自然的道理。③生:性。

译:万物同在自然界生长,形体千差万别,各有各的用处,人们可以利用它们,这是自然的道理。人类生活在一起,物质生活上都有需求,但满足需求的方法和手段不同。他们都有欲望,但智力不同,这是人的本性。人们对于事物都有看法,在这一点上,聪明的人和愚蠢的人都是一样的。但是,每个人的看法不同,便区分出聪明的人和愚蠢的人来了。如果人们的社会地位相等而智力不同,追求私利而不受到惩罚,任意放纵私欲而没有止境,那么,他们就要互相争夺而无法劝解了。这样,智者便不能去治理了;智者不能治理,他们的功业就不能树立;功业不能树立,人群就没有等级差别;人群没有等级差别,则君臣关系就不能建立起来。如果没有人君管理他们,没有上级管理下级,天下就会因为人们放纵而泛滥成灾。

循天顺人

闻古之善用人者,必循天顺人而明赏罚。循天①,则用力寡而功立；顺人，则刑罚省而令行；明赏罚，则伯夷、盗跖不乱。如此，则白黑分矣。

《韩非子·用人》

注：①天：自然，客观规律。

译：听说古代善于任用官吏的君主，一定依循客观规律，顺应世道人情，并且严格执行赏罚。依循客观规律，用的力量少，可是功业却可以建立；顺应人情，刑罚虽然用得少，法令却可以推行。明确赏罚，像伯夷、盗跖这样的贤人和坏人就不会混淆。如此，白和黑就分明了。

至安之世

古之全大体者：望天地，观江海，因山谷，日月所照，四时所行，云布风动；不以智累①心，不以私累己；寄治乱于法术，托是非于赏罚，属轻重于权衡。

《韩非子·大体》

注：①累：牵累。

译：古代能顾全大体的人，能观察天地，观察江河湖海，顺应山川谷地和日月的照耀、四季的运行、浮云的分布和风力的吹向。不让小的聪明来拖累整个思想，不让私利拖累自己的身体。把国家的安定和混淆寄托在法术上，把事物的正误寄托在赏罚上，把物体的轻重寄托在衡器的称量上。

慎阴阳之和

李兑①治中山，苦陉②令上计而入多……举事慎阴阳之和，种树节四时之适，无早晚之失，寒温之灾，则入多。不以小功妨大务，不以私欲害人事，丈夫尽于耕农，妇人力于织纴，则入多。

《韩非子·难二》

注：①李兑：魏文侯时的中山相。②苦陉：中山国的地名，位于今河北无极县。

译：李兑治理中山，苦陉地方的长官上报的收入多……举事顺应阴阳的调和，种树依四季的变化，没有错过早晚，没有寒温的灾害，收入就多。不因为小功而妨碍大事，不以个人的欲望损害农事，男子努力从事耕作，妇人努力从事纺织，收入就多。

天无私覆

天无私覆也，地无私载也，日月无私烛也，四时无私行也，行其德而万物得遂长焉。

《吕氏春秋·去私》

译：天的覆盖没有偏私，地的承载没有偏私，日月照耀四方没有偏私，四季的运行没有偏私。它们各自施行它们的恩德，而万物得以生长。

和五声

养有五道：修宫室，安床第，节饮食，养体之道也；树五色，施五彩，列文章①，养目之道也；正六律，和五声②，杂八音，养耳之道也；熟五谷，烹六畜，和煎调，养口之道也；和颜色，悦言语，敬讲退，养志之道也。

《吕氏春秋·孝行》

注：①文章：文饰彩章。②五声：指宫、商、角、徵、羽。

译：养的方法有五种，即修建宫室，安置床铺，节约饮食，这是养身的方法。树立五色，施展五彩，展示文章，这是养眼的方法。端正六律，和谐五声，融洽八音，这是养耳的方法。五谷丰登，蓄养六畜，调和烹饪，这是养口的方法。面色和气，语言动听，尊敬而谦逊，这是养志的方法。

和出于适

天地车轮，终则复始，极则复反，莫①不咸当。日月星辰，或疾或徐，日月不同，以尽其行。四时代兴，或暑或寒，或短或长。或柔或刚。万物所出，造于太一，化于阴阳。萌芽始震，凝寒以形。形体有处，莫不有声。声出于和，和出于适。和适先王定乐，由此而生。

《吕氏春秋·大乐》

注：①莫：无。

译：天地就像车轮一样转动，到了头又重新开始，到了极端又返回来，没有不恰当的。日月星辰有快有慢，太阳、月亮各不相同，都尽自己的运行。四季交替，有暑有寒，有短有长，有柔有刚。万物的产生，从太一开始，由阴阳造化。从萌芽开始活动，到凝寒以成形。形体有一定的位置，没有不发出声音的。声音产生于和谐，和谐出自于适当。

天地之和

乐，天地之和，阴阳之调也。始生人者天也，人无事焉。天使人有欲，人弗得不求。天使人有恶，人弗得不辟①。欲与恶所受于天也，人不得兴焉，不可变，不可易。世之学者，有非乐者矣，安由出哉？

《吕氏春秋·大乐》

注：①辟：避。

译：凡是乐，都反映出天地的和谐，阴阳的协调。最初创造人的是天，人没有做什么事情。天使人类有欲望，人不能不追求。天使人有憎恶，人不得不躲避。欲望与憎恶都是从上天那里得到的，人不能施加影响，不能改变，不能更换。世上的学者有反对音乐的，他们哪有根据？

祷于桑林

昔者汤克夏而正天下，天大旱，五年不收，汤乃以身祷于桑林，曰："余一人有罪，无及万夫。万夫有罪，在余一人。无以一人之不敏，使上帝鬼神伤民之命。"于是翦其发①，枥其手，以身为牺牲，用祈福于上帝，民乃甚说，雨乃大至。则汤达乎鬼神之化、人事之传也。

《吕氏春秋·顺民》

注：①翦其发：古代以剪发为刑罚。

译：过去，商汤战胜夏而治理天下，天大旱，连续五年不收获，商汤就用身体在桑林祈祷，说："我一个人有罪，不要殃及万民。万民有罪，责任在我一人。不要以我一人的无能，使上帝鬼神伤害民众的性命。"于是剪掉自己的头发，缚上手，以身体作为祭品，向上帝祈福，民众很高兴，雨水于是下得很大。那么，商汤是通达鬼神的变化、人事的转变了。

和食

食医掌和王之六食、六饮、六膳、百羞、百酱、八珍之齐。凡食齐眡春时，羹齐眡夏时，酱齐眡秋时，饮齐眡冬时。凡和，春多酸，夏多苦，秋多辛，冬多咸，调以滑①甘。

《周礼·天官冢宰》

注：①滑：使不凝滞。

译：食医掌理调配王者的六食、六饮、六膳、百羞、百酱、八珍的滋味。饭一定要像春天那样的温，羹一定要像夏天那样的热，酱一定要像秋天那样的凉，饮用一定要像冬天那样的冷。凡调和饮食，春天多些酸，夏天多些苦，秋天多些辛，冬天多些咸，再调合一些利于润滑的食物。

山林之政令

山虞掌山林之政令。物为之厉而为之守禁。仲冬，斩阳木①；仲夏，斩阴木。凡服②耜，斩季材，以时入之，令万民时斩材，有期日。凡邦工入山林而抡材，不禁，春秋之斩木不入禁。凡窃木者有刑罚。若祭山林，则为主而修除③，且跸。

《周礼·地官司徒》

注：①阳木：山南之木。②服：《郑注》谓之"服牝"，即较，车厢两边的横木。③修除：清理清除。

译：山虞掌握山林的禁令。物品的产地各有界限，为守护物品而有禁令。仲冬，砍伐山南之木；仲夏，砍伐山北之木。凡用做车较或耒耜，就砍伐小的木材。按时节进入山林，命令民众守时，有确定的时间。凡邦国的砍伐工进入山林而选木材，不限禁。百姓在春秋时砍伐树木，不能进入。凡偷窃树木，有刑罚。如果祭山林，则主持祭事，清理打扫，禁止闲杂人通行。

民和而神降

曰①："夫民，神之主也。是以圣王先成民而后致力于神。故奉牲以告曰'博硕肥腯'，谓民力之普存也，谓其畜之硕大蕃滋也，谓其不疾瘯蠡②也，谓其备腯咸有也。奉盛以告曰'洁粢丰盛'，谓其三时不害而民和年丰也。奉酒醴以告曰'嘉栗旨酒'，谓其上下皆有嘉德而无违心也。所谓馨香，无诼慝也。故务其三时，修其五教，亲其九族，以致其禋祀。于是乎民和而神降之福，故动则有成。今民各有心，而鬼神乏主，君虽独丰，其何福之有！君姑修政而亲兄弟之国，庶③免于难。"

《左传·桓公六年》

注：①这是楚国大夫季梁的一段话。②疾瘯蠡：这三个字费解，古文字学家用通假字的方法解释为生病瘦弱意。③庶：庶几，希冀之意。

译：季梁说："百姓是神灵的主人，因此圣王先团结百姓而后才致力于神灵，所以在奉献牺牲的时候祝告说：'牲口又大又肥。'这是说百姓的财力普遍富足，牲畜肥大而繁殖生长，并没有得病而瘦弱，又有各种好的品种。在奉献黍稷时祝告说：'干净的粮食盛得满满的。'这是说春、夏、秋三季没有灾害，百姓和睦而收成很好。奉献甜酒时祝告说：'又好又清的美酒。'这是说上上下下都有美德而没有邪心。所谓的祭品芳香，就是没有邪意。所以致力于农业时，修明教化，亲近自己的亲族，用这些行为来致祭神灵，因此百姓和睦而神灵降福，做任何事情都能成功。现在百姓各有异心，鬼神没有主人，君王一个人祭祀丰盛，又能求得什么福气？君王姑且修明政事，亲近兄弟国家，这差不多可以免于祸乱。"

和鸣锵锵

初，懿氏①卜妻敬仲，其妻占之，曰："吉，是谓'凤皇于飞②，和鸣锵锵，有妫之后，将育于姜。五世其昌，并于正卿。八世之后，莫之与京③。'"

《左传·庄公二十二年》

注：①懿氏：陈大夫。②于飞：飞的样子。③京：大。

译：起初，懿氏要把女儿嫁给敬仲而占卜吉凶，他的妻子占卜说："吉利。这就是所谓'凤凰飞翔，相和的鸣声清脆响亮。妫氏的后代养育于齐姜，第五代就要昌盛，官位和正卿同行。第八代以后，没有人与他争强'。"

五声和

至矣哉！直而不倨，曲而不屈，迩而不逼，远而不携①，迁而不淫，复而不厌，哀而不愁，乐而不荒②，用而不匮，广而不宣，施而不费，取而不贪，处而不底，行而不流，五声③和，八风④平，节有度⑤，守有序⑥，盛德之所同也。"

《左传·襄公二十九年》

注：①携：游离。②荒：过度。③五声：指宫、商、角、徵、羽。④八风：指金、石、丝、竹、匏、土、革、木做成的八类乐器。⑤节有度：节拍有尺度。⑥守有序：乐器演奏有一定次序。

译：好到极点了！正直而不傲慢，委曲而不厌倦，哀伤而不忧愁，欢乐而不荒淫，利用而不匮乏，宽广而不张扬，施予而不耗损，收取而不贪求，安守而不停滞，流行而不泛滥。五声和谐，八音协调；节拍有法度，乐器先后有序。这都是拥有大德大行的人共有的品格啊！

温慈惠和

天地之经，而民实则之。则天之明，因地之性，生其六气①，用其五行。气为五味，发为五色，章为五声，淫则昏乱，民失其性。是故为礼以奉之：为六畜②、五牲、三牺，以奉五味；为九文、六采、五章，以奉五色；为九歌、八风、七音、六律,以奉五声;为君臣、上下,以则地义;为夫妇、外内,以经二物;为父子、兄弟、姑姊、甥舅、昏媾、姻亚,以象天明,为政事、庸力、行务,以从四时;为刑罚、威狱,使民畏忌,以类其震曜杀戮;为温慈惠和,以效天之生殖长育。

《左传·昭公二十五年》

注: ①六气:阴、阳、风、雨、晦、明。②六畜:指马、牛、羊、鸡、猪、狗。

译: 天地的规范,民众加以效法。效法上天的明亮,依据大地的本性,生出了大地的六气,使用大地的五行。气是五味,表现为五色,显示出五声,过了头就昏乱,民众失掉本性。所以用礼使它有所遵循:制定了六畜、五牲、三牺,以使五味有所遵循;制定九文、六采、五章,以使五色有所遵循;制定九歌、八风、七音、六律,以使五声有所遵循;制定了君臣、上下的关系,以效法大地的准则;制定了夫妇、外内的关系,以规范两种事物;制定了父子、兄弟、姑姊、甥舅、昏媾、姻亚的关系,以象征上天的明亮;制定了政务规则、农工管理、行动事务,以顺从四时;制定了刑罚、牢狱,使民众畏忌,以模仿雷电的杀伤;制定了温和慈祥,以效法上天的生殖繁育。

和与同异

齐侯至自田,晏子侍于遄台①,子犹驰而造焉。公曰:"唯据与我和夫!"晏子对曰:"据亦同也,焉得为和?"公曰:"和与同异乎?"对曰:"异。和如羹焉,水火醯②醢③盐梅以烹鱼肉,燀之以薪。宰夫和之,齐之以味,济其不及,以泄其过。君子食之,以平其心。君臣亦然。君所谓可而有否焉,臣献其否以成其可。君所谓否而有可焉,臣献其可以去其否。是以政平而不干,民无争心。故《诗》曰:'亦有和羹,既戒既平。齸嘏④无言，时靡有争。'先王之济五味，和五声也，以平其心，成其政也。声亦如味，一气，二体，三类，四物，五声，六律，七音，八风，九歌，以相成也。清浊，小大，短长，疾徐，哀乐，刚柔，迟速，高下，出入，周疏，以相济也。君子听之，以平其心，心平德和。故《诗》曰：'德音不瑕。'今据不然。君所谓可，据亦曰可；君所谓否，据亦曰否。若以水济水，谁能食之？若琴瑟之专一，谁能听之？同之不可也如是。"

《左传·昭公二十年》

注：①遄台：在今山东临淄附近。②醯：通酢，醋。③醢（hǎi 海）：肉酱。④齸嘏：文字学家释为"奏格"，译为神灵之类，待考。

译：齐侯从自己打猎的地方回来，晏子在遄台随侍，梁丘据驱车来到。齐侯说："只有据与我和协！"晏子回答说："据也只不过相同而已，哪里说得上是和协？"齐侯说："和协与相同有异吗？"晏子回答说："有异。和协如同羹汤，水、火、醯、醢、盐、梅以烹调鱼肉，用柴烧煮。厨师加以调和，使味道适中，味道太淡就增加，味道太过了就冲淡。君子食用羹汤，内心平静。君臣之间也是这样。国君所认为有行而其中有不行的，臣子指出其中不行的以使可行的完备。国君所认为不行的而有可行的，臣子指出其中可行的而去掉不行的。因而政事平和而不违背。民众没有争夺之心。所以《诗》说：'有调和羹汤，已经告诫把味道调平匀。神灵享受而不指责，时时没有争论。'先王调和五味，谐和五声，用来平静他的内心，完成他的政事。声音也如味道，一气，二体，三类，四物，五声，六律，七音，八风，九歌相辅相成。清浊，小大，短长，缓急，哀乐，刚柔，快慢，高下，出入，疏密互相调济。君子听了，内心平静。内心平静，德行和谐。所以《诗》说：'德音没有缺失。'现在据不是这样。国君认为行的，据也认为可以；国君认为不行的，据也认为不行。如同用清水调济清水，谁能吃它呢？如同琴瑟仅弹一个声音，谁能够听它呢？不应该相同的道理就像这样。"

物和则嘉成

天王将铸无射①。泠州鸠②曰:"王其以心疾死乎?夫乐,天子之职也。夫音,乐之舆③也。而钟,音之器也。天子省④风以作乐,器以钟之,舆以行之。小者不窕⑤,大者不槬⑥,则和于物,物和则嘉成。故和声入于耳而藏于心,心亿⑦则乐。窕则不咸,槬则不容,心是以感,感实生疾。今钟槬矣,王心弗堪,其能久乎?"

《左传·昭公二十一年》

注: ①无射:钟名。②泠州鸠:乐官。③舆:此处比喻为车舆。④省:观风察俗。⑤窕:细而不满。⑥槬(huà 化):大而不当。⑦亿:安。

译: 周天子打算铸大钟无射。泠州鸠说:"天子大约要由于心病而死去吧?音乐,天子的重要职事。声音,是音乐的车厢,而钟是发音的器物。天子考察风俗而作乐,用乐器来汇聚它,用声音来表达它。小的乐器发音不纤细,大的乐器发音不粗犷,那样就使一切和谐,美好的音乐就完成了。所以和谐的声音进入耳朵而藏于心中,心安则乐。纤细就不能让四方都听到,粗犷就不能容忍,内心因此不安,不安就生病。现在钟声粗犷,天子的内心受不住,难道能长久吗?"

用天之道

用天之道,分地之利,谨身节用,以养父母。

《孝经·庶人章》

译：顺应天时，把握地利，谨慎处世，节省用度，敬养父母。

因地制宜

凡居民材，必因天地寒暖燥湿，广谷大川异制。民生其间者异俗，刚柔轻重迟速异齐，五味异和，器械异制，衣服异宜。修其教，不易其俗；齐其政，不易其宜。中国戎夷，五方之民，皆有性也，不可推移。东方曰夷，被发文皮，有不火食者矣。南方曰蛮，雕题交趾①，有不火食者矣。西方曰戎，被发衣皮，有不粒食者矣。北方曰狄，衣羽毛穴居，有不粒食者矣。中国、夷、蛮、戎、狄，皆有安居、和味、宜服、利用、备器。五方之民，言语不通，嗜欲不同。达其志，通其欲，东方曰寄，南方曰象，西方曰狄鞮，北方曰译。凡居民，量地以制邑，度地以居民。地、邑、民、居，必参相得也。无旷②土，无游民，食节事时，民咸安其居，乐事劝功，尊君亲上，然后兴学。

《礼记·王制》

注：①雕题交趾：古人用丹青纹身，从额到足，以表达对美的追求，对邪恶的驱逐，对吉祥的祈求。②旷：闲置。

译：凡为人民布署居所，必须依据当地的寒冷、温暖、干燥、潮湿，以及其是否为大盆地或大河流区域，因性质而有不同的制度。人民生活在不同的地区，风俗也不同。比如刚柔、轻重、快慢各不同，口味各不同，器械各不同，衣服也有不同。只有施以礼义的教育，而不必改变其风俗；统一其政务，不要妨碍其生计的便利。中原和边远地区，五方之民都有不同的习俗，而且不可互换。东方有夷人，披着头发，身上刺着花纹，食物不用火煎。南方有蛮人，脸上刻花纹，两足趾相向着走路，食物也不用火煎。西方有戎人，头覆毛发，身披兽皮，不吃五谷。北方有狄人，以羽毛为衣,住在雪窖里,也不吃谷类食物。中原人、夷人、蛮人、戎人、狄人,都有安乐的居处、可口的食物、适宜的服饰、便利的生活、完备的器具。五方的人民,言语不相通,嗜好不一样。当他们要传达心意,交换所需之物,东方的译者称为寄,南方的译者称为象,西方的译者称为狄鞮,北方的译者称为译。凡是安置民众,要先测量大地决定镇邑的营建,估量地方的大小来安置人民的数量。必须使土地、镇邑、民众、居所都相当配合。没有荒废的土地,没有游民,食物节俭,按时治事,民众都安居,喜爱所做的工作,尊敬君王和长官,然后兴办学校。

天地和同

孟春之月①……天气下降,地气上腾,天地和同,草木萌动。王命布农事,命田舍东郊,皆修封疆,审端经术。善相丘陵阪险原隰土地所宜,五谷所殖,以教道民,必躬亲之。田事既饬,先定准直,农乃不惑。

《礼记·月令》

注:①孟春之月:古人按农历十二个月记述全年的农事活动,这一段是记述全年第一个月的自然现象与人们的活动。

译:正月孟春……天气下降,地气上升,天地之气互相混和,草木便开始发芽。天子发布农事的命令,派农官到东郊,把冬天荒废下来的耕地疆界全部修理起来,把小沟小径重新查明。好好地斟酌地形,如高地应种植适于高地的作物,低地应种植适宜低地的植物。还要把农技教给农民,农民要亲自掌握。等到田土已清理整齐,则预定平均线,使农民不至于惑乱。

五声弗得不和

古之学者,比物丑类①。鼓无当②于五声,五声弗得不和；水无当于五色，五色弗得不章；学无当于五官，五官弗得不治；师无当于五服，五服弗得不亲。

《礼记·学记》

注：①丑类：类的异同。②当：相当。

译：古代的学者，能够比较事物的异同。鼓声不能等同于五音，但五音迭奏，没有鼓声调节就不够和谐悦耳；水不等同于五色，但五色没有水就不能呈现出来；学者不等同于官署中的任何一种官职，但官员没有经过学习就不能胜任；教师不是任何人伦关系中的一种亲属，但没有教师就不明白人伦的亲疏。

和故百物不失

大乐与天地同和，大礼同天地同节。和故百物不失；节故祀天祭地。明则有礼乐，幽①则有鬼神，如此则四海之内合敬同爱矣。

《礼记·乐记》

注：①幽：精神层面的幽冥之处。

译：通行于天下的大乐有着与自然的和谐，通行于天下的大礼有着同自然的节限。能够和谐，所以万物各遂其性而不错失；能够节限，所以人们祭祀天地。在明处用礼乐，在幽处则有鬼神。这样，四海之内的人们就互相尊敬友爱了。

和故百物皆化

作者之谓圣，述者之谓明。明圣者，述作之谓也。乐者，天地之和也。礼者，天地之序也。和，故百物皆化①；序，故群物皆别。

《礼记·乐记》

注：①化：化合。

译：能够创制礼乐的人叫做圣，能够复述的人叫做明。明和圣，就是复述和创制的人。乐能表现天地的和谐。礼能体现天地的秩序。和能化生万物，井然有序能使万物分别有差。

天地之和

地气上齐，天气下降，阴阳相摩，天地相荡，鼓之以雷霆，奋之以风雨，动之以四时，暖之以日月，而百化兴焉。如此，则乐者天地之和也。

《礼记·乐记》

译：地气上齐，天气下降，阴阳相摩擦，天地激荡，雷霆震动，风雨滋润，四季运行，日月照耀，万物化生。如此这样，则乐是仿效天地的和谐而创制的。

合生气之和

先王本之情性，稽之度数，制之礼义。合生气之和，道五常之行，使之阳而不散，阴而不密，刚气不怒，柔气不慑，四①畅交于中而发作于外，皆安其位而不相夺也。

《礼记·乐记》

注：①四：阴、阳、刚、柔四气。

译：古代圣王作乐，依据人的本性与情感，参照音律的度数，制定了礼仪。既适合了阴阳生气的和畅，又依循了五行的流动，使阳气发散而不杂乱，阴气收敛而不闭塞，刚强而不粗暴，顺柔而不怯懦，四气交畅，交汇于中，表现于外，都安于各自的位置而不相侵凌。

倡和清浊

是故，清明象天，广大象地，终始象四时，周还象风雨。五色①成文而不乱，八风②从律而不奸，百度得数而有常，大小相成，终始相生。倡和清浊，迭相为经。故乐行而伦清，耳目聪明，血气和平，移风易俗，天下皆宁。

《礼记·乐记》

注：①五色：此指五声。②八风：此指八音。

译：是这样的乐，清明的像天，宏大的像地，周而复始像四季，回旋像风雨。五色彰显而不乱，八风合于音律而不冲突，一切都合于度数而有常规，大小相辅相成，开始和结束相起落。唱的与和的，清音与浊音，交替错综。所以，音乐得到推广，人伦就清晰了，人的耳目聪明，心平气和，移风易俗，天下就安宁了。

砍伐以时

曾子曰："树木以时①伐焉，禽兽以时杀焉。夫子曰：'断一树，杀一兽，不以其时，非孝也。'"

《礼记·祭义》

注：①时：时间，古人为了保护生态，规定不得滥杀滥砍，以人伦的态度对待自然。

译：曾子说："树木要按时间砍伐，禽兽要按时间捕杀。孔夫子说：'砍断一棵树，杀害一头兽，不按时间，就是不孝。'"

鸾和之音

天子者，与天地参①，故德配天地，兼利万物，与日月并明，明照四海而不遗微小。其在朝廷则道仁圣礼义之序，燕处则听雅颂之音，行步则有环佩之声，升车，则有鸾和之音。居处有礼，进退有度，百官得其宜，万事得其序。

《礼记·经解》

注：①参：相参，或作三。

译：天子与上天下地并列为三，所以他的德行与天地相配，恩惠普施万物，与日月同光明，光照天下而无微不至。他在朝廷施行仁圣礼义，在休息时听着雅颂音乐，行走时有环佩的声响，乘车时有车铃的鸾和之音。起居有礼仪，进退有节度，百官各得其宜，万事都有条理。

万物并育

仲尼祖述①尧舜，宪章②文武。上律天时，下袭水土。辟如天地之无不持载，无不覆帱③，辟如四时之错行，如日月之代明。万物并育而不相害，道并行而不相悖，小德川流，大德敦化，此天地之这所以为大也。

《中庸》

注：①祖述：遵循前人的行为和学说。②宪章：效法。③覆帱（dǎo 导）：覆盖。

译：孔子遵循尧、舜二帝的传统，效法周文王和周武王的典章。上遵从天时变化，下符合地理环境。好像天地没有什么不能承载的，没有什么不能覆盖的。好像四季的错综运行，好像日月的交替照明。万物一起生长，互相并不妨害，天地的道同时并行，互相并不违背。小德如江河流行，不息不止；大德敦厚化育，无穷无尽。这就是天地之所以盛大的原因。

和于术数

岐伯对曰：上古之人，其知道者：法于阴阳，和于术数，食饮有节，起居有常，不妄①作劳，故能形与神俱，而尽终其天年，度百岁乃去。今时之人，不然也：以酒为浆，以妄为常，醉以入房，以欲竭其精，以耗散其真②，不知持满，不时御神③，务快其心，逆于生乐，起居无节，故半百而衰也。

《素问·上古天真论篇》

注：①妄：乱。②真：真气。③御神：调养精神。

译：岐伯回答说：上古的人，他们知道养生的道理。效法阴阳变化的规律，调和养身的方式，饮食有节制，起居有常规，不乱劳作，所以能使形体与精神都旺盛，活到高寿，百岁才去世。现在的人，不是这样，他们嗜酒无度，把不正常的生活方式当做正常，酒醉而行房，纵情色欲，耗散了真元之气，不知道保持精气，不能调养精神，贪图一时之欢，违背养生而取乐，起居无常，所以仅五十岁就衰老了。

顺天应时

故顺天地者，其治长久。顺四时者，其王日兴。道无奇辞，一阴一阳，为其用也。得其治者昌，失其治者乱；得其治者神且明，失其治者道不可行。详思此意，与道合同。

《太平经》

译：因此顺应天地的人，他的统治才可长久持续下去。顺应四时的人，他的统治日益兴旺。道没有很怪异的语言，一个阴一个阳，就是道所用的语言。得到道的人，他的统治很昌盛；失去道的人，他的统治很混乱。以道治国者，明智而高超，统治混乱的人使道没有办法实行下去。仔细思考这个含义，与道和谐。

贵本根

天地开辟贵本根，乃气之元也。欲致太平，念本根也，不思其根，名大烦，举事不得，灾并来也。此非人过也，失根基也。离本求末，祸不治，故当深思之。

《太平经》

译：开辟天地很重视根本，这是气的根源。想要达到太平，就要关注根本，不考虑根本，民目枝叶烦扰，做大事不会成功，灾难也一起降临。这不是人的过失，是因为失去了根本。舍本逐末，就会大祸临头，所以应当引起深思。

依存

天须地乃有所生，地须天乃有所成。春夏须秋冬，昼须夜，君须臣，乃能成治。臣须君，乃能行其事。故甲须乙，子须丑，皆相成。作道治正，当如天行，不与人相应，皆为逆天道。比若东海居下而好水，百川皆归之，因得其道，鲸鱼出其中，明月珠生焉，是其得道之效也。

《太平经》

译：天遵循地才可以生育万物，地遵循天才可以成就万物。春夏遵循秋冬，白天遵循夜晚，君王依靠臣子，才能维持统治。臣子遵循君主，才能做他要做的事情。因此甲遵循乙，子遵循丑，都是相辅相成的。修道持正，应该与天运行的道理相同，与人不和谐，都是违反天道的。这就像东海居于下方因而容易聚集水，百川的水都流到里面了，因此成就了东海，鲸鱼生在其中,明月珠也从里面长出来,是东海得道的效用。

清静

吾欲使天下万神和亲,不复妄行害人,天地长悦,百神皆喜,令人无所苦,帝王得天之力,举事有福,岂可间哉?故圣人能守道,清静之时旦食,诸神皆呼与语言,比若今人呼客耳。百神自言为天吏、为天使,群精为地吏、为地使,百鬼为中和使。此三者,阴阳中和之使也,助天地为理,共兴利帝王。

《太平经》

译:我想使天下万神和亲,不再任意妄为地害人,天地永久愉悦,百神都很高兴,使人没有苦痛的事情,帝王得到上天的帮助,做任何事情都会有神的庇佑,岂可隔绝?因此圣人能守道术,修身清净之时清晨进食,则众神都争相和他说些话,就像今天的人招呼客人一样。百神自称为天官、天使,把群精称为地吏、地使,把百鬼称为中和使。这三者,为阴阳中和的使者,帮助天地维持格局,一起帮助帝王复兴国家。

从道

夫道①者,覆②天载地,廓③四方,柝④八极。高不可际,深不可测。包裹天地,禀授无形;原流泉浡,冲而徐盈;混混⑤滑滑⑥,浊而徐清。故植⑦之而塞于天地,横之而弥于四海;施之无穷,而无所朝夕……山以之高,渊以之深,兽以之走,鸟以之飞,日月以之明,星历以之行,麟以之游,凤以之翔。泰古二皇,得道之柄,立于中央。神⑧与化游,以抚四方。

《淮南子·原道训》

注：①道：指自然规律。②覆：覆盖。③廓：张大。④柝：通"拓"，扩大。⑤混混：混乱的样子。⑥滑滑：水急流的样子。⑦植：树立。⑧神：指掌握了神妙的"道"。

译：道，覆盖上天，运载大地，扩展到四面八方。它高到没有边际，深到无法测量。它能包裹天地，施予万物。它像涓涓细流，由空虚而逐渐充实；似汹涌波涛，由浑浊而逐渐澄清。所以把它直立起来，可以充满天地之间；把它横放着，可以布满四海；用起它来无穷无尽，而永远没有盛衰的时候。……山岳依靠它而高耸，潭渊凭借它而变深，野兽依靠它而奔跑，鸟类凭借它而高飞，日月依靠它而光明，星辰凭借它而运行，麒麟依靠它而出游，凤凰凭借它而翱翔。远古伏羲、神农二帝，掌握了道的枢机，而立于中央之地。以精神和世上万物变化相结合，以安抚天下的人民。

重农

正月，上曰："农，天下之本，其开籍田①，朕亲率耕，以给宗庙粢盛②。"

《史记·孝文本纪》

注：①籍田：《汉书·文帝纪》作"借田"，皇帝亲自耕种的田。实际上只是春耕时象征性地参加耕作，以示重农。《集解》引韦昭曰："籍，借也。借民力以治之，以奉宗庙，且以劝率天下，使务农也。"②粢盛：祭品。指盛在祭器内的谷物。粢，黍稷。盛，指盛于器中。

译：正月，文帝说："农业是国家的根本，应当开辟皇帝亲自耕种的籍田，我要亲自带头耕作，来供给宗庙祭祀用的谷物。"

免租

上曰："农，天下之本，务莫大焉。今勤身①从事而有租税之赋，是为本末者毋以异②，其于劝农之道未备③。其除田之租税。"

《史记·孝文本纪》

注：①勤身：劳身。勤，辛劳。②"本末"句：本和末无法区分。本，指农业，末，指商业和手工业等。异，区别，区分。③备：完备，完善。

译：文帝说："农业是天下的根本，没有什么比这事情更重要。现在农民辛勤地从事农业生产却还要交纳租税，使得务农和从事商业、手工业没有区别，本末不分，这恐怕是由于鼓励农耕的方法还不完备。应当免除农田的租税。"

郊祀五帝

十五年，黄龙见成纪，天子乃复召鲁公孙臣，以为博士，申明土德事。于是上乃下诏曰："有异物之神见于成纪，无害于民，岁以有年①。朕亲郊祀②上帝诸神。礼官议，毋讳以劳朕③。"有司礼官皆曰："古者天子夏躬亲礼祀上帝于郊，故曰郊。"于是天子始幸雍，郊见五帝④，以孟夏四月答礼焉⑤。

《史记·孝文本纪》

注：①有年：有年景，即丰收的意思。年，收成，年景。②郊祀：在郊外祭祀天地，是古代祭祀的一种仪式。③劳朕：使我劳累。④五帝：具体所指不一，《五帝本纪》所记为黄帝、颛顼、帝喾、唐尧和虞舜。⑤孟夏：夏季的第一个月，即夏历四月。

译：十五年（前165），有黄龙出现在成纪县，文帝又召来鲁国的公孙臣，任命他为博士，让他重新说明当今应为土德的道理。于是文帝下诏说:"有奇物神龙出现在成纪,没有伤害到百姓,今年又是个好年成。我要亲自到郊外祭祀上帝和诸神。礼官们商议这件事,不要因为怕我劳累而有什么隐讳。"主管大臣和礼官们都说:"古代天子每年夏天亲自到郊外祭祀上帝,所以叫做'郊'(郊祀,郊祭)。"于是文帝第一次来到雍,郊祭五帝,在夏初四月向天帝致礼。

躬耕为天下先

朕亲耕,后亲桑,以奉宗庙粢盛①祭服,为天下先。不受献,减太官②,省繇③赋,欲天下务农蚕,素有畜④积,以备灾害。彊毋攘弱⑤,众毋暴寡,老耆⑥以寿终,幼孤得遂⑦长。

《古文观止·景帝令二千石修职诏》

注:①粢盛:祭祀所用的谷。黍稷曰粢,在器曰盛。②太官:主管膳食的官。③繇:同"徭"。④畜:同"蓄"。⑤彊毋攘弱:彊同"强"。攘,抢,夺。⑥耆:六十岁以上的老人。⑦遂:成。

译:我亲自耕田,皇后亲自种桑,用着祭祀宗庙时供奉的黍稷和祭服,给天下的人做个榜样。我不受供献,减少太官的费用,减轻徭役和赋税,想使天下的人努力耕田养蚕,在平时有积蓄,以便防备灾害。使强大的不能侵夺弱小的,人多的不能欺压人少的,老年人得以寿终,幼儿、孤儿能够成长。

感应

夫物类之相应,玄妙深微,知①不能论,辩不能解。故东风至而酒湛溢②……故圣人在位,怀道而不言,泽及万民。君臣乖③心,则背谲而见于天,神气相应征④矣。

《淮南子·览冥训》

注：①知：通"智"，聪明的人。②酒湛溢：王念孙说："酒性温，故东风而酒为之加长。"即气温升高酒膨胀。③乖：背离。④征：预兆，迹象。

译：万物种类之间可以互相感应，非常玄妙而精微，聪明的人不能说清楚，雄辩家不能解开其中的奥秘。因此东风吹来美酒就能涨出……所以圣人在位执政，实行自然无为之道，而不必要讲话，恩泽就可以施及万民。君臣互相背离，那么就会在日旁出现背谲之象，神气的征兆就会应验。

和氏之璧

夫玉润泽而有光，其声舒扬①，涣乎其有似②也。无内无外，不匿瑕③秽；近之而濡，望之而隧④。夫照镜见眸子，微察秋豪，明照晦冥。故和氏之璧，隋侯之珠，出于山渊之精，君子服之，顺祥以安宁；侯王宝之，为天下正。

《淮南子·说山训》

注：①舒扬：和缓。②涣乎其有似：涣乎，鲜明的样子；有似，有似君子之风。③瑕：玉斑。④隧：深远，精深。

译：玉润泽而有光泽，它的声音舒缓而上扬，色彩鲜明好像有君子的风度。不分内外，表里如一，没有一点瑕疵污秽。接近它有柔顺之感，望着它又感到十分幽深。用来照面可以见到眸子，秋毫之末都可以明察，光辉可以照耀昏暗。因此和氏之璧、隋侯之珠，由高山、深渊的精华而产生。君子佩带它，和顺吉祥而安静；王侯重视它，用来作为天下平正的标准。

天下之大命

禹有十年之蓄，故免九年之水；汤有十年之积，故胜七年之旱。夫蓄积者，天下之大命①也。苟粟多而财有余，何向②

而不济?以攻则取,以守则固,以战则胜。怀柔附远③,何招而不至?

(汉)贾谊:《新书·无蓄》

注: ①大命:根本,命脉。②何向:向何,做什么。③怀柔附远:使敌人顺服,让远方之人归附。

译: 夏禹有十年的粮食储备,所以能战胜九年水涝造成的灾害;商汤有十年的粮食储备,所以能战胜七年干旱造成的灾害。粮食积蓄是国家的命脉。假如粮食充足、财富有余,做什么会不成功呢?凭借这样的条件进攻敌国,就一定能攻下,凭借这样的条件来防守,也一定坚守得住,依靠这样的条件去征战,也一定能战胜敌人。使敌人顺服,让远方的人来归附,招谁谁又肯不来呢?

调和大畅

故仁人行其礼,则天下安而万理得矣。逮至得渥泽恰①,调和大畅,则天清澈,地富煴②,物时熟,民心不挟诈贼,气脉③淳化。

(汉)贾谊《新书·礼》

注: ①得渥泽恰:恩德广施。渥,润泽;恰,普遍。②富煴:富裕,富庶。煴,通"缊",富饶,繁多。③气脉:民风,民俗。

译: 所以仁德之人行事依照礼法,就会天下安定,万事万物各得其理义。直至恩泽施于万物,阴阳调和顺畅,就会天空清澈,大地富庶,民风淳朴。

从欲则得自然

六经①以抑引为主,人性以从欲为欢;抑引则违其愿,从欲则得自然。然则自然之得不由抑引之六经,全②性之本,不须犯情之礼律。

《阮嗣宗集》卷七《难自然好学论》

注:①六经:《易》、《诗》、《书》、《礼》、《春秋》、《乐》。②全:保全。

译:六经以压抑引导为主,人的本性以追求欲望为乐;压抑本性是违背人的意愿,释放欲望是符合自然规律的。所以自然的法则是要我们不要压抑人的本性,把人的性情全部表现出来,既然是这样,那么不用违碍情理的礼仪律令。

人体自然

人生天地之中,体自然之形。身者,阴阳之精气也。性者,五行①之正性也。情者,游魂②之变欲也。神者,大地之所以驭者也。

《阮嗣宗集·达庄论》

注:①五行:金、木、水、火、土。②游魂:类似于精神的代称,术数家后来衍生为易占中神秘莫测的方术名称。

译:人是在天地之间生长的,表现的是自然的形态。人的身体,聚集了阴阳的精气。人的生性,体现了五行的秉性。人的情欲,展示了精神的变化。人的神情,是大地所决定的。

观沧海

东临碣石,以观沧海。水何澹澹,山岛竦峙。树木丛生,百草丰茂。秋风萧瑟,洪波涌起。日月之行,若出其中;星汉灿烂,若出其里。幸甚至哉!歌以咏志。

(魏)曹操《观沧海》

译:东行登上碣石山,来观赏大海。海水多么宽阔浩荡,碣石山高高耸立在海上。碣石山上树木丛生,各种草长得很繁茂。秋风飒飒,海上涌起巨大的波涛。日月的运行,好像是从这浩淼的海洋中出发的。银河星光灿烂,好像是从这浩淼的海洋中产生出来的。真是幸运极了,用歌唱来表达自己的思想感情。

服食绝谷

淡①幼孤,好导养之术②,谓仙道可祈,年十五、十六岁,便服食绝谷③,不婚娶。家累千金,僮客百数,但终日端供④,曾不营问,颇好读《易》,善卜筮。

《晋书·陶淡传》

注:①淡:陶淡,字虚静,东晋名将陶侃之孙。②导养之术:古代的一种养生术,指呼吸俯仰,屈伸手足,使气血流通,促进身体健康。③服食绝谷,均为古代道家修炼法。服食,饮服丹药。绝谷,不食五谷,以求长生。④端拱:端身拱手。

译:陶淡自小就是孤儿,喜欢道家的养生之术,说修行可以长寿。在他十五六岁的时候,便不食五谷,也不娶妻。他家境富裕,家里的奴仆就有上百人,但他每天端身拱手,不管世事,喜欢读《易经》,善于占卜。

修禊

永和①九年,岁在癸丑,暮春之初②,会于会稽山阴之兰亭③,修禊事也④。群贤毕至,少长咸集。此地有崇山峻岭,茂林修竹,又有清流激湍,映带左右。引以为流觞⑤曲水⑥,列坐其次,虽无丝竹管弦之盛,一觞一咏,亦足以畅叙幽情。是日也,天朗气清,惠风和畅。仰观宇宙之大,俯察品类之盛,所以游目骋怀,足以极视听之娱,信可乐也。

(晋)王羲之《兰亭集序》

注:①永和:东晋穆帝年号。永和九年是公元353年,农历年属癸丑。②暮春之初:指三月上巳日(三月初三)。③"会于"句:会稽,郡名,在今浙江北部和江苏东南部一带。山阴,县名,在今浙江绍兴。兰亭,在绍兴西南。④修禊(xì):一种消除不祥的祭礼。古代的风俗,农历三月初三,临水而祭,以祛除不祥,称为修禊。⑤流觞:把漆制的酒杯盛水放在曲水的上游,任其顺流而下,停在谁面前,谁就取而饮之。觞,酒杯。⑥曲水:引水环曲为渠,以流为酒杯。

译:永和九年,是癸丑年,暮春三月初,我们聚集在会稽郡山阴县的兰亭,一起做修禊的事情。许多贤人都到了,年轻的、年老的都聚集在一起。这个地方有高峻的山岭,有茂盛的树林和长长的竹子,又有清清的急流,似带子一样辉映环绕在左右,引来作为流觞的曲水,大家列坐在曲水的旁边,虽然没有弦乐和管乐演奏的热闹,但是饮一杯酒,咏一首诗,亦足以畅快地抒发心中的深情。这一天啊,天气晴朗,空气清新,春风平和舒畅。抬头观看天地的广大,低头审察物类的繁盛,放眼浏览,舒展胸怀,足以尽情地享受看和听的乐趣,确实很愉快呢。

田园

归去来兮,田园将芜胡不归!既自以心为形役①,奚惆怅而独悲?悟已往之不谏,知来者之可追。实迷途其未远,觉今是而昨非。舟遥遥以轻飏,风飘飘而吹衣。问征夫以前路,恨晨光之熹微。乃瞻衡宇,载欣载奔。僮仆欢迎,稚子候门。三径就荒,松菊犹存。携幼入室,有酒盈樽。引壶觞以自酌,眄庭柯以怡颜。倚南窗以寄傲,审容膝之易安。园日涉以成趣,门虽设而常关。策扶老以流憩,时矫首而遐观。云无心以出岫,鸟倦飞而知还。景翳翳以将入,抚孤松而盘桓②。归去来兮,请息交以绝游。世与我而相违,复驾言兮焉求?悦亲戚之情话,乐琴书以消忧。农人告余以春及,将有事于西畴。或命巾车,或棹孤舟。既窈窕③以寻壑,亦崎岖而经丘。木欣欣以向荣,泉涓涓而始流。羡万物之得时,感吾生之行休。已矣乎!寓形宇内复几时!曷不委心任去留?胡为乎遑遑欲何之?富贵非吾愿,帝乡不可期。怀良辰以孤往,或植杖而耘耔。登东皋以舒啸,临清流而赋诗。聊乘化以归尽,乐夫天命④复奚⑤疑!

(晋)陶渊明《归去来兮》

注: ①心为形役:心被形体所役使。指作者心里不愿出仕,出仕是为了使身心免受饥寒,求得俸禄。②盘桓:徘徊,彷徨。③窈窕:山路曲折深幽的样子。④乐夫天命:乐天知命。夫,助词,无意义。⑤奚:何。

译: 回去吧,田园快要荒芜了,为什么还不回!既然自认为心志被形体所役使,又为什么惆怅而独自伤悲?认识到过去的错误已不可挽救,知道了未来的事情尚可追回。实在是误入迷途还不算太远,已经觉悟到今天

"是"而昨天"非"。归舟轻快地飘荡前进,微风徐徐地吹动着上衣。向行人打听前面的道路,恨晨光还是这样微弱迷离。望见家乡的陋屋,我高兴得往前直奔。童仆欢喜地前来迎接,幼儿迎候在家门。庭院小路虽将荒芜,却喜园中松菊还存。我拉着幼儿走进内室,屋里摆着盛满酒的酒樽。拿过酒壶酒杯来自斟自饮,看着庭院里的树枝真使我开颜。靠着南窗寄托着我的傲世情怀,觉得身居陋室反而容易心安。天天在园子里散步自成乐趣,尽管设有园门却常常闭关。拄着手杖或漫步或悠闲地随处休息,不时地抬起头来向远处看看。云烟自然而然地从山洞飘出,鸟儿飞倦了也知道回还。日光渐暗太阳将要下山,我抚摸着孤松流连忘返。回去吧,我要断绝与外人的交游。既然世俗与我乖违相悖,我还驾车出游有什么可求?亲戚间说说知心话儿叫人心情欢悦,抚琴读书可藉以解闷消愁。农人们告诉我春天已经来临,我将要到西边去耕耘田亩。有的人驾着篷布小车,有的人划着一叶小舟。时而沿着婉蜒的溪水进入山谷,时而循着崎岖的小路走过山丘。树木长得欣欣向荣,泉水开始涓涓奔流。我羡慕万物得逢天时,感叹自己的一生行将罢休。算了吧!寄身于天地间还有多少时日!何不放下心来听凭生死?为什么还要遑遑不安想去哪里?企求富贵不是我的心愿,寻觅仙境不可期冀。只盼好天气我独自外出,或者将手杖插在田边去除草培苗。登上东边的高岗放声长啸,面对清清的流水吟诵诗篇。姑且随着大自然的变化走向生命的尽头,乐天安命还有什么值得怀疑!

洛神

黄初三年,余朝京师,还济洛川。古人有言,斯水之神,名曰宓妃①。感宋玉对楚王神女之事,遂作斯赋。其辞曰:

余从京域,言归东藩。背伊阙,越轘辕,经通谷,陵景山。日既西倾,车殆马烦。尔乃税驾乎蘅皋,秣驷乎芝田,容与乎阳林,流眄乎洛川。于是精移神骇,忽焉思散。俯则未察,仰以殊观,睹一丽人,于岩之畔。乃援御者而告之曰:"尔有觌于彼者乎?彼何人斯?若此之艳也!"御者对曰:"臣闻河洛之神,名曰宓妃。然则君王所见,无乃是乎?其状若何?臣愿闻之。"余告之曰:"其形也,翩若惊鸿,婉若游龙。荣曜秋菊,华茂春松。仿佛兮若轻云之蔽月,飘飖兮若流风之回雪。远而望之,皎若太阳升朝霞;迫而察之,灼若芙蕖出渌波。秾纤得衷,修短合度。肩若削成,腰如约素。延颈秀项,皓质呈露。芳泽无加,铅华弗御。云髻峨峨,修眉联娟。丹唇外朗,皓齿内鲜,明眸善睐,靥辅承权。瑰姿艳逸,仪静体闲。柔情绰态,媚于语言。奇服旷世,骨像应图。披罗衣之璀粲兮,珥瑶碧之华琚。戴金翠之首饰,缀明珠以耀躯。践远游之文履,曳雾绡之轻裾。微幽兰之芳蔼兮,步踟蹰于山隅。于是忽焉纵体,以遨以嬉。左倚采旄,右荫桂旗。攘皓腕于神浒兮,采湍濑之玄芝。"

(魏)曹植《洛神赋》

注:①宓妃:传说是伏羲的小女儿,玩耍时淹死在洛水,死后被封为洛水之神。

译:黄初三年,我去京师朝拜天子,回来时渡过洛水。传说洛水神灵的名字叫做宓妃。于是就模仿宋玉将楚王遇见神女的故事写成《神女赋》,我也将这段经历写了下来。其辞是这样的:

我从京城返回东方的封邑(鄄城)。翻过伊阙山,越过轘辕山,经过通谷,登上了景山。这时已经是夕阳西下,车马都很疲乏了。于是在铺满香草的河岸上停下车,让马儿自由自在地在芝草田里吃草歇息。我在树林中安然悠闲地走着,放眼欣赏洛水美丽的景色。忽然,感到心神受到震撼,思绪飘到了远方。猛一抬头,看到一幅奇异景象:一个美如天仙的女子正在山崖之旁。于是忙拉住随从问道:"你看到那个女子了吗?她是谁啊?真是太美了!"随从回答:"臣听说洛水的神灵叫做宓妃,那么,君王见到的莫非是她么?她相貌如何?臣很想听听。"我说:"她长得体态轻盈柔美像受惊后翩翩飞起的鸿雁,身体健美柔曲像腾空嬉戏的游龙;容颜鲜明光彩像秋天盛开的菊花,青春华美繁盛如春天茂密的青松;行止若有若无像薄云轻轻掩住了明月,形像飘荡不定如流风吹起了回旋的雪花;远远望去,明亮洁白像是朝霞中冉冉升起的太阳,靠近观看,明丽耀眼如清澈池水中婷婷玉立的荷花;丰满苗条恰到好处,高矮胖瘦符合美感;肩部美丽像是削成一样,腰部苗条如一束纤细的白绢;脖颈细长,下颚美丽,白嫩的肌肤微微显露;不施香水,不敷脂粉;浓密如云的发髻高高耸立,修长的细眉微微弯曲;在明亮的丹唇里洁白的牙齿鲜明呈现;晶亮动人的眼眸顾盼多姿,两个美丽的酒窝儿隐现在脸颊;她姿态奇美,明艳高雅,仪容安静,体态娴淑;情态柔顺宽和妩媚,用语言难以形容;穿着奇特人间罕见,骨骼相貌像画中的仙女;她披着鲜丽明净的绫罗做的衣服,戴着雕刻华美的美玉做的耳环;黄金和翠玉作为配挂的首饰,点缀的稀世明珠照亮了美丽的容颜;她踏着绣着精美花纹的鞋子,拖着雾一样轻薄的纱裙,隐隐散发出幽幽兰香,在山边缓步徘徊;偶尔纵身跳跃,一边散步一边嬉戏;左面有彩旗靠在身边,右面有桂枝遮蔽阴凉;她正卷起衣袖将洁白细腻的臂腕探到洛水之中,采摘湍急河水中的黑色灵芝。"

声律

标情①务远,比②音则近;吹律③胸臆,调钟④唇吻⑤,声得盐梅⑥,响滑榆槿⑦,割弃支离,官商难隐。

(南朝)刘勰《文心雕龙·声律》

注:①标情:标举情志。②比:合。③吹律:古时吹奏应律之法。详《史记·律书》。④钟:黄钟,十二律之一:指音律。调钟,调和音律。吹律同调钟相对,都指奏乐,前者指吹箫、笛等。⑤唇吻:指发音歌唱。⑥盐梅:盐碱而梅酸,用以调味,都是煮菜的调味品。⑦榆槿:皮有骨汁,煮菜时用作以之滑润的调味品。

译:抒写情思务求深远,配合音律便较切近,因为它只是从胸腔吐气,通过唇吻,使它和音律协调。文章中的声律,好比烹调里的盐梅和榆槿,起到调味和滑润的作用,要除去不协调的音,因为声律的合不合是难以隐藏的。

文德与天地并生

文①之德也大矣,与天地并生者。何哉?夫玄黄色杂②,方圆体分,日月又叠璧,以垂③丽天之象;山川焕绮,以铺理地之形,此盖道之文④也。仰观吐曜,俯察含章,高卑定位,故两仪即生矣。惟人参之,性灵所钟,是谓三才,为五行之秀,实天地之心,心生而言立,言立而文明,自然之道也。

(南朝)刘勰《文心雕龙·原道》

注:①文:此字是指文学或文章,但有时也用来指称广义上的文化、学术,或狭义的作品的修辞、藻饰以及物器的花纹和颜色等,此句中的"文"应是泛举,包括广义和狭义。②色杂:指天地一片混沌的情景。③垂:表现,传布。④道之文:"道"指自然,"道之文"说的是由自然规律而形成的文。

译:"文"的意义是很重要的,可以说它是与天地同时并存于世的。为什么要这么说呢?从宇宙一片混沌到分出天地,天上出现了两块圆玉般的日月,以致天空中出现了大地分明的形状,这些都可以说是大自然所表现出来的"文"。抬头看到天上的光辉景象,俯身又看到地上绚丽的风光,有了天与地、高与低的明确区分,才会有宇宙间两种主体的出现。到后来,出现了有着聪明才智的人类,于是就和天地一起被称为"三才"。人是世间万物最突出、最优秀的,是天地的核心,当人的思想一旦产生,就会出现语言;有了语言,就会出现文章,这就是自然之道。

道心惟微

道心惟微①,神理设教,光彩玄圣,炳耀仁孝,龙图献体，龟书呈貌，天文斯观，民胥②以效③。

（南朝）刘勰《文心雕龙·原道》

注：①微：精妙。②胥：全部，全都。③效：模仿，学习。

译：自然规律是非常精妙的，从事教导也应该根据这一精妙的自然规律来进行。古代圣人使这些自然规律发出光芒，也使伦理道德得到了宣扬。自从有了《河图》和《洛书》之后，世间的规律、道德才开始被人所了解。人们也就从此开始纷纷效法这种描述自然规律的方法，来进行教育和学习。

天道不使物有兼

能走者夺其翼，善飞者减其指，有角者无上齿，丰后者无前足，盖天道不使物有兼焉也。

《颜氏家训·省事篇》

译：会走的不让生翅膀，善飞的减少其指头，长了双角的缺掉上齿，后部丰硕的没有前足，大概是天道不叫生物兼具这些东西吧！

自然本色

龙凤以藻绘呈瑞，虎豹以炳蔚凝姿；支霞雕色，有逾画工之妙；草木贲①华，无待锦匠之奇。夫岂外饰，盖自然耳，至于林籁结响，调如竽瑟；泉石激韵，和若球锽②。

（南朝）刘勰《文心雕龙·原道》

注：①贲：装饰。②锽：钟声。

译：龙和凤用美丽的外貌表现出吉祥的图案，虎和豹用华丽的皮毛表现雄武的姿态；云霞的色彩比画师的渲染还要美丽；植物的花朵也并不依靠织锦的匠工来装饰。这些都不是外来的装饰，而是它们本身自然形成的，还有在树林间，因风吹过而发出的声响，犹如竽瑟的和鸣；泉水流动，在石头上激起的音韵，就像玉磬和钟声一样。

山川相映

王子敬①云："从山阴②道上行，山川自相映发，使人应接不暇③，若秋冬之际，尤难为怀④。"

《世说新语·言语》

注：①王子敬：即王献之（344~386），字子敬，东晋书法家，官至中书令，人称"大王令"。②山阴：今浙江绍兴。③应接不暇：指胜景太多，目不暇接，美不胜收。暇，空闲。④尤难为怀：更使人难以忘怀。

译：王子敬说："在山阴路上行走时，山川的景色相互辉映，使人感到美不胜收，目不暇接，假如是秋末冬初时节，那就更使人难以忘怀了。"

泰山封禅

文武官复请封禅，上曰："卿辈皆以封禅为帝王盛事，朕意不然。若天下乂安①，家给人足，虽不封禅，庸何伤乎！昔秦始皇封禅，而汉文帝不封禅，后世岂以文帝之贤不及始皇邪！且事天扫地而祭②，何必登泰山之巅，封数尺之土，然后可以展其诚敬乎！"群臣犹请之不已，上亦欲从之，魏徵独以为不可。上曰："公不欲朕封禅者，以功未高邪？"曰："高矣！""德未厚邪？"曰："厚矣！""中国未安邪？"曰："安矣！""四夷③未服邪？"曰："服矣！""年谷未丰邪？"曰："丰矣！""符瑞未至邪？"曰："至矣！""然则何为不可封禅？"对曰："陛下虽有此六者，然承隋末大乱之后，户口未复，仓廪④尚虚，而车驾东巡，千乘万骑，其供顿劳费，未易任也。且陛下封禅，则万国咸集，远夷君长，皆当扈从；今自伊、洛以东至于海、岱，烟火尚希，灌莽极目，此乃引戎狄入腹中，示之以虚弱也。况赏赉不赀⑤，未厌远人之望；给复连年，不偿百姓之劳；崇⑥虚名而受实害，陛下将焉用之！"会河南、北数州大水，事遂寝。

《资治通鉴》

注：①乂安：安定。②祭：祭祀。③四夷：四方夷族。④仓廪：国家府库粮仓。⑤赏赉不赀：赏赐供给无数。⑥崇：崇尚。

译：文武百官又请行封禅大礼，太宗说："你们都认为登泰山封禅是帝王的盛举，朕不以为然，如果天下安定，百姓家家富足，即使不去封禅，又有什么伤害呢？从前秦始皇行封禅礼，而汉文帝不封禅，后代岂能认为文帝的贤德不如秦始皇！而且侍奉上天扫地而祭祀，何必要去登泰山之顶峰，封筑几尺的泥土，然后才算展示其诚心敬意呢！"群臣还是不停地请求，太宗也想听从此意见，惟独魏徵认为不可。太宗说："你不想让朕去泰山封禅，认为朕的功劳不够高吗？"魏徵答道："够高了！""德行不厚吗？"答道："很厚了！""大唐不安定吗？"答道："安定了！""四方夷族未归服吗？"答道："归服了"。"年成没丰收吗？"答道："丰收了！""符瑞没有到吗？"答道："到了！""那么为什么不可以行封禅礼？"答道："陛下虽然有上述六点理由，然而承接隋亡大乱之后，户口没有恢复，国家府库粮仓还很空虚，而陛下的车驾东去泰山，大量的骑兵车辇，其劳顿耗费，必然难以承担。而且陛下封禅泰山，则各国君主咸集，远方夷族首领跟从，如今从伊水、洛水东到大海、泰山，人烟稀少，满目草木丛生，这是引戎狄进入大唐腹地,并展示我方的虚弱。况且赏赐供给无数,也不能满足这些远方人的欲望;几年免除徭役,也不能补偿老百姓的劳苦。像这样崇尚虚名而实际对百姓有害的政策,陛下怎么能采用呢!"正赶上黄河南、北地区数州县发大水,于是就停止了封禅事。

右溪

道州城西百余步①,有小溪。南流数十步,合营溪②。水抵两岸,悉皆怪石,欹嵌盘屈③,不可名状。清流触石,洄悬激注。休木④异竹,垂阴相荫⑤。此溪若在山野,则宜逸民退士⑥之所游处;在人间⑦,可为都邑之胜境,静者之林亭⑧。而置州已来⑨,无人赏爱;徘徊溪上,为之怅然!乃疏凿芜秽,俾为亭宇;植松与桂,兼之香草⑩,以裨形胜。为溪在州右,遂命之曰"右溪"。刻铭石上,彰示来者。

(唐)元结《右溪记》

注:①道州:州名,唐时属江南西道,治所在今湖南省道县。②营溪:河流名,发源于今湖南省宁远县南,流经道县,北至零陵县,西入湘水。③欹(qī欺)嵌盘屈:倾斜嵌叠、曲折盘旋的样子。④休木:一本作"佳木"。休,美好。⑤垂阴相荫:阴,树荫。荫,遮盖。⑥逸民退士:退居山林的隐士。⑦人间:与前文"山野"对称,指有居民的地方。⑧静者:喜欢清静的人。⑨置州已来:成为州的治所以来。唐高祖武德四年(621)置营州,后改为道州。已,通"以"。⑩香草:即香茅,多年生草本植物,其根状茎蔓延,可巩固坡地。这里也可指芬香的花草。

译:在道州城西边一百多步的地方,有一条小溪。它向南流几十步远,并入营溪。溪水两岸,全都是怪石,它们倾斜嵌叠,回旋盘曲,姿态奇特,无法用语言来形容。清澈的溪流冲击到岩石,便激起腾空的浪花和股股洄流。岸边还有美丽的树木和珍奇的青竹,垂下荫影相互遮蔽。这小溪如果在空旷的山野,那是很适合隐士游览和居住的;如果在人烟辏集的地方,也可成为城市居民游览的胜地,爱清静者休憩的园林。可是自从道州城成为州的治所以来,却至今没有人来欣赏它和喜爱它;我在溪水旁徘徊,为此怅然惋惜!于是进行疏导开通,清除掉杂乱的草木,建造了亭阁,又种植了松树、桂树,还铺植保护坡岸的香茅,来增益它优美的景致。因为溪在州城之右(即西面),便命名它为"右溪"。现在把这些文字刻在石上,以让后来的人知道。

万物之逆旅

夫天地者,万物之逆旅①也;光阴者,百代之过客也。而浮生若梦②,为欢几何?古人秉烛夜游,良有以也。况阳春召我以烟景,大块假我以文章③。会桃李之芳园,序天伦之乐事。群季俊秀,皆为惠连;吾人咏歌,独惭康乐。幽赏未已,高谈转清。开琼筵以坐花,飞羽觞而醉月。不有佳咏,何伸雅怀?如诗不成,罚依金谷酒数④。

(唐)李白《春夜宴从弟桃李园序》

注:①逆旅:旅舍。逆,迎。古人以生为寄,以死为归,如《尸子》:"老莱子曰:人生于天地之间,寄也;寄者固归也。"又如《古诗》:"人生天地间,忽如远行客。"此用其意。②浮生若梦:《庄子·刻意》:"其生若浮,其死若休。"又《庄子·齐物论》称庄周梦为蝴蝶:"不知周之梦为蝴蝶与,蝴蝶之梦为周与?"意谓死生之辨,亦如梦觉之分,纷纭变化,不可究诘。此用其意。③大块假我以文章:大块,指大自

然。假,借。文章,原指错杂的色彩、花纹,此指大自然中各种美好的形象、色彩、声音等。刘勰《文心雕龙·原道》指出,天上日月,地上山川,以及动物、植物等,均有文采,"形立则章成矣,声发则文生矣"。④金谷酒数:晋石崇有金谷园,曾与友人宴饮其中,作《金谷诗序》云:"遂各赋诗,以叙中怀。或不能者,罚酒三斗。"

译:天地是万事万物的旅舍,光阴是古往今来的过客。而人生浮泛,如梦一般,能有几多欢乐?古人持烛夜游,确实有道理啊。况且温煦的春天用艳丽的景色召唤我们,大自然将美好的文章提供给我们。于是相会于美丽的桃李园内,叙说兄弟团聚的快乐。诸位兄弟英俊秀发,个个好比谢惠连;而我之作诗吟咏,却惭愧不如谢康乐。正以幽雅的情趣欣赏着美景,高远的谈吐已更为清妙。铺开盛席,坐在花间;行酒如飞,醉于月下。不作好诗,怎能抒发高雅的情怀?如赋诗不成,须依金谷雅集三斗之数行罚。

春江花月夜

春江潮水连海平,海上明月共潮生。滟滟随波千万里,何处春江无月明。

江流宛转绕芳甸,月照花林皆似霰。空里流霜不觉飞,汀上白沙看不见。

江天一色无纤尘,皎皎空中孤月轮。江畔何人初见月?江月何年初照人?

人生代代无穷已,江月年年只相似。不知江月待何人,但见长江送流水。

白云一片去悠悠,青枫浦上不胜愁。谁家今夜扁舟子?何处相思明月楼?

可怜楼上月徘徊,应照离人妆镜台。玉户帘中卷不去,捣衣砧上拂还来。

　　此时相望不相闻，愿逐月华流照君。鸿雁长飞光不度，鱼龙潜跃水成文。

　　昨夜闲潭梦落花，可怜春半不还家。江水流春去欲尽，江潭落月复西斜。

　　斜月沉沉藏海雾，碣石潇湘无限路。不知乘月几人归，落月摇情满江树。

（唐）张若虚《春江花月夜》

　　译：春天的江潮水势浩荡，与大海连成一片，一轮明月从海上升起，好像与潮水一起涌出来。月光照耀着春江，随着波浪闪耀千万里，什么地方的春江没有明亮的月光。江水曲曲折折地绕着花草丛生的原野流淌，月光照射着开遍鲜花的树林，好像细密的雪珠的闪烁。月光像白霜一样从空中流下，感觉不到它的飞翔，它照得江畔的白沙看不见。江水、天空成一色，没有些微灰尘，只有明亮的一轮孤月高悬空中。江边上什么人最初看见月亮，江上的月亮哪一年最初照耀着人？人生一代代地无穷无尽，只有江上的月亮一年年地总是相像。不知江上的月亮照耀着什么人，只见长江不断地输送着流水。游子像一片白云缓缓地离去，只剩下思妇站在离别的青枫浦上不胜忧愁。哪家的游子今晚坐着小船在漂流？什么地方有人在明月照耀的楼上相思？可怜楼上不停移动的月光，应该照耀着离人的梳妆台。美好的闺房中的门帘卷不去月光，在捣衣石上拂去月光但它又来了。这时互相望着月亮可是互相听不到声音，我希望随着月光流去照耀着您。送信的天鹅能够飞翔很远但不能随月光飞到您身边，送信的鱼龙潜游很远但不能游到您身边，只能在水面激起阵阵波纹。昨天晚上梦见花朵落在悠闲的水潭上，可怜春天过了一半还不能回家。江水流走春光，春光将要流尽，水潭上月亮晚晚落下，如今又西斜。斜月慢慢下沉，藏在海雾里，碣石与潇湘的离人距离无限遥远。不知有几人能乘着月光回家，只有那西落的月亮摇荡着离情，洒满了江边的树林。

西铭

乾称父,坤称母。予兹藐焉,乃混然中处①。故天地之塞,吾其体②。天地之帅,吾其性③。民吾同胞,物吾与也。大君者,吾父母宗子,其大臣,宗子之家相也。尊高年,所以长其长。慈孤弱,所以幼其幼。圣其合德,贤其秀也。凡天下疲癃残疾,茕独鳏寡,皆吾兄弟之颠连而无告者也④。于时保之,子之翼也。乐且不忧,纯乎孝者也。违曰悖德,害仁曰贼。济恶者不才,其践形唯肖者也。知化则善述其事,穷神则善继其志⑤。不愧屋漏为无忝,存心养性为匪懈⑥。恶旨酒,崇伯子之顾养⑦。育英才,颖封人之赐类。不弛劳而厎豫,舜其功也⑧。无所逃而待烹,申生其恭也⑨。体其受而归全者,参乎! 勇于从而顺令者,伯奇也! 富贵福泽,将厚吾之生也。贫贱忧戚,庸玉汝于成也。存吾顺事,没吾宁也⑩。

(宋)张载《西铭》

注:①"予兹藐焉"二句:予,我。兹,语气词。藐,弱小,多指幼儿。②"故天地之塞"二句:天地之塞,乾坤的阴阳二气充塞天地。③"天地之帅"二句:天地的乾健坤顺性质为阴阳二气所遵循。帅,带领,遵循。吾其性,我因此而成就了自己的本性。④"凡天下疲癃残疾"二句:疲癃,衰老龙钟的人。茕独,孤苦伶仃的人。鳏寡,鳏夫和寡妇。颠连,困顿,苦难。无告,无可诉告。一说为无靠,告通靠。⑤"知化则善述其事"二句:二"其"字都指天地乾坤而言。天地乾坤所做之事为化育,所存之志为神妙的天机,圣人继承其事其志犹如孝子继承父母。⑥"不愧屋漏为无忝"二句:不愧屋漏,语出《中庸》。所引诗见《诗经·大雅·抑》。⑦"恶旨

酒"二句：恶旨酒，《孟子·离娄下》："禹恶旨酒而好善言。"意为禹不喜欢美酒，而喜欢有益的话。崇伯子，夏禹之父鲧封于崇，史称崇伯，崇伯子即夏禹。顾养，顾念父母的养育之恩。⑧"不弛劳而厎豫"二句：不弛劳，勤劳不松懈。弛，本义为放松弓箭，引申为松懈、延缓、减弱。厎豫，致使其快乐。⑨"无所逃而待烹"二句：申生，春秋时晋献公太子，晋献公宠爱骊姬，申生为其所僭，自缢而死。⑩"存吾顺事"二句：存，生存。顺事，顺从天地之事。没，通"殁"，死亡。宁，安宁。

译：乾为父，坤为母，自身微渺，于是融处于天地之间。阴阳二气充塞天地，赋我形体。我因天地之性，而成气性。众人乃我同胞，物我本无间隔。大君乃吾父母之宗子，大臣者乃宗子之家相也。尊老寿，所以敬长辈。爱孤弱，所以抚幼小。以融恰为圣，以高才为贤。天下老疾孤苦皆吾困顿无依之兄弟。于是帮助保护他们，感到快乐不忧伤，此乃至孝。违失则悖德，损仁则为害。济恶践行，虽肖而不才。圣人则不然，圣人知化则善述天地之意志。不愧屋漏则问心无愧，存心养性无所懈怠。禹恶酒而敬养。育英才应以纯孝为楷模。不懈而娱亲，舜之至孝。太子申生不避潜烹，乃其敬顺之心。大舜、申生、禹全为亲与敬顺之至孝者。富贵用以厚生，忧贫用以励志而终于有成。所谓生以顺事，殁以归宁。

竹楼

子城西北隅，雉堞①圮毁②，蓁莽③荒秽，因作小楼二间，与月波楼通，远吞山光，平挹江濑。幽阒④辽敻⑤，不可具状。

（宋）王禹偁《黄冈竹楼记》

注：①雉堞（dié 迭）：城墙的泛称。②圮（pǐ 皮）毁：

坍塌。③蓁（zhēn 真）莽：丛生的草木。④幽阒（qù 曲）：幽静。⑤辽夐（xiòng 雄）：辽阔。

译：子城的西北角上，矮墙毁坏，长着茂密的野草，一片荒秽，我因而就地建造小竹楼两间，与月波楼相接连。登上竹楼，远眺可以尽览山色，平视可以将江滩、碧波尽收眼底。那清幽静谧、辽阔绵远的景象，实在无法一一描述出来。

岳阳楼

至若春和景明，波澜不惊，上下天光，一碧万顷；沙鸥翔集，锦鳞游泳；岸芷汀兰，郁郁青青；而或长烟一空，皓月千里，浮光跃金，静影沉璧；渔歌互答，此乐何极！

（宋）范仲淹《岳阳楼记》

译：到了春风和煦、阳光明媚的时节，湖上风平浪静，天光水色，在万顷碧波之上连成一片。沙鸥或飞或停，锦鳞游来游去。岸上的香草，散发着浓郁的香气；滩上的幽兰，摇曳着茂盛的花叶。于是漫天烟雾，扫荡一空；皓皓明月，清辉千里。水面上浮动的光圈，像跳跃着万点金星；月影停留在静止的水中，又像是一块圆圆的玉璧。渔船上飘来此唱彼和的渔歌，悠悠扬扬，这是多么快乐啊！

醉翁亭

环滁皆山也。其西南诸峰，林壑尤美。望之蔚然而深秀者，琅琊也。山行六七里，渐闻水声潺潺，而泻出于两峰之间者，酿泉也。峰回路转，有亭翼然临于泉上者，醉翁亭也。

（宋）欧阳修《醉翁亭记》

译：环绕滁州的，尽是山。那西南的几座山峰，森林沟壑更美。一眼望去郁郁葱葱，幽深秀丽的，那是琅琊山。沿着山路走六七里，渐渐听到水声潺潺，从两座山峰之间倾泻而出的，那是酿泉。泉水沿着山峰折绕，沿着山路拐弯，有一座亭子像飞鸟展翅一般，飞架在泉上，那就是醉翁亭。

放鹤亭

彭城之山，冈岭四合，隐然如大环，独缺其西一面，而山人之亭，适当其缺。春夏之交，草木际天，秋冬雪月，千里一色。风雨晦明之间，俯仰百变。山人有二鹤，甚驯而善飞。旦则望西山之缺而放焉，纵其所如，或立于陂田，或翔于云表，暮则傃①东山而归，故名之曰"放鹤亭。"

（宋）苏轼《放鹤亭记》

注：①傃（sù 素）：向。

译：彭城地方的山，冈岭四面围拢，隐约像个大环，只缺它的正西一面，山人的亭子刚巧对准那个缺口。春夏两季交替的时候，草木茂盛，似乎接近天空；秋月冬雪，使广阔的大地一片洁白；在刮风、下雨、阴暗、晴朗的天气中间，景色瞬息万变。山人有两只鹤，很驯服，而且很会飞。早晨，山人就望着西山的缺口把它们放出去，听任它们飞到什么地方。它们有时站在池塘边、田野里，有时飞翔到云层的上面，傍晚，它们就向着东山飞回来，所以给亭子起名叫"放鹤亭"。

西湖

毕竟西湖六月中，风光不与四时同。接天莲叶无穷碧①，映日荷花别样②红。

（宋）杨万里《晓出净慈寺送林子方》

注：①无穷碧：因莲叶面积很广，似与天相接，故呈现无穷的碧绿。②别样：特别，不一样。

译：到底是六月的西湖美，风景与春、夏、秋、冬均不同。与天相接的莲叶是一望无际的碧绿，映照着阳光的荷花格外艳丽、鲜红。

太和

太和①所谓道②，中涵浮沈、升降、动静、相感之性，是生绵缊、相汤、胜负、屈伸之始。

（宋）张载：《正蒙·太和篇》

注：①太和：气，或说指气的一种状态。②道：指气自身运行变化的过程。

译：《太和》所说的"道"，是指"气化"的过程。"气"自身即含有"浮沉"、"升降"、"动静"之间相互感应的性能，这种相互感应的性能，是产生"绵缊"、"相荡"、"胜负"、"屈伸"等不同形式的"气化"运动最初的原因，即作为"太和"状态的"气"的存在仍是一个过程，其自身包含的对立面之间相互作用的性能，是"气"自身以不同的形式运行变化的始因。

一与两

两①不立则一②不可见，一不可见则两之用息。

（宋）张载《正蒙·太和篇》

注：①两：对立面。②一：统一体。

译：没有对立面，就没有统一体；没有统一体，对立面之间的作用也就停止了。

黄冈竹楼

夏宜急雨,有瀑布声;冬宜密雪,有碎玉声;宜鼓琴,琴调虚畅;宜咏诗,诗韵清绝;宜围棋,子声丁丁然;宜投壶,矢声铮铮然:皆竹楼之所助也。

(宋)王禹偁《黄冈竹楼记》

译: 夏天宜有急雨,楼中可闻瀑布声;冬天遇到大雪飘零也很相宜,好像碎琼乱玉的敲击声;楼中适宜弹琴,琴声清虚和畅;楼中适宜吟诗,诗的韵味清雅绝妙;楼中适宜下棋,棋子声丁丁动听;楼中适宜投壶,箭声铮铮悦耳。这些都是竹楼所促成的。

茅草屋

茅檐长①扫静无苔,花木成畦②手自栽。一水护田将绿绕,两山排闼③送青来。

(宋)王安石《书湖阴先生壁二首》

注: ①长:常常。②畦:田园中分成的小块。③排闼:推门而入。闼,门。

译: 茅草屋檐下经常打扫,一尘不染,更没有青苔,屋前一畦一畦的花木,都是自己亲手栽种的,一条曲折的小溪紧紧地围绕着绿油油的田地,两座青山推门而入,送来了青翠欲滴的山色。

丰乐亭

修之来此,乐其地僻而事简,又爱其俗之安闲。既得斯泉于山谷之间,乃日与滁人仰而望山,俯而听泉;掇幽芳而荫乔木,风霜冰雪,刻露清秀,四时之景,无不可爱。又幸其民乐其岁物之丰成，而喜与予游也，因为本其山川，道其风俗之美，使民知所以安此丰年之乐者，幸生无事之时也。

（宋）欧阳修《丰乐亭记》

译：我来到这里，既喜欢这个地方偏僻，政事清简，又喜爱这里的风俗宁静而悠闲。既然在山谷之间得到了这道清澈的泉水，于是每天和滁州人一起，仰观丰山，俯听清泉，采摘芬芳的鲜花，憩息在树阴之下，风霜冰雪之时，更显得清秀，一年四季的美景没有不招人喜爱的。又幸逢这里的百姓正为丰收而欢乐，喜欢同我一起游玩。因此，我依据这里的山川，来叙说这里民情风俗的美好，使百姓知道所以能够平安地享受这丰收之年的快乐，是由于有幸生活在这太平日子里的缘故。

醉翁亭

至于负者歌于途，行者休于树，前者呼，后者应，伛偻①提携，往来而不绝者，滁人游也。临溪而渔，溪深而鱼肥；酿泉为酒，泉香而酒洌②；山肴野蔌③，杂然而前陈者，太守宴也。宴酣之乐，非丝非竹，射④者中，弈⑤者胜，觥⑥筹交错，起坐而喧哗者，众宾欢也。苍颜白发，颓然乎其间者，太守醉也。

（宋）欧阳修《醉翁亭记》

注：①伛偻：弯腰驼背，指老年人。②洌：极清。③蔌：蔬菜。④射：古代饮宴时有投壶的游戏，用箭状的酒筹去投长颈壶，投中的胜，败的罚酒。⑤弈：下围棋。⑥觥：酒杯。

译：至于背扛肩挑的人在路边欢唱，来去行路的人在树下休息，前面的招呼，后面的答应，老老少少往返不断的，那是滁州百姓来这里游玩。到溪边钓鱼，溪水深因此鱼也肥；用酿泉造酒，泉水清因此酒也香。还有野味蔬果，横七竖八地摆在面前的，那是太守主办的宴席。宴饮酣畅的乐趣，不在于琴弦箫管；投射的中了，下棋的胜了，只见酒杯和筹码交错杂陈，人们站起坐下大声喧闹，那是宾客们乐极了。这时，有个苍颜白发的老人，昏昏然地坐在人们中间，那是太守醉了。

岳阳楼

登斯楼也，则有心旷神怡，宠辱偕忘，把酒临风，其喜洋洋者矣。

（宋）范仲淹《岳阳楼记》

译： 此刻登上这座楼，便觉得心情开朗，精神愉快，可以暂时忘记一切荣誉和耻辱，当风举酒，真是喜气洋洋啊！

醉翁亭

醉翁之意不在酒，在乎山水之间也。山水之乐，得之心而寓之酒也。

（宋）欧阳修《醉翁亭记》

译： 其实，醉翁的意图并不在喝酒，而在欣赏山水的美景。欣赏山水美景的乐趣，是领会在心里而又寄托在酒中的。

赤壁

浩浩乎如冯①虚御风，而不知其所止；飘飘乎如遗世独立，羽化而登仙。

苏子曰："客亦知夫水与月乎？逝者如斯，而未尝往也；

盈虚者如彼，而卒莫消长也。盖将自其变者而观之，则天地曾不能以一瞬；自其不变而观之，则物与我皆无尽也。而又何羡乎？且夫天地之间，物各有主，苟非吾之所有，虽一毫而莫取。惟江上之清风，与山间之明月，耳得之而为声，目遇之而成色，取之无禁，用之不竭，是造物主之无尽藏也，而吾与子之所共适。"

（宋）苏轼《前赤壁赋》

注：①冯：同"凭"。

译：任凭小船向何处漂荡，越过茫茫无边的江面。江面是那么浩瀚啊，船儿像凌空乘风而行，不知道将要飞向何方；我们轻快地飘起啊，像脱离尘世，无牵无挂，飞升到仙境的神仙。

我对客人说："您了解那江水和月亮吗？江水总是像这样不断地流去，但始终没有消失。月亮有时圆有时缺，但最终没有消损和增长。原来，如果从那变化的一面去看它，那么天地间的万事万物，连一眨眼的功夫都不曾保持过原状。从那不变的一面看，那么事物和我们都是无穷无尽的，还羡慕什么呢？再说，天地之间，事物都各自有其主宰，如果不是我所有的东西，虽然只是一丝一毫也不能取用。只有江上的清风和山间的明月，耳朵听到它就成为声音，眼睛看到它就成为颜色；取用它们没有人禁止，享用它们不会竭尽。这是大自然无穷的宝藏，我和您可以共同享用的。"

兴修水利

元有天下，内设都水监①，外设各处河渠司②，以兴修水利，修理河渠为务。

《元史·河渠志》

注：①监：古代主管监察的官员，也泛指主管某一事务的

官员。②司：官署的名称。

译：元朝一统天下，在朝廷内设监察水利的官员，在地方各处设管理河渠事务的官署，并以兴修水利、修筑河渠为其任务。

可楼

水居一室耳，高其左偏为楼。楼可方丈，窗疏四辟。其南则湖山，北则田舍，东则九陆，西则九龙峙焉。楼成，高子登而望之曰："可矣！吾于山有穆然之思焉，于水有悠然之旨焉，可以被风之爽，可以负日之暄，可以宾月之来而饯其往，优哉游哉，可以卒岁矣！"于是名之曰"可楼"，谓吾意之所可也。

曩吾少时，慨然欲游五岳名山，思得丘壑之最奇如桃花源者，托而栖焉。北抵燕赵，南至闽粤，中逾齐鲁殷周之墟，观览所及，无足可吾意者，今乃可斯楼耶？噫，是予之惑矣。

凡人之大患，生于有所不足。意所不足，生于有所不可；无所不可焉，斯无所不足矣，斯无所不乐矣。今人极力以营其口腹，而所得止于一饱。极力以营居处，而所安止几席之地。极力以营苑囿，而止于岁时十一之游观耳，将焉用之！且天下之佳山水多矣，吾不能日涉也，取其可以寄吾之意而止。凡为山水者一致也，则吾之于兹楼也，可矣。虽然，有所可则有所不可，是犹与物为耦也。吾将由兹忘乎可，忘乎不可，则斯楼又其赘矣。

（明）高攀龙《可楼记》

译：有一间水上的居室，室内偏左往上搭一间小楼。楼大一丈见方，四面开窗。南边有湖有山，北面有农田茅舍，平原延展在东，九龙山耸立在西。小楼筑成,高子登临纵目四望,说道:"可以了!山使我感到和顺舒畅,水使我觉得悠远闲静,可以享受清风的爽快,可以得到冬日的温暖,可以迎接皓月的来临,又欢送它的归去,多好呀!多快乐呀!可以终老此地了!"于是起名叫"可楼",意思是我心满意足以为可以了。

从前我年轻时,志向很大,想要游遍天下名山,寻找一个像桃花源那样美好的处所,寄居下来。北方去过燕赵,南方到过闽粤,中原跨越了齐鲁殷周的故地,观览所及的,没有可以满我之意,何以现在对这间小楼却以为可以了呢?咦,这倒是我的疑惑了。

大凡人的大患,产生于不满足。人的意向中的有所不满足,产生于人的意向中的有所不可以;无所不可以,就无所不满足,这就无所不快乐了。现在的人极力谋求山珍海味,顶多享受一饱罢了;极力建筑高楼大厦,顶多享受起居活动的几席之地罢了;极力营造亭台花园,顶多一年中去游赏一两次罢了,这些都有何用呢!况且天下的好山好水很多,我不能每天去游玩,只要可以寄托我的志趣就行了。天下的山与水都是一样的,我有了这座小楼,也可以了。当然,有所可以也就会产生有所不可以,犹如事物都是有正有反一样。我将由此忘掉可以,也忘掉不可以,这样说来这座可楼也是多余的了。

高山流水

此时已不似在先你我之称了,又问道:"足下既知乐理,当时孔仲尼鼓琴于室中,颜回自外入,闻琴中有幽沉之声,疑有贪杀之意,怪而问之。仲尼曰:'吾适鼓琴,见猫方捕鼠,欲其得之,又恐其失之。此贪杀之意,遂露于丝桐。'始知圣门音乐之理,入于微妙。假如下官抚琴,心中有所思念,足下能闻而知之否?"樵夫道:"《毛诗》云:'他人有心,予忖度之。'大人试抚弄一过,小子任心猜度。若猜不着时,大人休得见罪。"伯牙将断弦重整,沉思半晌。其意在于高山,抚琴一弄。樵夫赞道:"美哉洋洋乎,大人之意,在高山也!"伯牙不答。又凝神一会,将琴再鼓,其意在于流水。樵夫又赞道:"美哉汤汤乎,志在流水!"只两句,道着了伯牙的心事。伯牙大惊,推琴而起,与子期施宾主之礼。连呼:"失敬!失敬!石中有美玉之藏,若以衣貌取人,岂不误了天下贤士!先生高名雅姓?"樵夫欠身而答:"小子姓钟,名徽,贱字子期。"伯牙拱手道:"是钟子期先生。"子期转问:"大人高姓?荣任何所?"伯牙道:"下官俞瑞,仕于晋朝,因修聘上国而来。"子期道:"原来是伯牙大人。"

(明)冯梦龙《警世通言》第一卷

译:这个时候好像已经没有先前你我之称呼了,又问道:"你既然懂乐理,当时孔仲尼在房中鼓琴,颜回从外面进来,听见琴中有幽沉之声,怀疑有贪杀的意思,于是很奇怪便问他。仲尼说:'我刚刚鼓琴,是看见猫正捕鼠,希望它能捕到,又担心有所闪失。这贪杀的想法,就在琴声之中表现出来了。'于是便知道了圣门音乐之理,再微妙也有体现。假如我抚琴,心中有所思念,不知你是否能听出来?"樵夫说:"《毛诗》云:'他人有心,予忖度之。'您试抚弄一段,我尽量猜度。若猜不着,请您别见怪。"伯牙将断弦重整,沉思了一会,意在高山,于是随手抚琴一段。樵夫赞叹道:"美啊,您意在高山!"伯牙没有回答,凝神了一会,又抚了一段,意在流水。樵夫又赞道:"真美啊,志在流水!"只两句,便说中了伯牙的心事。伯牙十分惊喜,把琴往旁边一放,就与子期行宾主之礼,连声感慨:"失敬!失敬!石中藏有美玉,倘若只以衣貌取人,那岂不是误了天下贤士!请问先生高名雅姓?"樵夫躬身回答:"小民姓钟,名徽,贱字子期。"伯牙拱手说道:"是钟子期先生。"子期转问:"大人高姓?在哪高就?"伯牙回答道:"下官俞瑞,在晋朝做官,因修聘上国而来。"子期答道:"原来是伯牙大人。"

插秧

从第一着迷处,把这念头放淡下来。渐渐六根清净,道念滋生，自有受用。昔人看田夫插秧，咏诗四句，大有见解。诗曰：手把青秧插野田，低头便见水中天。六根清净方为稻，退步原来是向前。

（明）冯梦龙《警世通言》第二卷

译：从痴迷的地方将念头放下，逐渐六根清净，便会滋生道的念头，自然是有好处的。曾有人看村夫插秧，便咏了四句诗，十分有见地：手把青秧插野田，低头便见水中天。六根清净方为稻，退步原来是向前。

西湖

山前有一亭，今唤做冷泉亭。又有一座孤山，生在西湖中。先曾有林和靖已先生在此山隐居，使人搬挑泥石，砌成一条走路，东接断桥，西接栖霞岭，因此唤作孤山路。又唐时有刺史白乐天，筑一条路，甫至翠屏山，北至栖霞岭，唤做白公堤，不时被山水冲倒，不只一番，用官钱修理。后宋时，苏东坡来做太守，因见有这两条路被水冲坏，就买木石，起人夫，筑得坚固。六桥上朱红栏杆，堤上栽种桃柳，到春景融和，端的十分好景，堪描入画。后人因此只唤做苏公堤。又孤山路畔，起造两条石桥，分开水势，东边唤做断桥，西边唤做西宁桥。真乃：隐隐山藏三百寺，依稀云锁二高峰。

（明）冯梦龙《警世通言》第二十八卷

译：山前有一个小亭，现在叫做冷泉亭。还有一座孤山，在西湖中。曾经有个林和靖已先生在这座山中隐居，他让人搬挑泥石，砌成一条路，东面接断桥，西边接栖霞岭，因此叫做孤山路。在唐代时有个刺史白乐天，修了一条路，南面与翠屏山相接，北边到栖霞岭，称做白公堤，经常被山水冲倒，不只一次地用官钱修理。后来到宋代，苏东坡来这里做太守，因为看见这两条路被水冲坏，就买木头与石头等，请人将它筑坚固了。六桥上做了朱红栏杆，堤上也栽种了桃柳，到了春景融和的时候，景色十分美，甚至可以描入画中。后人因此只叫做苏公堤。又在孤山路边，造起两条石桥，将水势分开，东边叫做断桥，西边叫做西宁桥。真是：隐隐山藏三百寺，依稀云锁二高峰。

草木之春

草木之春，泄尽无遗而不坏者，以三时皆蓄，而止候泄于一春，过此一春，又皆蓄精养神之候矣。

（清）李渔《闲情偶寄》

译：草木到了春天，秀丽芳华展现无遗却不损害自身的原因，是另外三季都在积蓄生命的机能，却只在春天痛快地展现一次，过了这样一个春天，又都进入养精蓄锐的季节了。

物生有候

物生有候，葭动以时，苟非其时，虽十尧不能冬生一穗。

（清）李渔《闲情偶寄》

译：植物生长有季节性，芦花飘起按照一定的时节，如果不是应有的季节，即使有十个尧一样的好君主也不能让冬天里生长出一穗谷子。

落红不是无情物

浩荡离愁白日斜，吟鞭东指即天涯。落红不是无情物，化作春泥更护花。

（清）龚自珍《己亥杂诗》

译：离别的愁绪无边无际，在这夕阳下山的时候，你把鞭子举起向东一指，在沉吟中向天涯行去。飘落的花朵不是无情的东西，来年春天化做春泥还要保护新开的花。

长城

千里来书只为墙，让他几尺也何妨。长城万里今犹在，不见当年秦始皇。

（清）葛虚存《清代名人轶事》，张京江诗

译：从千里外写信来，只不过为别人修墙占了我们的土地，让给别人几尺土地又有什么关系呢？万里长城现在还在，只是看不见当年的秦始皇了。

人道天道

"立人之道，曰仁与义"，在人之天道也。"由仁义行"，以人道率天道也。"行仁义"，则待天机之动而后行，非能尽夫人之所以异于禽兽者矣。天道不遗于禽兽，而人道则为人之独。

（清）王夫之《思问录·内篇》

译："使人类社会能存在的道德，是仁爱和信义"，对于人，自然进化赋予他与生俱来的天性。"按照仁爱和信义行动"，是用人的道德来统率、约束人的天性。"实行仁爱和信义"，就是等到人的道德统率约束人的天性之后来行动，不是说人完全能区别于动物的原因。天给予的自然属性没有遗漏掉鸟兽，但人的道德则是人所独有的。

奉天

上以奉天而不违，下以尽己而不失。

（清）王夫之《读通鉴论》卷十二

译：对上要侍奉上天，并且不违背上天的意志（自然规律），对下要尽到自己的力量，并且不疏忽。

人与天

所谓肖子者，安能父步亦步，父趋亦趋哉！父与子异形离质，而所继者惟志。天与人异形而离质，而所继者惟道也。天之聪明则无极矣，天之明威则无常矣。从其无极而步趋之，是夸父之逐日，徒劳而速敝也。从其无常而步趋之，是刻舷之求剑，憨不知其已移也。

（清）王夫之《尚书引义》卷一

译：平常所说的孝子，怎么能父亲走他也走，父亲跑他也跑呢！父和子不同的身体，独立为两个个体，因而所能继承的只有志向。自然与人不同体也不同质，因而人所能继承的只有不变的天道。大自然的变化是没有限制的，大自然的表象和威力则是没有规律的。跟随大自然没有限制的变化，就像夸父追日那样，是白费劳力而容易疲敝的。跟随它的没有常规，这就像刻舟求剑，昏头昏脑不知道船已经移动了。

天灾

大凡天变灾异，不必惊惶失措，惟反躬自省，忏悔改过，自然转祸为福。

（清）爱新觉罗·玄烨《庭训格言》

译：大凡有了天灾变异，不需要惊惶失措，只要回过头来对自己多加反省，忏悔改过，就一定会转祸为福的。

民胞物与

仁者以万物为一体。恻隐之心，触处①发现。故极②其量③，则民胞物与④，无所不周。而语其心，则慈祥恺悌⑤、随感而应。凡有利于人老，则为之；凡有不利于人者，则去之，事无大小，心自无穷，尽我心力，随分各得也。

（清）爱新觉罗·玄烨《庭训格言》

注：①触处：随处，处处。②极：穷尽。③量：限度。④民胞物与：民为同胞，物为同类。意为博爱一切人与物。⑤恺悌：欢乐相爱。

译：仁爱的人把万物看做一体。同情心随处都可以发现。所以最大限度地说，他把百姓当做同胞兄弟，把万物视为同类，仁爱之心遍及天下万物。说到他的内心，则是慈祥和乐，随着感觉而相应地发生。凡是有利于他人和长辈的事情，就去做；凡是不利于他人的事，就放弃它。无论事情的大小，仁爱之心是无穷无尽的，只要尽心尽力去做，照样会有快乐的收获。

春至时和

春至时和，百花尚铺一段锦绣，百鸟且啭无数佳音，何况为人在世，幸遇升平，安居乐业，自当立一番好言，行一番好事，使无愧于今生，方为从化之良民，而无憾于盛世矣。

（清）爱新觉罗·玄烨《庭训格言》

译：春天到来，气候转暖，百花能以其艳丽的色彩为这春光增添绚丽的景色，百鸟还能展开歌喉唱出许多悦耳的歌声，更何况人生在世，有幸遇见政通人和的太平盛世，能安居乐业，当然应该创立一套好的学说，做出一番好的事业，使自己无愧于今生，做天朝的好百姓，不愧对当今的盛世。

一人知己

是我之一生，可谓不负花鸟；而花鸟得予，亦所称"一人知己，死可无恨"者乎！

（清）李渔《闲情偶寄》

译：我这一生可以说是没有辜负过花鸟，而花鸟得到我这样的赞赏也可以称为"有一个人是知己，死也没有遗憾了"。

小圃

"筑成小圃近方塘，果易生成菜易长。抱瓮太痴机太巧，从中斟取灌园方。"此予山居行乐之诗也。能以草木之生死为生死，始可与言灌园之乐。

（清）李渔《闲情偶寄》

译："在靠近方形池塘的旁边修建起小小的菜园，果实容易结成，蔬菜容易生长。抱着坛子浇水的老头子太痴了，使用桔槔浇水的人也太有机巧之心了。我从他们两者之中斟酌选取了现在的灌园方法。"这是我住在山里行乐时写的诗。能够把草木的生和死看做自己的生死，才可以和他讲述浇灌田园的快乐。

善待草木

由是观之,草木之受诛锄,犹禽兽之被宰杀,其苦其痛,俱有不忍言者。人能以待紫薇者待一切草木,待一切草木者待禽兽与人,则斩伐不敢妄施,而有疾痛相关之义矣。

(清)李渔《闲情偶寄》

译:从这来看,草木受到砍伐和锄刈,就像禽兽被人屠杀一样,它的痛苦,都是不忍心来说明的。人能够按照对待紫薇的方法来对待一切草木,按照对待一切草木的方法来对待禽兽和人,那么就不敢随意地使用宰杀屠戮,并且有疾病痛苦与自己相关联的感觉。

天地一我

思天地一我也,我一天地也;万物一我也,我一万物也。既分形而为我,为天地万物之灵,则我为有作用之天地万物,非是天地万物外别有一我也。

(清)颜元《颜习斋先生言行录》

译:要想到天地就是一个自我,自我就是一个天地;万物就是一个自我,自我也就是万物。既然天地自然分解化形就成为自我,我就成为天地万物的灵魂,那么自我应该对天地万物有所作用,不是天地万物之外另外还有一个自我。

师友

所谓师者,即如牡丹、兰花、梅花、菊花、桂花、莲花、芍药、海棠、水仙、腊梅、杜鹃、玉兰之类,或古香自异,或国色无双,此十二种,品列上等。当其开时,虽亦玩赏,然对此态浓意远,骨重香严,每觉肃然起敬,不啻事之如师,因而叫作"十二师"。他如珠兰、茉莉、瑞香、紫薇、山茶、碧桃、玫瑰、丁香、桃花、杏花、石榴、月季之类,或风流自赏,或清芬宜人,此十二种,品列中等。当其开时,凭栏拈韵,相顾把杯,不独蔼然可亲,真可把袂共话,亚似投契良朋,因此呼之为"友"。

(清)李汝珍《镜花缘》

译:称为老师的,就是像牡丹、兰花、梅花、菊花、桂花、莲花、芍药、海棠、水仙、腊梅、杜鹃、玉兰这一类的花,有的古香自异,有的国色无双,这十二种花,品格列为上等。当它们开花时,虽然人们也是在观玩欣赏,但是对着这些姿态浓丽、意境悠远、骨骼庄重、芳香雅正的花卉,总是觉得肃然起敬,观赏这些花不异于侍从老师,因此称它们为"十二师"。其他的像珠兰、茉莉、瑞香、紫薇、山茶、碧桃、玫瑰、丁香、桃花、杏花、石榴、月季这一类花,有的风流自赏,有的清芬宜人,这十二种花,品格列在中等。当它们开花时,人们靠着栏杆按照韵律写诗,与花相看举起酒杯,不仅觉得花蔼然可亲,真可以拉着花枝一起谈话,不亚于知心的好朋友,因此称它们为"朋友"。

后　记

　　编完此书，想要说的话，有三方面：

　　一是感谢主编冯天瑜先生给了我们这个有意义的课题。在时下的学术研究中，能够配合国家的大政方针，配合和谐社会的构建，编辑有关和谐的资料，这无疑是极有价值的。此外，要感谢张艳国先生与编辑们做的大量事情，对编写提出了很好的建议。

　　二是关于本书的编写分工。本书是按四个类别编写的，加上了简注和译文。每部分按时间线索排列。华中师范大学历史文化学院的几位研究生参与了这项工作，具体分工是：杨敏：汉代；陈艺婷、加依娜西：魏晋南北朝；王伊礼：唐；周佳丽、王媛：宋元；严明丹：明；莫聂：清。田君初审了部分稿件。主编负责先秦部分和做了应做的事情。

　　三是对读者致意。本书是一本关于古代和谐思想的资料汇编，也是初浅的汇编。把有关和谐的资料汇编成册，这大约还是第一部。因此，此书的功用就在于做了一个尝试，正因为是尝试，就难免粗糙，至少是不全面。在这套书中，其他的若干分册是以前就出版过了，这次重新修改和补充，当然要完备得多。而这本书是白手起家，时间仓促，没有借鉴，选材靠个人决裁，因而难免有主观意愿，并受到学识的限制，其中一定有疏漏之处。因此，请读者利用这本资料时，提出宝贵的意见。

编　者

2007年春于桂子山